新零售实践

智能技术驱动下的零售业转型之路

徐瑞萍 周颖 刁生富 著

电子工业出版社
Publishing House of Electronics Industry
北京·BEIJING

未经许可，不得以任何方式复制或抄袭本书之部分或全部内容。
版权所有，侵权必究。

图书在版编目（CIP）数据

新零售实践：智能技术驱动下的零售业转型之路 / 徐瑞萍，周颖，刁生富著. —北京：电子工业出版社，2021.1
（数字经济新理念）
ISBN 978-7-121-39821-6

Ⅰ.①新⋯ Ⅱ.①徐⋯ ②周⋯ ③刁⋯ Ⅲ.①人工智能—应用—零售业—商业经营—研究 Ⅳ.①F713.32-39

中国版本图书馆CIP数据核字（2020）第203198号

责任编辑：米俊萍　　文字编辑：崔　彤
印　　刷：北京虎彩文化传播有限公司
装　　订：北京虎彩文化传播有限公司
出版发行：电子工业出版社
　　　　　北京市海淀区万寿路173信箱　邮编：100036
开　　本：720×1 000　1/16　印张：16.25　字数：242千字
版　　次：2021年1月第1版
印　　次：2023年1月第2次印刷
定　　价：78.00元

凡所购买电子工业出版社图书有缺损问题，请向购买书店调换。若书店售缺，请与本社发行部联系，联系及邮购电话：（010）88254888，88258888。

质量投诉请发邮件至 zlts@phei.com.cn，盗版侵权举报请发邮件至 dbqq@phei.com.cn。
本书咨询联系方式：mijp@phei.com.cn。

前言

在智能时代,新零售作为一种区别于传统零售和电商的全新零售理念和实践,通过人工智能、大数据、云计算、区块链等技术的赋能,以融合线上线下两种零售渠道的新方式,重塑零售模式、营销渠道、业态结构与生态圈,对新时代的零售业乃至整个商业产生了广泛且深远的影响。本书是继《重估:大数据与人的生存》《重估:人工智能与人的生存》出版并产生较广泛影响之后,试图对新零售的产生、发展和影响进行专门探讨的著作。全书共 3 个部分、11 章。

从章节的构成可以看出,本书按照"理念—模式—实践—未来"的逻辑思路,采用理论联系实际的方法,尽可能用大量实践案例,对大数据、人工智能时代新零售的崛起进行细致入微的"人""货""场"的全方位分析;涉及新零售的各环节,无论生产、管理,还是营销与服务,都对其"新"之所在进行了探讨。

新零售的崛起,从经济学的角度而言,它是一场商业的变革;从人类学的角度而言,它是人文价值在商业领域的体现;从技术哲学的角度而言,它是多种技术变革的综合体;从社会学的角度而言,它是整个社会领域的重新分工与合作……虽然从不同的角度可以得出不同的结论,但总体而言,新零售的崛起,其根本在于人的价值与尊严的凸显和张扬——不能实现个性化、精准化地满足个人之需求,也就无所谓新零售了。因此,本书最根本的一条主线是人文价值关怀。谁能够最先满足消费者的内心需求,谁就能够在未来新零售领域占得一席之地。

技术是新零售得以创新的关键，技术的创新带来新零售的变革，实现新零售的效率与成本优势的凸显、新零售供给侧结构性改革、新零售业态的高质量发展、新零售产品与服务的升级换代。定位、技术、核心竞争力、体验服务力、市场和消费者这六要素，将成为在新零售发展框架中不得不综合考虑的因素。

我们希望与您一起体验大数据、人工智能与新零售在崛起过程中的那些激动人心的技术创新和商业变革，为您的创新创业带来启发。

本书在写作过程中，参考了国内外许多文献，收集了大量实践案例，在此特向有关研究者致以最真诚的感谢；电子工业出版社编辑米俊萍为本书付出了很多心血，在此一并致谢。对书中存在的不足，敬请广大读者批评指正。

著　者

Contents 目录

第一部分　重构零售理念

第一章　起点：新零售的崛起　//003

在智能时代，新零售作为一种区别于传统零售和电商的全新零售理念，通过人工智能、大数据、云计算、区块链等技术的赋能，以融合线上线下两种零售渠道的新方式，重塑零售模式、营销渠道、业态结构与生态圈，创造出"1+1＞2"的新效果。

一、新零售的概念和特征　//004

二、新零售的本质　//009

三、新零售的"新"之所在　//016

四、新零售与阿里巴巴的故事　//020

五、商业巨头的纷纷响应　//025

第二章　基点：新零售崛起之逻辑　//035

新零售的崛起及其对零售业产生的革命性变革，是在人工智能、互联网、大数据、云计算与区块链等智能技术与社会需求、政府推力、市场拉动及社会文化等多重力量相互作用、合力推进下，重构个性化的"人""货""场"，为顾客提供一体化的智能解决方案。

一、技术：撬动零售"由旧转新"的支点 //036

二、需求：新零售之"新"的契合 //043

三、市场：新零售崛起的拉力 //049

四、政府：新零售崛起的推力 //053

五、文化：一种潜移默化的社会力量 //057

第三章 痛点：新零售化解零售之旧矛盾 //063

新零售弥补了传统零售的缺点，解决了线上零售和线下零售的痛点问题，通过"线上+线下+物流"，加快零售的交易速度，优化零售服务，提升消费者的购物体验，使传统零售在智能科技的赋能下焕发出新的生机与活力。

一、线下零售的痛点 //064

二、线上零售的痛点 //068

三、靶向治疗：痛点即需求 //072

四、移花接木："线上+线下+物流" //077

第二部分 重塑零售模式

第四章 重塑零售生产模式 //085

新零售的发展，不仅改变了零售的形式和手段，而且改变了生产模式——从"脱链式"生产转向"全链条"生产，推出以顾客为中心的个性化定制服务，不仅实现了由"制造"向"智造"的转变，而且引发了一场质量与效率的革命，实现了由"人智"向"机智"的过渡。

一、优化供应链：从"脱链式"生产向"全链条"生产转变 //086

二、个性化定制：顾客直连制造 //090

三、智能制造：质量与效率的革命 //093

四、深耕细作：分工的细化与劳动力的退出 //098

第五章 重塑零售营销模式 //103

新零售运用智能手段,通过打造企业品牌、提升消费者对产品的体验、构造新型营销关系、推出相应的商品折扣及在全球范围内营销商品等一系列动作,重塑全新的营销模式。

一、新品牌营销 //104

二、新体验营销 //106

三、新关系营销 //111

四、新折扣营销 //114

五、新全球营销 //118

第六章 重塑零售服务模式 //125

新零售在重塑零售服务模式时,坚持以消费者为中心的零售理念,为其提供自助服务、送货上门服务及免费的线下体验等来提升其购物体验,将企业的服务理念贯彻到底,运用人性化、贴心式的服务达到营销目的。

一、自助服务 //126

二、送货上门服务 //130

三、人性化服务:以消费者为中心 //134

四、体验式服务:免费的线下体验店 //138

第七章 重塑零售管理模式 //143

新零售对零售业管理重新做出诠释,包括对管理理念、管理制度、管理工具与管理程序的赋能,让新零售的管理手法在智能环境中展现出数字化与智能化的特色,推动了零售业的智能化管理。

一、管理理念的转变 //144

二、管理制度的迭代 //149

三、管理工具的更新　　//152

四、管理程序的升级　　//156

第三部分　重定零售实践

第八章　人：极致体验的新满足　//163

新零售既不是旗帜，也不是口号，而是以人为本、以人为核心资源、以个性化需求为重中之重，在大数据和人工智能赋能下，使消费者获得极致体验的满足，并为创业者提供新的平台与思路，开拓零售业的无限可能的零售新形式。

一、个性化才是人的需求　　//164

二、沟通不再成为零售主流　　//168

三、AR 与新零售购物体验　　//171

四、低价、高品质成为现实　　//175

五、线上重效率和质量，线下重体验　　//179

六、人人可以成为零售商，零售形态的回归　　//182

七、创业者的"练马场"，小资本撬动大社会　　//186

第九章　货：尽人所需的新产品　//191

新零售不仅满足了消费者购物的极致体验，而且加快了产品的迭代升级。企业在产品管理方面也相继融入智能化手段，呈现出数字化、数据化的管理模式，实现了产品在存量、增量与流量上的可视化，优化了整个零售过程。

一、原创品牌的魅力　　//192

二、新产品到底是什么模样　　//196

三、产品的标签化管理　　//200

四、存量、增量与"流量"的可视化　　//204

第十章　场：舒适怡人的新场景　//209

新零售在打造场景化的购物模式时，在重新定义消费场景的基础上，打破以往零售场景的局限，不断探寻让消费者想买就能买的零售方式。在人工智能的赋能下，无人门店、智能门店与智能导购等的推出，使零售场景变得极度舒适化。

一、重新定义消费场景　//210

二、从"想买就能买"到"买就即时送"　//214

三、新零售场景化怎么做　//216

四、无人门店与智能导购　//220

第十一章　结语：新零售的未来　//225

随着大数据、人工智能、区块链、5G、物联网等智能技术的飞速发展，新零售的未来发展空间将会更加广阔，零售企业及零售商只要紧跟智能时代的步伐，认清中国消费群体的变化，进行精准营销，就能在新零售的市场中获得竞争优势。

一、零售分层：瞄准"00后"消费群体　//226

二、老龄化社会的新零售转型　//230

三、持续优化的新零售链条　//233

四、"朝思暮想"新零售的新技术　//238

五、未来政策导向的新零售　//242

六、重大疫情与新零售　//245

第一部分
重构零售理念

第一章

起点：新零售的崛起

在智能时代，新零售作为一种区别于传统零售和电商的全新零售理念，通过人工智能、大数据、云计算、区块链等技术的赋能，以融合线上线下两种零售渠道的新方式，重塑零售模式、营销渠道、业态结构与生态圈，创造出"1+1＞2"的新效果。

"新零售"（New Retailing）的概念，是马云在 2016 年 10 月的阿里巴巴云栖大会上演讲时，提出的相对于传统零售和电商而言的一种全新的零售理念，是在智能时代背景下，通过人工智能、大数据、云计算、区块链等技术的赋能所探索出的一种全新零售模式。马云在演讲中强调："未来的十年、二十年，没有电子商务这一说，只有新零售。"

新零售作为不同于以往任何一种零售形式的新角色，从本质上打破线上零售和线下实体店相互竞争的尴尬处境，以融合线上、线下两种零售渠道的新方式创造出"1+1＞2"的新效果。从最初诞生于阿里巴巴到遍布整个零售行业，新零售与阿里巴巴的故事在打动消费者的同时，也引起了商业巨头的纷纷响应。通过这种新的商业模式，零售方式与渠道不断创新发展，零售行业的业态和生态圈逐渐被升级改造。新零售不仅"新"在对"人""货""场"的重构，而且"新"在对大数据、人工智能等新兴技术的广泛应用。

一、新零售的概念和特征

新零售即企业以互联网为依托，通过运用大数据、人工智能、云计算、区块链等先进技术和手段，对商品的生产、流通与销售过程进行升级改造，进而重塑业态结构与生态圈，对线上服务、线下体验和现代物流进行深度融合的零售新模式。

零售自诞生至今，主要经历了三种形态：第一种零售形态是面对面的物与物的直接交换，也是最原始的；第二种零售形态是面对面的"商品—货币—商品"的交换；第三种零售形态是网端对网端的"商品—电子货币—物流—商品"的交换，包括微商、电商和新零售。新零售处于第三种零售形态末端，是微商与电商的优化组合，具体包括实体新零售、网络新零售、整合新零售等。

新零售与以往零售形态最大的不同在于，新零售以智能手段为依托，这也是它作为一种新型的零售形态最显著的特点。随着新零售的兴起，越来越多的企业将自己的产品与新零售的发展模式相结合，探索出有自己品牌特点的零售新路子。

在马云提出新零售的概念后，阿里巴巴在解读新零售特征的过程中，从自身作为一个零售商业平台的角度出发，在电商遭遇瓶颈期时转而向线下零售发展，通过对线下零售市场三种类型（综合性购物中心、大型商超和社区便利超市）的分析，以收购与合作的方式打入综合性购物中心和大型商超，以零售的方式切入社区便利超市，布局线下零售实体店。阿里巴巴通过与银泰、三江、百联、高新等线下百货合作，以线上线下协同、生鲜零售和对消费者进行数据化分析相融合的模式，推出了独具特色的线下零售模式——盒马鲜生。

阿里巴巴以盒马鲜生为代表，重构线下超市的新零售业态，使其成为中国首批进入新零售的商超体系中的一分子。盒马鲜生将超市、餐饮、菜市场等场合打通，打造集多种功能于一体的新型商超。盒马鲜生的线上App，支持消费者下单 3 千米范围内的商家，并提供 30 分钟送货上门服务。盒马鲜生作为新零售的首批执行者，也是新零售的典型代表。

盒马鲜生诞生于智能时代，有许多不同于传统商超的新优势。

第一，盒马鲜生借助于传统大型超市的顾客流，依靠生鲜吸引消费者。在"利用生鲜打造出最新鲜的食材"的概念下，盒马鲜生在生鲜区开创出烹饪区和就餐区，消费者在店内挑选生鲜后，可以直接让工作人员现场烹饪后食用。在改造传统购物中心的销售模式后，盒马鲜生打造出"生鲜+餐饮"的购物方式，开创了独具特色的零售模式。

第二，消费者在盒马鲜生实体店选购商品时，可以清楚地看到App上透明化的价格，盒马鲜生打造了线上线下一体化的价格结构；在结算时，盒马鲜生利用智能手段对传统的结算流程进行改进，支持自主结算和线上结算两种结算方式；盒马鲜生还将线下的流量转接到线上，通过门店区域的拣货和配送体系打造出30分钟内送达的配送服务。这是盒马鲜生相对于传统商超的又一大优势。

第三，传统商超在经营门店销售商品时，大多从专门的仓库分送到旗下的各大门店，过程复杂且工作量大；盒马鲜生则将仓储和门店直接打通，在配送环节依靠悬挂链系统进行订单的分拣和配送，从而实现消费者在线下单后的快速送达。因此，盒马鲜生的线下零售店虽然表面看起来与传统商超无甚差异，但其运营模式处处体现了新零售的崭新特点。

第四，盒马鲜生还通过应用智能手段来提升门店的运营效率。以新零售为特点的盒马鲜生，在开始时就以打破传统运营为发展基准，通过线上线下协同发展，实现了商品、价格、营销、会员的四个统一，在建立业务的基础上开发出整套的物流配送体系、商品管理体系、消费者服务体系、线上应用开发体系等，打造出不同于传统零售的以技术和业务为支撑的新零售，带来单位坪效（坪效是源于中国台湾商业领域的常用术语，是衡量一家超市或百货的经营情况的重要指标，指的是每坪面积上可以产出的营业额，1坪=3.3平方米）、人均效率及供应链效率的同步提升。

盒马鲜生作为阿里巴巴在新零售行业的尝试，在诞生之初就获得了广大消费者的一致好评。通过对新零售模式的不停探索和对科技的应用，盒马鲜生于2019年6月11日入选"2019福布斯中国最具创新力企业榜"。

通过上面的分析可以看出，新零售与大数据、人工智能等新兴技术融合发展，被赋予了新的使命和意义，其以O2O（Online to Offline，线上到线下）为基础、以AI（Artificial Intelligence，人工智能）、DT（Data Technology，大数据技术）和 IoT（Internet of Things，物联网）等技术为支撑，以提高消费者的体验为目的，成为升级传统零售模式的一种新型零售手段。新零售作为未来零售行业的发展趋势，将会改变整个零售行业的模式。

自从新零售概念由马云在阿里巴巴云栖大会提出以后，这一术语就与阿里巴巴形成了紧密的联系。同时，阿里巴巴作为新零售的领头羊，对新零售进行了完整诠释。阿里巴巴作为新零售的榜样，带动了整个零售行业的新发展。

从概念方面分析，新零售作为智能时代的产物，借助互联网、大数据、人工智能和物联网等智能技术，综合多方面的知识，对商品的生产、经营、销售及销售渠道（物流）进行全新的升级改造，将线上、线下、物流等各方面打通融合，推动产品销售智能化、营销服务人性化和物流运行技术化。

当然，新零售本身的特点和优势，也为零售行业带来了全新的发展思路。首先，新零售在追求经济利益时，使行业的成本降低、效益增加，相比于传统零售大大提高了经济效益；其次，新零售的出现体现了社会的进步，是中国智能科技发展的一个缩影；再次，新零售在发展中体现了运行数字化、渠道灵活化的供应特点；最后，尽管新零售的出现为零售行业带来了诸多变化，但它仍然以消费者需求为目的，始终朝着满足消费者需求的方向发展。

新零售作为智能时代一种新的零售方式，具有以经济利益为主要动力，以需求变化为隐性动力，以新兴技术为重要基础，以数字化、全渠道、供应链相融合等为特点的综合性特征。在实际应用中，新零售将以上特点融合，打造出更高效、更具有中国特色和时代特征的中国智慧新零售。

在中国人口由"增量市场"转向"存量市场"的大环境下，现代消费者的消费理念也正在由"商品型"转向"服务型"和"体验式"。这就要求企业根据消费者的内在需求，深度挖掘市场潜力，通过提供多种服务模式和零售方式引发消费者的消费欲望，释放消费者的消费能力，满足消费者的消费需求。

新零售隐性动力的需求变化，是其在发展中必须要紧跟的趋势。消费者需求是新零售的内在引力，而消费者需求的变化代表着市场变化和市场需求。消费者需求的变化通过外因和内因同时作用。其中，外因表现在结构变化与消费升级方面，内因则表现在消费者的消费需求和消费偏好所带来的改变方面。

根据马斯洛需求层次理论，在人们的基本需要解决后，若条件充裕，人们往往会追求更高层次的需求，满足自己更高的精神境界（见图1-1）。需求层次理论在消费理论中体现为：消费者在消费能力提升的情况下，当最基本的生理需求得到满足后，便开始追求安全需求、社交需求、尊重需求等更高层次的需求，最终朝着自我实现的需求迈进。根据当今时代的消费者特点来分析，可以发现，当今消费者的消费模式是，在得到满足自己基本需要的商品后，往往会向着娱乐和社交等方面的消费倾向发展。

图1-1 马斯洛需求层次理论

物联网、人工智能、大数据、区块链等的蓬勃发展和广泛应用，为新零售提供了技术支持，促使了新零售的产生与发展。在众多新兴技术的应用中，消费者可以感受到相对于传统电商当今新零售所具有的推送更加精准、快递配送更加迅速、商城机器导购更加有趣、售后服务更加人性化等一系列改变，零售企业的绩效和服务质量均得到了进一步提升。

新零售通过数字化、全渠道、供应链这三个维度的相互融合，创造出全新的发展模式。其中，数字化作为新零售的特点之一，就是将许多复杂多变的信息转变为可以度量的数字、数据，再以这些数字、数据建立起适当的数字化模型，把它们转变为一系列二进制代码引入计算机，进行统一处理，实现数据对物质的统筹管理和合理分配。中国零售业在迈向数字化发展模式的同时，对各方面进行了改造升级，包括未来将建设以区块链为基础的模块式营销。

全渠道是新零售的另一大特点。一方面，新零售积极利用智能科技开发出App、小程序、官方网站等线上服务平台；另一方面，新零售注重提升线下服务质量、增强线下顾客体验。新零售将线上线下打通，充分挖掘企业对数据的应用和云端的统筹及线上线下的协调能力，让企业在转型的同时提升综合能力。

全渠道是新零售供应链实现的基础。新零售依靠全渠道实现企业线上线下流量的转化和对接，为消费者提供衔接式的购物体验，这需要企业具有较强的硬实力。

由此可见，在大数据和人工智能时代，新零售将科技融入零售行业，打造数字化、智能化、个性化的发展道路，在改造传统零售行业的过程中，增加人性化的服务，让新零售与建设服务型社会的主题相契合，使新零售不只是一种零售模式，更是基于零售的贴心化智能服务，是一种企业陪伴消费者的方式。

二、新零售的本质

新零售自从在2016年被提出后不断发展，一场零售业的革命由此开启。毫无疑问，新零售的到来给传统零售业造成了巨大的冲击，也改变了传统零售业的运作方式。当大型的传统零售企业面临被叫停的局面时，是否真的代表着零售行业不行了？答案无疑是否定的。其实质是，在智能时代的背景下，零售业正在重构新的发展模式。

要认识新零售的本质，就要先对零售有一个基本的了解。零售，是商品经营者或生产者向消费者提供商品和相关服务，使之作为最终的消费活动。

在这个过程中，首先，如果商品经营者或生产者向消费者提供商品不是作为最终的消费活动，则不能称为零售。例如，零售商向消费者出售某款手机钢化膜，消费者将钢化膜贴到自己的手机上，那么零售商与消费者的这种交易活动就称为零售；但如果零售商将手机钢化膜出售给手机代销商或直销店，由店家将钢化膜贴在手机上之后，再出售给消费者，则这种行为就不属于零售。

其次，零售活动不仅是指向消费者出售商品，也包括商家对消费者提供相关服务。例如，消费者在购买大型家电或者组装商品时，零售商会提供配送、组装、维修等服务活动，这种消费者在购买商品时所得到的附加服务也属于零售范围之内。

再次，零售活动并非特指在店铺中进行的交易活动，也包括一些上门及线上推销活动，以及自动贩卖机、网络销售等销售活动。

最后，零售的对象不单是指个人消费者，也包括团体性组织或公司。例如，统一订购商品的企业、学校、政府机关等，这类消费群体都属于零售消费者。另外，团体性消费群体在中国的零售消费中占有很大一部分比重，这就提醒零售商在进行零售活动时，切不可忽略团体性消费群体。

因为传统零售涉及多个部门，所以部门之间常常各自为政，没有形成线上线下相互融合的发展模式。其中，在发展理念方面，一些企业的中高层领导过于保守，有时会对变革中的新事物、新方式比较抵触；在发展方式方面，传统零售从早期的叫卖到等顾客主动上门的实体零售店，再到依靠第三方平台的"网销"，都是靠"蛮力"来销售产品的一种零售形式；在零售场景方面，传统的购物场景一般包括顾客进店选购、结账、离店等程序，网店零售一般包括浏览、付款、收货（有时会进行评价）等程序；在时间和空间方面，传统零售中的消费者只能在固定场合中和一定时间内才能买到自己心仪的商品，局限性较大。

在零售行业中，传统零售向新零售的过渡，不只是整个零售业的发展，更是时代发展和科技进步的体现。因为新零售所代表的并不只是一种零售方式，而是对零售业的改造与重构，是在智能新时代环境下的一种新型零售方式。新零售致力于打造线上线下渠道的一体化进程，其核心在于融合互联网与实体零售店的优势，在电商的基础上将互联网零售与实体店零售进一步融合发展，实现对零售业的改造和升级。

有学者认为，新零售实际上就是将零售"数据化"，这个说法很有道理。在数字化社会中，大数据已经普遍应用于各个领域。在零售中引用大数据，将线上用户信息进行数字化分析和管理，可以解决传统线下用户数据化的困难。对线下用户群经过线上数字化分析之后，得出的数据可以存储于网络等信息媒体中，将来可以以区块链的形式存储和共享，形成企业特有的用户信息库。

如今，零售企业在向新零售转型的过程中，一些企业将新零售特点与自有品牌和产品相结合，开辟出有自身企业特色的新零售模式。譬如，保利YOOYA精品超市，聚集新零售众多的特点和优势实现了自己的转型之路。保利YOOYA首个精品超市总面积4000平方米，在经营中采用"餐饮+零售"的创新营销模式，餐饮区将近占总店面积的1/3。顾客可以在店内直接购买美食，也可以将采购的生鲜食材交由店内厨师即时烹饪，第一时间享受新鲜美味的食物。这一点与盒马鲜生的零售手段相同。首个保利YOOYA精品超市精选全球上千种商品，支持线上线下两种购物方式，并提供在超市5千米内下单配送服务，承诺两小时内送达。

在零售企业普遍向新零售转型的大环境下，保利YOOYA采用渠道定位手段，将线上商城与线下门店打通，对商品的下单、拣货、配货、运送等系统进行统一管理，通过电子标签提升消费者的购物体验。保利YOOYA

的订单系统主要分为线上订单和线下订单两种。其中，线上订单主要包括：消费者在线下实体门店对商品实物进行综合评价和了解后，直接扫描该商品所对应的电子标签中的二维码所下的订单；消费者在其他地方通过保利YOOYA网上商城所下的订单。线下订单主要由顾客在门店直接完成支付。保利YOOYA针对顾客的订单进行分析，将线上线下的订单统一管理，便于后期综合分析消费者的特点，制订精准的运营方案。

在保利YOOYA的拣货、配货系统中，顾客若在规定的距离内通过门店扫码或者在网上商城下单，即可享受商家提供的O2O拣货配送服务。在全渠道零售中，店面拣货配送方案的规划尤其重要。若流程冲突或路线规划不合理，则极易导致服务质量下降，降低顾客的购物体验，让顾客失去对商家的信任。保利YOOYA在拣货配送方案中，采用顾客网上下单、拣货员扫描抢单、拣货、核查、出库、配送（或顾客自提）的运行流程，将各个环节有序化、程序化，打破从顾客下单到签收之间任何一个流程的闭环，最大限度地满足顾客的购物体验。

在商品管理方面，保利YOOYA采用商品全渠道管理模式，对线上线下的商品进行统一管理。由于支持线上线下两种下单模式，所以在线下实体店中，保利YOOYA使用电子标签代替传统的纸质标签，并将线上线下的商品信息同步处理，打造出门店线上线下统一价格、同步促销、信息一致的运营模式，让顾客在线上平台也可以看到线下商品的价格等信息。将线下商城的商品进行线上管理，为顾客提供了极大的方便，解决了许多线下购物的难题。

保利YOOYA还采用会员制管理模式，将线下实体店商品的消费、试吃、优惠等活动加入会员体系内，消费者只有成为保利YOOYA的会员才可享受这一系列的服务和优惠。在向新零售的转型过程中，保利YOOYA增设线上会员系统，并采用线上线下会员统一管理的手段。保利YOOYA在举办优惠活动时，会员可以直接在网上商城使用或兑换优惠券（具体使用方式根据活动类型而定），也可以在线下实体店内扫描二维码领取优惠券。如此一来，保利YOOYA实现了线上线下渠道互通，让会员支付无界限使用。

在库存管理方面，保利YOOYA采用线上线下统一管理的模式。消费者无论通过哪种形式下单，保利YOOYA后台的运行库存中都会有相对应的数据管理，根据顾客的下单情况实时更新。保利YOOYA的库存管理采取电子标签与线上数据同步的原则，保持线上线下库存的一致性。针对某些断货缺货现象，保利YOOYA还设置了危险库存，避免因为这些偶发情况降低顾客的购物体验。保利YOOYA线上线下渠道的分仓管理，以区块化的模式布局，在节省人力物力的同时，降低了运营成本，提升了服务质量，一举三得。

保利YOOYA利用智能手段打造商品种类多样化，提供餐饮区现场烹饪服务、拣货配送服务，采用库存管理及会员管理机制等，最终达到提升消费者购物体验的目的。

在网上购物越来越普遍的今天，消费者更多的是注重消费体验，或者说是购物时的附加服务。保利YOOYA通过提供多种购物方式，让消费者在不同的情形下可结合自身情况随时调整，选取适合自己的购物方式；通过提供餐饮区和现场制作服务，增加消费者在门店的体验感，让顾客对原材料有一定的了解和认识，提升顾客对产品和商家之间的信任感；通过提供电子标签，使顾客在了解商品的同时，也了解到其他消费者对该商品的评价，并且可以在平台获取某些商品的促销活动信息，领取优惠券等；通过对库存的统一管理，根据实时数据随时补货，保证线上线下库存充足，避免断货缺货；通过电子标签开发出线下自主收银功能，尽量使消费者免于在线下付款时的排队问题。总之，保利YOOYA利用智能手段提供以上服务，提升了消费者的购物体验，也提高了整个企业的运营效率。

因此，在一定程度上来说，新零售实质上就是一种效率革命，是一种效率更高的零售模式。零售的本质，是把"人"（消费者）和"货"（商品）连接在一起的"场"，即具备"人""货""场"这三个概念的核心要素。其中，"人"是指消费的主体，所指代的对象是消费者；"货"是指商品；

"场"是场合，指的是向消费者出售商品的场所。这三大要素是零售中不可或缺的重要角色。

围绕着"人""货""场"，所有商业元素的重构是走向新零售非常重要的标志。可以说，新零售在一定意义上就是将"人""货""场"这三个概念重构，在新的智能背景下，将线上线下渠道结合，创造更高效率的零售。在大数据、人工智能、云计算、物联网、区块链等新兴技术的背景下，可用坪效革命提升"人"的效率，用短路经济提升"货"的效率，用数据赋能提升"场"的效率，通过对"人""货""场"的提升，创造出在智能时代背景下的新零售。

在这三个要素中，"人"在新零售中是商业活动的起点，每个商业活动中的消费者都有不同的消费诉求。在新兴科技迅猛发展的今天，新零售以突破传统坪效极限的方法引发坪效革命，依靠交易结构思维赋予坪效新的时代意义，利用创新技术来提高坪效，从而达到提升新零售中"人"的效率。

"货"在新零售中是作为客体的一个重要存在。一般来说，零售中的产品从设计到消费可以归纳为 D-M-S-B-b-C 这样一条路线（见图1-2）。由图1-2可知，在整条消费链中，可以通过重组的方式形成多种商业模式，如当今市场的 b2C、B2C、B2B、B2B2C 等都是从图1-2 的结构中重构而来的商业模式。但是，无论哪种商业模式，从消费者的角度来说，都只能通过零售的"场"，即以 B 或 b 为中介来购买产品。

D	M	S	B	b	C
产品设计 Design	产品生产 Manufacture	供应链 Supply Chain	大型商场 Business	个人销售者 business	消费者 Consumer

图1-2　新零售中"货"从设计到消费市场链

"场"的本质是各种信息流、物流与资金流的组合，新零售通过对多种"流"的重新组合，打造具有智能特点的"场"。例如，在信息流中，新零售通过"不卖货的体验店"让消费者在线下体验后，综合评估适合自己的产品，然后以线上下单的形式购买产品；在物流中，新零售利用一些新技术，如天猫的大数据分析和京东的无人机配送，来提高物流配送速度；在资金流中，新零售通过引入移动支付，如支付宝、PayPal、微信支付等，并且支持提前预付功能，如京东的白条、支付宝的花呗和借呗、腾讯的微粒贷等，提高购物时支付的便捷性。

在类似社区便利店的新零售模式中，广东零售企业美宜佳便利店有限公司探索出了新的道路。始于广东的零售连锁店美宜佳，并不像全家、7-11、喜士多那样在全国范围内开设分店，而是以广东省为主进行分布扩散，逐渐开发湖南、福建、江西等邻省的市场。

美宜佳的目标消费人群主要是社区居民、商圈工作人员、学校的学生等，所以该连锁店主要在城市密集的区域布局，以保证有足够的消费群体。在店铺的加盟方面，美宜佳并不追求加盟的速度和数量，而是注重对每个门店的盈利指导。美宜佳旗下连锁门店支持统一配送、按时促销、提供附加服务等方式销售产品。在配送方式方面，美宜佳以常温配送和冷链配送为特色零售模式；在产品布局方面，美宜佳涉及食品、日用品、化妆品、冷藏冷冻品等超过 4000 种的商品，以及缴费、代收、金融服务等超过 20 项的增值服务，实现门店的新零售模式。

新零售在对智能科技的综合运用下，将零售中"人""货""场"重构，优化商品的设计、开发、物流、销售等各个环节，从整体上提升企业的运营效率。新零售作为零售市场的"新角色"，是对以往零售形态的创新升级，从根本上推动了市场上各零售行业的转型升级，打造出了具有智能时代特点的零售新业态。

三、新零售的"新"之所在

从发展的角度来说,事物的发展就是新事物取代旧事物的过程。新事物作为新时代的产物,是在旧事物的基础上发展起来的,它的出现必将取代旧事物。同理,作为科技与时代发展产物的新零售,也是在传统零售的基础上发展起来的。新零售的出现在一定程度上体现了传统零售的特点,同时也是传统零售除旧革新、去粗取精的产物。

传统零售的发展受时间、地点、空间等多种因素的限制。随着互联网走入人们的生活中,网购、电商的普及将零售推向了新的发展阶段。但是,传统零售本身的一些缺点并没有因此消失,在环境的制约下,传统零售仍有许多不可避免的缺陷,逐渐落后于时代发展的脚步,于是新零售应运而生。新零售将传统的线下实体店零售与电商的线上零售打通,打造出线上线下融合的零售模式,使零售业在新时代的环境下焕发出新的发展生机。

在大数据、人工智能、云计算和区块链的推动下,新零售有了多种形式的发展业态。譬如,亚马逊无人便利店,在一定程度上向人们诠释了当今新零售在便利店方面的应用。亚马逊于 2018 年 1 月 22 日在美国西雅图正式开启首个无人便利店。亚马逊无人便利店的设计初衷是方便消费者,所以店面以全智能的方式运作,给了消费者最大的购物自由。店内利用摄像头和传感器来追踪消费者对商品的"拿"和"放",导致消费者在亚马逊的无人便利店购物会有种"偷东西"的错觉。

消费者要想进入亚马逊无人便利店,需要扫描店面入口处的二维码获得权限。进入便利店后,天花板上的摄像头就开始全方位追踪消费者。当消费者拿起一件商品时,该商品会被自动添加到消费者专属的虚拟购物车中；当消费者放回商品时，该商品则会从虚拟购物车中自动删除。当消费者完成商品的选购后，直接走出超市即可。亚马逊会自动从该消费者的信用账户扣取相应的金额，完成最终交易。

亚马逊无人便利店最初的设计灵感来源于自动驾驶技术。从自动驾驶技术的传感角度出发，亚马逊研发出与自动驾驶技术系统极为相似的超市零售传感系统。利用传感系统，亚马逊无人便利店可以收集店内消费者的信息，分析商品进购物车和放回的频率，为以后对消费者实现精准营销和发放优惠券提供现实依据。例如，消费者在选购商品时，刚开始拿的是意大利托斯卡纳的弗兰奇（FRANCI）特级初榨橄榄油，过了一会儿又放回去，换成相对便宜的普通橄榄油，亚马逊对该消费者拿起、放回及最终购买的商品的信息进行采集，经过分析得知该消费者对价格比较敏感。

亚马逊除将无人便利店作为零售手段外，为了方便消费者购物还提供配送服务，并不断对配送服务进行改进，从最初的三天内送达到后来的两天内送达、一天内送达，再到现在的一小时内送达。这体现的不仅是速度的提升，更是各种技术、手段在智能时代的改变。亚马逊通过改进供应链技术、提高计算体系、增强基础设施等措施，为顾客提供高效的配送服务。

现代新零售模式在中国也有相应体现，在中国推出的 24 小时无人便利店、智能零售店中，所有店铺的门都是锁定的状态，消费者需要用手机 App 扫码注册以后才能进入。消费者在进店之后，为了保证购物的安全性，门会立刻锁上。一般的无人便利店内都包含零食、日用品和紧急用品等商品，消费者可以根据自己的需要进行选购。选购结束后，消费者只需要走到店内的结账区域，即可进入结账程序。在结账专区，消费者根据商品的特有标签，在无人收银台自助扫描商品识别，店内的电子屏幕会在消费者扫描后出现相应的商品信息和价格，所有商品扫描完后会有总的价格，消费者确认价格后用支付宝或微信扫二维码即可付款。付款完成后，无人便利店会有相应提示，随后系统会自动开门让消费者出店。

亚马逊无人便利店在引用新零售手段的基础上，开发出了零售的新思路，也让消费者看到了新零售的未来发展之路。新零售的实现手段有很多，除无人便利店外，许多企业也将现代科技元素添加进零售手段中，大量企业积极运用智能手段来进行营销，如一些超市中的智能购物车，写字楼中的无人货架，商场的智能屏幕商店、新型售卖机等。

新零售从百货商店、连锁百货店、超级市场和电商四个阶段演变发展而来，为以往零售模式注入新技术、新设备、新体验，打造便利化、快捷化、沉浸式的消费风格。任何一种事物的出现都会带来相应的变化，最初的百货商店以古老的小作坊为原型，转化为专业的经营与生产活动的零售载体，这一转变带来了批量生产和消费端的变化（由只卖一种商品改变为陈列多种商品）；之后，单个百货商店采用统一管理和规模化运作体系，提高了运营效率，降低了成本，突破了地区界限，升级为购物更加便捷的连锁百货店；随着超级市场的诞生，商家引入了现代化的收银系统、核算系统、订货系统等，加强了商品的流转；电商的出现进一步扩大了消费者选择商品的范围，降低了商品的成本。

可以看出，以往的零售模式都是在原有零售基础上的升级改造，新零售也是在综合所有零售经验的基础上，去粗取精发展而来的。从线上零售角度来说，虽然电商已经将各类商品都纳入了电商销售体系，但是对于消费者而言，许多即时性的商品需求还是不能从电商这里得到满足，譬如生鲜、蔬菜类的商品冷链物流成本较高，以电商的零售模式暂时还难以触及；线下门店不能很好地感知用户和把控供应链等问题，电商的竞争日益激烈；从消费者角度来说，由于经济的发展和时代的进步，消费者在购物时更倾向于追求高品质、个性化的商品和便捷化的服务，并且更加注重消费体验。

新零售通过线上、线下和消费者需求方面的变化与革新，用智能化手段优化零售模式，提供消费者需要的商品和服务。

首先，从认知方式上由卖方市场向买方市场转变。在电商出现之前，消费者买东西会受商店商品种类、地理方面的限制，其购买模式大多是消费者找商品，并且对于卖家来说，往往是通过门店的一些销售数据来认识消费者，分析哪些商品卖得好，哪些商品卖得不好。现代新零售则将线下体验与线上消费进行融合，用户信息线上线下通用共享，在智能化和大数据技术的支持下，可以获得线上线下全息的用户画像。新零售打破以前获取单一或局部用户数据的局面，转变为通过多种方式获取消费者的各种行为数据及数据背后隐藏的潜在消费。

其次，在触达渠道方面主要表现为全渠道触达（线上、线下）。新零售打破以往线上线下的零售界限，实现消费者的购物行为、会员信息等通用共享。新零售还通过增强现实（Augmented Reality，AR）、虚拟现实（Virtual Reality，VR）等技术将消费者的虚实体验结合，激发消费者的购买欲。

最后，打造交互式购物模式，提高消费者的参与感。以往零售的交互方式仅限于消费者去买东西，商家为其提供需要的东西，并没有太多的交流与互动。如今新零售的交互方式变得多样，在一些商家开发的小程序和一些线上平台，会有各路达人和消费者分享产品体验，消费者可以看到其他买家分享的各种产品信息和测评信息。新零售模式以社交和分享来完成消费者与产品之间的交互。

新零售模式通过创新理念、组织和生产等环节，切实关注消费者真正想要的是什么，探索出顾客的需求，从而进行产品的开发、销售，并通过附加服务走出不同于传统零售的新道路。在当今智能化社会中，饱和的是服务，缺少的是创意，新零售将销售理念通过新奇的想法注入商品中，用商品来传达零售的特色，树立特有的品牌理念作为当今发展的新思路。

四、新零售与阿里巴巴的故事

众所周知,新零售的概念是由马云在2016年的阿里巴巴云栖大会上提出的。经过此次大会,新零售在整个零售业界掀起了巨大变革。阿里巴巴作为践行新零售的领头羊,以全方位、立体化的布局为零售商家提供了发展思路。鲜为人知的是,虽然新零售的概念是在云栖大会上提出的,但阿里巴巴此前就综合分析评估了零售市场,深深埋下了新零售的种子。以2016年阿里巴巴云栖大会为契机,在各方面都比较成熟的环境下,阿里巴巴联合各零售巨头开启了这场零售革命,新零售与阿里巴巴的故事也将上演新篇章。

阿里巴巴在诠释新零售时,最先推出了盒马鲜生,开辟出生鲜发展的新道路;随后,推出了无人零售店,开启顾客购物的新体验;之后推出的"天猫小店"实体零售店,开拓了零售便利店的新思路。阿里巴巴利用线上天猫超市,对传统便利店、社区超市进行改造升级,将天猫超市"搬"到线下实体店,打造天猫线上线下融合道路,开创消费者身边的新零售渠道。

2017年8月,阿里巴巴将杭州市一个经营了八九年的传统零售小店"维军超市"改造升级(见图1-3),打响了阿里巴巴对传统零售店改造的第一炮。阿里巴巴在改造维军超市时,从装修风格入手,除了将超市的门面换上带有"天猫"标志的招牌,还对店内的设施进行了全方位的更新升级。阿里巴巴将带有社区特色的杂货超市陈列风格改装成美宜佳、全家、7-11等样式的连锁便利店;把商品按照种类科学地摆放到相应的货柜中;对于维军超市收银设施,引进了智能结账设备,店内支持扫码付款;在超市结账区域提供包子、关东煮、热狗等小吃;该超市还提供附加服务,如

消费者在店内选购饭团、面包等便食商品时，提供加热服务、热水等。

图 1-3　改造后的维军超市

在改造后的维军超市内，可以清楚地看到带有"天猫"标志的货架，货架中的零食都是网上比较"火"的或者天猫排行榜推荐的网红商品，如各种果干和坚果等。在超市的其他零食中，有很多种类是特供的，如百草味的小包装零食、板栗仁和滴答猫的锅巴等。这些商品仅在天猫小店才能买到，并且与网上天猫超市是相同的价格，给天猫小店的顾客提供了专属福利。除天猫特供外，维军超市内还有一些国际正版授权的零食，如迪士尼的饼干、水果糖等。这些商品平时只有在进口超市才能买到，是天猫小店给消费者的又一项福利。

阿里巴巴在改造线下实体便利店时，不仅把天猫超市的产品"搬"到线下便利店中，而且把阿里巴巴的生态体系陆续移植到超市中。改造后的天猫小店集超市、银行、旅行社等于一体，与社区居民的生活捆绑在一起，提供多样化的服务。依靠阿里巴巴的商业生态，天猫小店聚集了大到国际品牌、小到农产品等多种资源，丰富了小店的商品种类，扩大了小店的运营规模，带领小店走上新零售道路。

在产品供货方面，阿里巴巴打破了以往卖家跑批发市场进货的模式，采用了线上管理系统。阿里巴巴通过对产品的库存、销量等进行数字化管理和数据化分析，实时监控后台产品库存，以便调整各种数据。其中，"零售通"系统会根据社区超市周边消费人群构成和小店老板个人特征，推算出最适合该门店的商品。按照规则，只要每单凑够 288 元，"零售通"就负责免费送货，一般隔天就能到达，下单方便，到货速度快。

阿里巴巴根据对社区超市的特点分析，认为传统社区超市的最大特点之一就是店主与消费者的关系特别密切，熟人顾客居多。基于这种特点，天猫小店为人工智能添加"温度"，运用智能手段来继续维持这种熟人关系。阿里巴巴通过大数据对某个小店的统计得出，当该小店一天有 200 名顾客时，一个月会有 1000 名顾客，说明该小店的顾客基本上都是回头客。阿里巴巴经过分析发现，一般社区超市的顾客中 80% 都是老人和小孩，这类消费群体是没有接触过电商和互联网这种零售模式的。对这类群体提供线下零售的服务，并提供银行、邮局等附加服务，会极大地刺激这类消费群体的消费能力。

天猫小店和其他社区超市的另一个不同点是，天猫小店以每个店铺的顾客特点和不同种类的商品销量为依据，对收集的大量数据进行分析，推断出该小店的顾客特点和普遍喜好，智能推送最适合该小店的商品，达到对小店、顾客的精准营销。

在天猫小店首次尝试成功后，阿里巴巴在对线下便利店进行改造的基础上，推出智能货柜。当消费者在天猫小店拿起智能货柜中的商品时，隐藏的摄像头会自动识别该商品，从货架的电子屏幕中显示该商品的详细信息。

阿里巴巴在践行新零售的过程中，除天猫小店外还推出"天字号"计划，致力于复兴中国上百家老字号品牌。阿里巴巴通过数据和技术复兴老字号品牌，让中国老字号品牌在智能时代的浪潮中得到发展而不至于被新产品替代，所以在线上天猫超市推出"北京老字号馆"，通过天猫全球项目，让老字号走向全球市场。

借助线上超市北京老字号馆的开张，阿里巴巴推出专属活动，将老字号在线上天猫超市的名声打响，以本地化运营为特点，呈现观众喜欢的老字号品牌和本地特色品牌。阿里巴巴将老字号品牌加入线上超市，不仅推动了老字号品牌的发展，也为中国的老字号品牌发展提供了新的发展方式和发展思路，并且带动了中国传统文化，打造了属于中国优秀传统文化的未来之路。

新零售与阿里巴巴的交集可谓是全方位的，而阿里巴巴对新零售的渗透也是多角度的。随着天猫智能母婴室的落成，天猫正式加入母婴商品的阵营。天猫智能母婴室刚入驻银泰百货时，就获得了大批年轻宝爸宝妈的喜爱，他们大赞此项目的暖心之举。天猫智能母婴室同时也让天猫看到了母婴方面的商机。银泰百货与天猫的合作，引发了众多合作商加入，不仅有大润发、百联等商超类百货，还有太古里、凯德广场等商业综合体商家，它们纷纷对阿里巴巴的智能母婴室门店进行复制，与天猫进行了不同程度的合作。

上海第一百货在将智能母婴室搬进百货商店的同时，也将奶粉、纸尿裤、婴儿湿巾等商品以自动贩卖的形式放到母婴室外，解决了宝妈出门忘带必需品和宝宝在外需要吃喝拉撒的尴尬问题，为宝妈减轻了出行的负担。在天猫智能母婴室内，安装了有智能语音控制系统的天猫精灵。天猫精灵不仅可以语音控制母婴室内的灯光、窗帘、加湿器、净化器等设施，还可以控制室内的音乐，可随时按照宝妈的需求智能变换。

当然，智能母婴室也加入了零售的因素，每个母婴室内都安装了在线购物系统。当宝妈靠近购物系统时，屏幕的菜单页面会自动点亮，宝妈可以随意挑选购物系统中的商品下单。购物系统支持在线购物并提供送货到家服务。

阿里巴巴根据母婴群体出行难、烦、琐的问题，看到了母婴零售的新商机。特别是在机场、车站、商业中心等公共场合中，其他设施都比较完备，单单缺乏母婴类服务设施。阿里巴巴从新零售的角度致力于基础设施的建构，智能母婴室虽占地面积不大，但发挥了极大的作用。阿里巴巴由智能母婴室连接众多母婴品牌和一系列的母婴商品，在开创母婴界商机的同时，也打通了母婴产品的线上线下零售渠道。

智能母婴室在阿里巴巴的推广和发展下，受到了极大的欢迎，同时也引来了母婴行业许多商家的合作。在天猫母婴核心商家大会中，"喂爱1平方"的活动引来了不同类型的合作商，其中包括惠氏、美赞臣、全棉时代、好孩子、巴拉巴拉、子初等超过40家品牌商，商家所提供的奶粉、纸尿裤、奶瓶、服装鞋帽等婴儿产品，共同解决了宝妈的出行难题。

智能母婴室在阿里巴巴的引领下，不仅成为新零售的形式之一，更体现了社会对母婴群体的关心。在中国二胎政策放开后，母婴群体特别是二胎妈妈逐渐增多，大街上带着两个及以上宝宝出行的宝妈不在少数，宝妈出行时难免会遇到各种不可预测的情况。天猫智能母婴室在解决宝妈出行难题的同时，拓展了宝妈的日常生活空间，让她们从烦琐的家庭生活中走出来，感受外界对她们的关心。从某种层面来说，天猫智能母婴室更像一种公益活动。

阿里巴巴综合运用智能手段和新兴科技诠释当代新零售，不断改造与创造线下实体零售店。在新零售概念出现后，阿里巴巴就陆续展现了其在零售行业的布局，仅在首都北京就开通了4500多家智慧门店。在北京商业圈中，几乎到处可以看到经过阿里巴巴改造的线下实体门店的身影。阿里巴巴通过改造线下零售店打造出了新的城市智能商圈。

阿里巴巴在改造零售门店、创造智慧商圈的同时，也通过旗下的菜鸟网络科技有限公司提供智能物流服务。菜鸟物流在发展的过程中，物流速度逐渐实现从隔日达、次日达、当日达、三小时达、两小时达、一小时达到半小时达的改造升级之路。

更重要的是，阿里巴巴将发展中的线下智能门店和提升后的物流服务相结合，与网上外卖平台"饿了么"合作，共同推出线上商超、便利店外送服务。此次合作将线下零售与线上物流相结合，推出阿里巴巴"送一切"

的新零售，推动了商家品牌数字化进程。

阿里巴巴的新零售之路当然不止于此，其还在继续发展中。在智能科技日益发展的今天，阿里巴巴也不断顺应时代潮流，通过深度挖掘消费者需求，打造智能化服务。阿里巴巴在提出新零售的那一刻，就将自己与新零售紧紧捆绑在一起了。阿里巴巴不仅要让自己的企业探索出新零售之路，还要与众多商家合作，共同开发中国新零售的未来发展之路，在使国民生活智能化、便利化、快捷化的同时，提供更加贴心的服务，使冰冷的人工智能和现代科技"暖"入人心。

五、商业巨头的纷纷响应

自从盒马鲜生作为阿里巴巴新零售的一个窗口被推出后，新零售作为零售行业新的发展方向就备受关注。截至 2020 年 2 月，盒马鲜生仅在深圳就有 20 多家分店，可想而知其发展速度之快。作为新零售的一个样本，盒马鲜生在中国甚至世界的新零售中都发挥了带动作用，推动着零售行业在智能时代的发展。

在阿里巴巴改造的线上零售发展渠道和开创的一系列线下实体门店中，以盒马鲜生为窗口引来了国内外众多业界商家的关注，其中不乏可口可乐、百事可乐、日本永旺等跨国企业。这些巨头企业纷纷到盒马鲜生各个分店观摩"取经"，在了解阿里巴巴新零售的运行模式后，结合自己的品牌特色和企业风格，走出了不同形式的新零售道路。其中，全球知名咖啡连锁店星巴克（Starbucks）也与阿里巴巴合作，向新零售的发展方向进军。

阿里巴巴与星巴克于 2017 年在上海兴业太古汇打造出具有双方特色

的 Starbucks Reserve Roastery（星巴克臻选上海烘焙工坊）。在工坊内，甜点、面包都是在消费者的视线下现做的，这一点与盒马鲜生有着异曲同工之处。在创新方面，Starbucks Reserve Roastery 智慧门店占地面积高达 2700 平方米，在打造优质环境的前提下，为消费者提供了智能化、数字化的消费体验。Starbucks Reserve Roastery 智慧门店采用 AR 识别技术，在智慧门店无餐牌的"咖啡剧场"中，借助手机淘宝"扫一扫"功能，就可以进入"全球购"模式。

Starbucks Reserve Roastery 除支持线上购物外，还有线下实体店的商品零售。在星巴克智慧门店的市集区内，不仅有各种咖啡器具、咖啡豆、咖啡杯，还有各种设计师的联名衣服、包、配饰、环保袋和一些纪念品。星巴克智慧门店创造性地将商品放进店内，使 Starbucks Reserve Roastery 不仅是喝咖啡的场合，也是休闲娱乐、吃逛拍照的放松之地。消费者在店内还可以了解咖啡的一些历史和渊源，近距离接触咖啡的制作过程和制作程序，将咖啡文化带入消费者群体中，从细节中呈现了从采摘下来的原豆到一杯温暖咖啡的制作之旅，将咖啡与中国传统文化结合起来，相互传播、共同发展。

阿里巴巴在新零售方面的探索，引来众多企业商家的关注，同时也得到众多商家的肯定与响应。仅在上海南京西路的 Starbucks Reserve Roastery 智慧门店所在的商圈旁边，就有众多与阿里巴巴合作的商家。譬如，Starbucks Reserve Roastery 旁边的门店——优衣库全球旗舰店。优衣库作为与阿里巴巴合作的服饰品牌商，从 2017 年的"双 11"开始，就将线上线下两种销售模式打通，不仅保证线上旗舰店与线下实体零售店款式、价格等一致，并且线上与线下的库存也相通。顾客可以在线下单后到店试穿、取货，并可享受修改尺寸等服务。通过这种线上下单线下体验的新零售形式，优衣库打造了服装零售界的 O2O 模式，发展了服装新零售的一大特色。

在该商圈内，与优衣库全球旗舰店相邻的是 GAP 全球旗舰店。GAP 品牌利用天猫的大数据，在对不同的消费群体进行分析后，打包成数据包，利用数据实现对消费者的精准投放和广告推送。因此，GAP 在天猫上能够获得自己的顾客类型，以及消费者的消费频次、购买原因等，在精准掌握消费者信息后，快速开展业务和服务。GAP 在拓展线上发展渠道时，也致力于扩展中国各地的线下实体店，不仅在北上广等一线城市延伸，而且瞄准国内的三四线城市的顾客群体，开拓出扩展型的发展模式。

商圈内 GAP 的邻居 H&M 于 2017 年 12 月正式宣布与阿里巴巴合作后，就将旗下的品牌 H&M 和 H&M Home 入驻天猫线上旗舰店，并逐步实现将旗下品牌上线到天猫商城。H&M 与阿里巴巴的合作，让天猫商城成为 H&M 除自家官网以外唯一的线上售卖渠道，此次合作促进了两方的共同发展。

此外，阿里巴巴还与服饰品牌 ZARA 开展合作，双方在合作中相互学习。ZARA 在入驻天猫旗舰店后，阿里巴巴得以深入地了解其整个运作系统，借鉴它背后的产业链供应模式。众所周知，ZARA 作为快时尚品牌，商品不仅款式多、价格低，而且每款服装的发行量比较少，满足了当代消费者个性化的购物需求。ZARA 在服装制作模式中采用 SPA（Specialty retailer of Private label Apparel，自有品牌服装专业零售商）的经营模式，将企业的品牌服饰从设计、生产、发行到零售全都掌握在自己手中，不仅节约了成本，而且掌握了商品的版型、款式这一命脉。这是 ZARA 成功的重要方面，也是吸引消费者的重要原因之一。

阿里巴巴仔细分析 ZARA 这一特点后，认识到个性化对于当今消费者的重要性。于是，阿里巴巴将旗下平台淘工厂与阿里巴巴云 IOT 团队"带"进车间，让中国的小众设计师和入驻淘工厂的品牌以"客户在线下单，工厂直接定制"的方式经营，打造出数字化的服装运营模式。中国的许多网店通过淘工厂打造了有自己品牌特色的服装一体化运行模式。

由此可以看出，阿里巴巴与优衣库、GAP、H&M、ZARA 这四个具有代表性的时尚巨头合作，迎来了新零售时代服装产业的发展。阿里巴巴在新零售服装业方面的发展，得到了服装业商家的呼应与合作。在新零售的发展道路中，阿里巴巴与各大行业巨头的合作，贯穿吃喝玩乐衣食住行等当代人生活方式的各个方面，使新零售在各个行业中发挥了不同程度的作用。

在酒店管理方面，阿里巴巴与跨国酒店管理公司万豪国际集团合作，在双方成立的合资公司中，采取线上线下两种管理模式。该合资公司融合了双方的优势与特色，不断完善线上与线下渠道。万豪集团线下服务做得好，阿里巴巴擅长线上模式的运营，于是该合资公司融合双方特点，除使线上平台万豪国际集团入驻阿里巴巴旗下的飞猪平台外，还组建专业团队负责管理万豪国际的中文官网、App 和飞猪官方旗舰店。阿里巴巴经过专业的操作与管理，利用人工智能将飞猪万豪旗舰店、万豪中文官网、万豪 App 融合，使万豪酒店发展为一体化模式，实现价格一致、会员积分互换、优惠同等，并将酒店的会员体系与阿里巴巴的"88 会员"打通，采用会员管理一体化模式。阿里巴巴与万豪国际集团的合作，在将万豪国际集团的发展推向数字化、智能化的同时，也提高了中国游客的旅行体验。

在便利店零售方面，阿里巴巴除改造一些超市和社区便利店外，还对无法触及或者不需要彻底改造的零售店提供技术支持，帮助零售店走入新零售道路。例如，阿里巴巴与 24 鲜便利店合作，实现便利店内自助结账。购物高峰期的结账排队问题一直是困扰便利店的难题，不仅是 24 鲜便利店，任何一个生意稍微好点的便利店都会面临类似难题。一线城市的 24 鲜便利店由于地段、客流原因生意较好，常常因顾客多而出现结账排队的现象，高峰期平均排队 5~10 分钟才能完成结账。为解决这一难题，24 鲜便利店引进了阿里巴巴自助结账技术。顾客进店挑选好商品后，打开支付宝的口碑自助结账功能自助扫描商品后，将商品加入支付宝内的电子购物车，就可完成商品的支付，然后出示支付明细即可离开门店。24 鲜便利店在 2017 年与阿里巴巴的合作，就实现了顾客从进店到离店不足一分钟完成商品的购买流程，充分发挥了便利店的"便利"作用。

此外，阿里巴巴与商场企业商家合作打造的智能母婴室也到了广泛的应用和顾客的一致好评。阿里巴巴与上海迪士尼度假区的战略联盟使天猫成为上海迪士尼度假区的官方赞助商之一，也是其唯一的线上合作伙伴。阿里巴巴还与高德地图合作，运用大数据打造北京一体化 MaaS（Mobility as a Service，出行即服务）平台，为首都北京的城市精细化管理和便利化交通治理助力。

阿里巴巴在对新零售这一概念的践行中，得到了不少商业巨头的拥护，阿里巴巴与众多商家的合作共同推动着新零售的运行和发展。新零售作为一种新型的零售手段，在融入智能科技的过程中，将各大零售行业推到了新的发展水平和发展高度。在新时代的背景下，新零售不仅是零售的一种发展趋势，更是中国零售业高速发展的象征。在城市乃至国家发展中，大数据、人工智能、云计算和区块链等智能技术的发展，是中国打造智慧城市、智能国家的基石。

新零售的概念虽然于 2016 年诞生于阿里巴巴，但是阿里巴巴早在 2014 年就开始布局新零售。紧接着，京东、亚马逊、腾讯、苏宁等大型企业，也开始嗅到新零售的市场前景，开始规划参与到新零售领域中来。到目前为止，各零售巨头都取得了一定的发展成果。

京东通过 7FRESH 对新零售发出了响应。很多人说 7FRESH 是另一个盒马鲜生，事实不仅如此，虽然 7FRESH 有着与盒马鲜生相似的地方，但与盒马鲜生有着不同的发展模式。消费者在进入 7FRESH 门店后，会发现在收银区域，除了有传统的人工收银，还有自助收款机，消费者可自由选择京东 App 刷脸或者其他支付方式。7FRESH 店铺里面的陈设采取的是划分区域模式。比如，在 7FRESH 日用品区，不仅商品种类繁多，而且 7FRESH 注重品牌的引进，店内商品有国货类和进口类，可以说 7FRESH 注重从商品本身提升店内等级；在鲜花区，7FRESH 将店内的鲜花包装后销售，在售卖的同时也起到了装饰店铺的作用；在生鲜区，7FRESH 集结了海鲜、肉类等商品，顾客可自行选购后去餐饮区，餐饮区分为东方餐饮区、西方餐饮区，消费者可以根据自己的喜好现场制作食用；在果蔬区，7FRESH

将水果、蔬菜以小包装的形式销售，其中水果在上架之前，会经过严格的筛选程序，保障了店内商品的标准化；在水果区，7FRESH 装有智能识别系统，消费者可以扫描水果包装盒上相对应的二维码来获取它的原产地、甜度等详细信息，让消费者通过线上渠道了解店内的水果。

京东 7FRESH 推出"悬挂链"系统和外卖合作来实现线上购物服务，主要工作流程为：消费者在线上 App 下单后，店内的工作人员通过"拣货系统"收到订单信息，在工作人员为顾客配单的过程中，7FRESH App 已根据消费者下单的地址智能规划路线，工作人员只需要将配好的订单挂在"悬挂链"上，订单就会通过"悬挂链"自动传送给外卖人员。

除 7FRESH 外，京东还布局了线下实体店，制订五年开设百万家便利店计划，将社区超市、农村小百货店、小超市等"改头换面"（见图 1-4）。以往的农村和社区便利店，大多是一些百货小店，所面对的消费群体一般是附近的街坊邻居，在私人化的店面运营中，很难将其规划到标准的运营体系内。在这种情形中，京东通过自己的供应链体系，从底层做起，将零售行业进行一次全新的改造和升级。特别是在农村的便利店和百货商店中，

图 1-4 京东改造部分线下门店

每年都会流入大量的假货、次品、劣质商品。京东自营的商品分全部进货和部分进货两种经营模式，店主在线下单后，京东提供配送服务，保证商品的真实性。一些 3C 类产品和家电、家居等商品，支持摆样品和代下单的方式，最大限度地为店主和消费者提供方便。

普通百货店和便利店的销售模式一般是店主等待顾客上门，商家在零售中一直处于被动地位。通过京东的改造，传统零售店的商家可以利用京东这一中介"创业"，除店内销售的商品外，商家还可以引导消费者用京东 App 来选购其他商品，如果顾客在线下单，那么店主也会有相应的佣金，这种销售方式改善了商家等待顾客上门的传统销售局面。传统百货、便利店的店主通过京东线上代购平台，利用京东的极速物流，彻底改变了以往的零售方式，在京东的引领下向新零售时代迈进。

城市中的一些连锁便利店，除店内商品的摆放外，店面的地理位置和商品类型在很大程度上也与客流量直接挂钩。电商的发展开创了物流新时代，商家可以利用城市便利店比农村便利店位置好、商品多的优势，增设快递收发点，为实体便利店增加特色服务，使店内的服务丰富化，满足消费者的隐性需求。大城市连锁便利店在设施一体化、标准化的同时，增设了个性化服务，以吸引更多的消费者，使便利店在成本与以往相同的基础上，增加了更多无形的利润，增强了店面的自主性。

随着电商的崛起，实体零售店逐渐进入低迷期，而新零售的提出，让实体零售重新被人们重视。在各大企业对实体零售的加持下，实体零售店灵活运用智能科技的潜力被挖掘出来，呈现出巨大的包容性，探索出新零售的发展之路。随着华润万家、家乐福等大型零售企业的转型，相应的 express 便利店（由华润万家推出）和 easy 便利店（由家乐福推出）等被推出。以新零售为发展趋势的社区超市和便利店频繁被布局于零售市场中，迅速占领了中国大部分零售市场，呈现出良好的发展趋势。

苏宁在探索新零售时，也在不断地推出新的发展模式，从最初以电器类实体店起步的苏宁易购开始，转为线上发展后，又拓展到新零售领域。

从一定程度上来说，苏宁的发展史就是零售行业时代的变迁缩影。在苏宁的发展道路中，苏宁易购广场、苏鲜生、苏宁小店、苏宁广场、苏宁易购云店等，如雨后春笋般出现在大众的视野中。自拓展新零售市场以来，苏宁一年内开了 8000 多家店，其中有一半是苏宁小店。

苏宁小店也以社区零售店为主，主要服务对象是社区的居民，所售商品除包含传统零售店的商品种类外，还有米面粮油、水果蔬菜、肉类等日常食用物品，以及家用清洁物品、小型家电等，涉猎范围极广。苏宁小店在向新零售转型过程中，采取线上线下融合的发展模式，将苏宁小店 App 作为商品预售的渠道，并支持 3 千米范围内 1 小时达的配送服务。

在智慧零售店乃至无人零售店日渐普及的情况下，苏宁对苏宁小店进行了升级，在 2019 年 3 月打造出具有新零售特点的概念店——苏宁小店 Biu×24h 店。该店融合了"有人+无人""白天+黑夜"的发展模式，即白天是苏宁小店，晚上 10 点至次日早上 7 点是无人零售店。在晚上无人零售时段，消费者可以扫码进门，自行选购商品后自助结账。苏宁小店 Biu×24h 店在无人零售时段，除提供白天苏宁小店的生鲜、百货等商品外，还开启了在线客服、商品识别、数据监控等系统，优化消费者的购物体验。根据苏宁的相关统计，苏宁小店 Biu×24h 店月销售额要比苏宁小店的月销售额高出一万多元。

腾讯在触及新零售方面则以一个"幕后者"的角色，与永辉、家乐福、沃尔玛等零售界的龙头行业共同推出"智慧合作"的方式支持新零售的发展。腾讯虽然自己不做零售，但是通过与零售企业的合作，在深度了解所合作企业的基础上对新零售进行了深层的分析，致力于开发新零售的数字化服务来促进新零售的落实。

在与其他企业合作的过程中，腾讯会根据合作对象（实体零售店）的基础和特点，以开发小程序的方式，将商品的介绍、特点、选择建议等展示给消费者，并为线上交易、到店取货、送件上门及线下退换货等服务布局。在实际的销售场景中，腾讯以第三方的角色助力商家通过服务和情感与消费者建立紧密连接。

  2018年4月,马化腾公开指出:腾讯要扮演零售行业助手的角色。这句话确立了腾讯在新零售中清楚的角色定位。于是,在后续新零售的发展过程中,腾讯的一系列动作与阿里巴巴、京东、苏宁有很大的不同,腾讯以合作的方式作为新零售的幕后推手,发挥出企业在新零售中的不同作用。

  新零售作为智能时代下的新命题,它的发展需要人们运用智慧手段践行。同时,正是因为有当今智能科技的支撑,新零售才会被提出、实践、发展。新零售和阿里巴巴的故事让我们了解到新零售的发展之路,商业巨头对新零售的响应更是加速了新零售的发展,成为新零售在智能时代的代言者。未来,新零售将会利用更加前沿的智能手段和科技,持续发光发热。

第二章

基点：新零售崛起之逻辑

　　新零售的崛起及其对零售业产生的革命性变革，是在人工智能、互联网、大数据、云计算与区块链等智能技术与社会需求、政府推力、市场拉动及社会文化等多重力量相互作用、合力推进下，重构个性化的"人""货""场"，为顾客提供一体化的智能解决方案。

恩格斯在论述社会发展动力因素时曾提出"历史合力论",即"最终的结果总是从许多单个意志的相互冲突中产生出来的,而其中的每个意志,又是由于许多特殊的生活条件才能成为它所成为的那样。这样就有无数互相交错的力量,有无数个力的平行四边形,由此产生出一个合力,即历史结果"。[1]实际上,新零售从概念提出到快速崛起,也是大数据、人工智能、互联网、云计算、区块链、物联网等智能技术与社会、经济、政治、文化等多重力量相互作用、合力推进的结果,社会的需求、政府的推力、市场的拉动及技术与文化的契合,都扮演着重要角色。可以说,新零售的崛起既符合智能时代发展的必然要求,也是零售业发展的必然阶段。

一、技术:撬动零售"由旧转新"的支点

由于新零售依托于大数据、人工智能和互联网等先进手段,重构整个商品的生产、流通与销售过程,因此新零售的崛起与智能技术的快速发展密不可分。可以说,"技术"是零售由"旧"向"新"转变的关键因素。以大数据、人工智能和互联网、云计算、区块链、物联网等为代表的智能技术对新零售的支撑,推动着零售业朝数字化、智能化的方向发展。

---

[1] 中共中央编译局. 马克思恩格斯文集(第10卷)[M]. 北京:人民出版社,2009.

在新兴技术的推动下，中国很多国货品牌都取得了很大成就。前有百雀羚受邀加入国际化妆品化学家联合会（IFSCC），成为其中的金牌会员，并获得了 IFSCC 全球主席莱德曼教授专程从德国飞抵上海的授牌荣誉；后有全球排队买华为的频频热搜；格力更是凭借中国制造，以核心技术制胜，在国家知识产权局公布的 2018 年中国发明专利授权量排行榜中，以 1834 件专利授权量位列第六；而在中国传统文化输出的商业 IP 中，网红李子柒仅在 YouTube 上的"粉丝"数就比全球影响力最大的媒体之一 CNN 的"粉丝"多 60 万人左右。不管在科技创新还是在设计创造上，中国本土品牌在"国潮"风的带领下，都底气十足。

首先，这与中国经济的快速发展是分不开的，只有在经济迅速发展的支撑下，中国零售业崛起的根基才能更稳固。其次，国货之所以能够走向世界，与企业坚持品牌的创新设计、在科技领域不断探索及坚持国民情怀是分不开的，零售企业利用各自的优势与消费者建立全新的沟通方式，使得"新国潮"在国内外拥有一席之地。最后，新零售为国产品牌在线上平台的智能营销推波助澜，极大地扩大了商品的知名度。

当代年轻人大多追求新潮，而中国国货则以"耐用""实用"等词作为产品生产的出发点，所以国货大多受到老年人的欢迎，造就了许多老年人的"国货情结"。相对而言，年轻人则没有太热衷国货，所以国货要想在年轻人的市场中占得一席之地，恐怕要从技术创新入手。运动品牌"李宁"作为中国的"国货之光"，在 2018 年掀起了一阵热潮，通过打入纽约时装周，引起了国内外的强烈关注。自此，这个中规中矩的国产运动品牌，成为"国潮"典范。李宁为什么会忽然"爆红"呢？主要源于企业利用新技术进行了创新改革。

2011 年，在新零售概念提出之前，由于库存积压问题，李宁曾面临着严重的商业危机。2012 年，体育行业一度出现关店潮，导致很多门店关闭。2013 年，市面上仅存的一些大型运动品牌对剩余商品的库存进行分摊，平均每个品牌约有 5.88 亿元的库存。在这种危机中，李宁经历了艰难的发展期，2015年与阿里巴巴云联手新零售技术打造出数字化平台。李宁借助阿里巴巴的智能化技术全渠道采集并分析顾客数据，将服务精准化、智能化、个性化，利用数字化实现了产业的转型，走出了困局。

当然，李宁对新零售的探索也不是一帆风顺的。在数字化转型初期，李宁建立的系统因相互孤立而导致企业的数据成为"孤岛"，无法将商品、库存、订单等信息和进销存等业务的数据系统化，导致对市场把握不准确，对消费者需求也无从感知，使企业一直处于平庸状态，李宁作为服装品牌在顾客心目中也没有独特的位置。

通过对之前转型的反思，李宁在阿里巴巴的帮助下，首先将各个平台打通后进行系统化管理，不仅将线上线下数据进行整合，而且对整个业务链进行数字化的分析与管理，使企业数字化平台相通，实现数据的实时传播与更新。

在数据系统化之后，李宁将数据作为决策的基础架构进行云化升级，通过大数据优化门店铺货，并将消费者画像精细化，作为门店选址的参考之一。除硬件设施外，在商品方面李宁也进行了特别的改良。比如，李宁根据数据平台，分析企业实体店中销量高、利润大的商品，了解消费者的喜好，并以数据为基准向设计师提供设计灵感和设计建议，作为商品设计的参考之一；李宁还将收集来的消费者和会员的信息数据化，运用智能算法区分人群与门店，以数据辅助来代替传统人工经验判断的方式，进而提升运营成效，在其他零售企业打造O2O模式时，李宁则朝着O+O的方向发展。

如果说以上方式是对线上渠道的改造，那么线下门店的改造也是李宁的一大特色。李宁在改造线下实体门店时，一方面，将智能化设备引进实体店，通过人脸识别技术采集消费者的面部信息；通过在路口和走道安装的摄像头记录消费者行为；通过传感器记录顾客的触碰、拿起、试穿的次数和时长；通过消费者和商品自动识别，实现个性化推荐；等等。另一方面，李宁将线上渠道平台的数据转化为员工的业务能力，将智能门店的"场"

带入对"人"的分析，达到"货"的精准推送，为顾客提供个性化服务，从整体上提升消费者的到店体验和购物体验。

在智能时代新技术的赋能下，李宁于 2019 年 6 月在上海世博园打造的"数字门店"中，在颠覆传统实体店的基础上重新诠释了新零售线下实体店。李宁在线下"数字门店"的入口处，设置线上互动平台，顾客在商圈内的自动售卖机、租借充电宝、分众传媒、OTT 等任何一个终端都可进入门店互动。"数字门店"的线上平台会不定时发放优惠券、体感游戏等福利，消费者在线上抢购后可以在店内使用、互动。通过这些信息的传达，只要消费者在商圈范围内，都可以接收到李宁的推送，无形中增加了消费者的进店概率。

在进入李宁实体店后，消费者可以根据识别技术进行会员身份认证，导购员根据认证后的会员信息有针对性地对消费者推荐店内商品；在店内的电子货架上，消费者选购的商品都可以享受配送服务；结账时支持刷脸支付方式。

在李宁所有线下门店中，顾客的离店并不代表双方交易的结束。李宁通过线上建立的会员体系会一直与顾客保持联系，当店内有商品上新或者促销时，顾客会在第一时间收到商品的推荐或优惠券，使双方的联系得以长久维持。

虽然李宁已经在新零售市场中打拼出了自己的一片天地，但其创新之路从未停止。比如，在 2019 年 9 月 26 日的阿里巴巴云栖大会上，李宁推出的"微笑打折"活动引来了大量参观。在"微笑打折"活动中，当顾客从货架上拿起商品时，顾客面前的电子屏幕就会自动弹出此款商品的详细介绍；当顾客对着电子摄像头微笑时，商品的电子标签就会根据消费者的微笑程度打折，微笑程度越大，打折力度就越大，电子标签会在识别消费者的笑容后实时调价。

自从李宁运用智能手段实现数字化转型后，得到技术支持的李宁便在国际上一炮走红，在纽约时装周的亮相使李宁在国际上打响了自己的品牌，

"中国李宁""国潮"等词也频频上热搜,在之后的李宁新品首发中引来不少人在线抢购、线下排队。李宁在提高服装知名度的同时,也提高了品牌和文化的认知度,将新兴技术与文化相结合,打造出了属于中国的独一无二的"李宁"品牌。

新零售从一定程度上来说就是"数字化"和"智能化"零售,在传统零售向新零售转型的过程中,数字化和智能化起着重要作用。因此,在新零售中,对新技术的引进是企业走向新零售道路的关键因素。零售企业不仅可以采用"小科技"进行小范围的智能化改造,而且还可以通过合作、引进的方式将新技术应用于企业的零售中。

在国际企业中,三星作为韩国最大的跨国集团,旗下众多的国际分公司涉猎极广,不仅包含电子、保险等产品,还涉及金融、机械、化学等领域。作为在电子方面有所成就的企业,三星对智能技术的开发与应用引来众多合作商。例如,三星的商用显示器和 MagicInfo,一经推出就引来各大零售巨头企业的合作。三星在与业态、场景进行链接的基础上,从技术与消费者体验方面打造了商业 O2O 管理模式,为企业的管理系统提供了技术支持。三星的商用屏幕涵盖了大型视频墙、超清 LED 大屏、智能化数字标牌、互动显示屏及户外广告机、条形屏、镜面显示器等多个领域。三星作为智能技术的先进研发者,通过提供个性化的显示屏为零售商宣传产品。

在三星众多的智能产品中,MagicInfo 直接将商家变成监控者,让商家从第三视角掌控店内局面。MagicInfo 在提高各商家门店运营效率的同时,将信息管理、市场营销及生活方式进行系统化更新与管理。商家通过 MagicInfo 构建综合性信息平台,将远程管理等技术与视频、图片、幻灯片等技术结合,制作成多媒体内容,根据实体店的需要营造店内氛围,给消费者构建了一个个性化的环境,使消费者在实体店内的情绪高涨,刺激消费者的购物欲,提升消费者的购物体验。

三星的 MaginInfo 还可与微信连接互动,通过建立 O2O 服务体系吸引消费者，消费者在微信中可以购物、查询商品信息等，企业的服务被提升至多元化；企业将收集到的消费者信息进行数据化分析以达到精准营销的目的，并为其提供多样化的管理模式，支持企业在线选择管理模式。

虽然三星的一系列商用屏幕技术不是直接销售给个体消费者的，但是MaginInfo 作为以企业为服务对象的商用屏幕产品，其消费者就是各大企业，其产品最终通过各大企业的实际应用呈现在消费者面前。三星一系列的商用屏幕通过间接地与消费者接触，帮助企业分析消费者以达到精准营销。各大企业引进三星的先进技术，在实体店中使自己的商品可以更好地传播给消费者。三星的先进技术间接成为商家销售产品的得力智能助手。

在如今"智能+"时代市场的需求中，一个全新的概念——区块链，被提出后，很快遍及网络。区块链作为比特币的底层技术，通过一系列密码的使用产生数据块，生成有效的防伪信息和下一个区块。中国对区块链也采取边开发边应用的态度，在开发中应用，在应用中更好地开发。

从 2019 年 12 月区块链成为《咬文嚼字》2019 年十大流行语后，这一词更是被频繁提及。沃尔玛、亚马逊和阿里巴巴等大型零售商对区块链进行的不同程度的驱动实验，更是表明了用区块链技术解决零售行业顽固性问题的巨大作用。特别是在零售交易中的忠诚度、转换支付、管理供应链及防止假冒商品等方面，区块链有着巨大的应用和推广价值。

首先，在忠诚度方面。在智能手段的应用中，现有的程序都或多或少存在一些漏洞，容易被误用或欺诈，如果不能得到正当手段的维护会导致商家和消费者双方面的损失。商家如果设置简单的注册或实名认证程序，极容易导致消费者信息的泄露；若设置的程序过于复杂，则消费者在注册时，会因过程的繁杂花费太长时间而直接放弃操作。区块链通过技术应用，采用处理、保护和集中忠诚度计划数据的新方法，试图攻克这一难题。在应用区块链时，消费者既可以安全、实时地兑换积分，也可以简化商家与项目之间的开发和交换程序，让零售商轻松、透明地保护和跟踪消费者信息，在降低复杂程度的同时提升安全度，防止顾客面临错误和诈骗局面。

其次，在转换支付方面。传统的支付方式存在越来越多可被击破的漏洞，许多零售商开始将加密货币作为一种支付形式，将数字钱包和加密货币作为一种支付手段。零售商在支持加密货币支付时，可以在区块链的环境下，利用额外的收入流接触到世界各地的消费者，还可以利用区块链技术分发优惠券。目前许多零售商致力于利用区块链简化在线支付流程和减少欺诈，将忠诚度的提高作为支付过程中所要达到的目标之一。

再次，在管理供应链方面。区块链技术通过跟踪产品的方式，在零售领域发挥出独特的作用。特别是对于伪劣商品层出不穷的奢侈类产品，区块链技术在核实来源的同时，还可以消除假冒伪劣商品。零售巨头沃尔玛在食品供应链中，通过区块链技术开发出"智能包装"及其他应用，并在第一时间申请了相关专利，在保障安全的同时也缩短了跟踪时间，减少了浪费；星巴克则利用区块链技术，帮助企业追踪"从咖啡豆到咖啡"的原料到成品的过程，并实时分享供应链信息；大型连锁超市家乐福利用区块链技术推出"食品区块链"，通过区块链技术跟踪动植物的产品线，消费者只需要用智能手机扫描二维码，就可以查看对应商品上架的全过程。

最后，在防止假冒商品方面。进步的科技在被许多企业和商家应用于零售的同时，也被一些"有心人"利用，造成了欺诈和造假等技术的同步化。其中，奢侈品行业的零售由于商品的超高利润，尤其容易受到欺诈的影响。在这种情况下，区块链技术给品牌提供一个产品只有一个能扫描的代码或每个产品和标签允许客户访问整个制作过程和商品发展史，商家可以把产品从原产地到分销商的过程，每一步都清楚地提供给顾客。

就如在 IBM 利用区块链技术开发的项目中，通过系统追踪商品从矿山到零售店的每个过程与步骤，证明店内商品的来源。在区块链技术的应用下，有效地阻断造假者的投机取巧，透明化地为消费者提供产品的来源，可以有效地保证产品质量，让产品自己"说话"，防止店内商品被剽窃。

由此可见，技术作为新零售的重要支撑，是撬动当今零售"由旧转新"的转折点，是企业实现新零售的必要手段。不管是国货利用智能技术的创新发展之路，还是国际企业开发的造福商家的智能新技术，以及零售企业对最新区块链技术的创新应用，都在很大程度上推动了传统零售业向新零售的变革。

二、需求：新零售之"新"的契合

作为在零售业全新启航的新零售，在智能时代背景下的发展越来越快。新零售是时代与科技发展的产物，是对互联网的继承和对零售业的发展相结合的产物，展现出当今销售的新活力。新零售之所以"新"，不仅是因为它使用了新技术、实现了新突破，更是因为它结合了当代人的需求，在重构"人""货""场"的环境下，推陈出"新"。

根据马斯洛需求层次理论，当较低层次的需求得到满足后，人们就倾向于追求更高层次的需求。因此，人们在满足温饱方面的生理需求后，便开始向更高层次的需求努力。在这样的背景下，新零售作为人们追求更高层次需求的中介，为人们提供多种手段和方式，在满足人们高层次的需求中发挥出最大价值。

以零食行业为例，随着新零售的发展，如今的零食行业相比于传统的零售行业而言有了极大的改善，不仅出现了像良品铺子、三只松鼠、百草味这样系统化的零食企业，而且在销售渠道、零售方式方面也引入了更多科技手段。这些新兴的零食企业成为现代零食行业的典型代表。

以良品铺子为例，成立于 2006 年的良品铺子，像众多零售品牌一样，也经历了零售行业一系列的发展变革。良品铺子诞生之初的销售模式是在传统零售企业基础上的改良，即电子商务；随着电子商务的发展，出现了以线上带动线下的 O2O 模式；之后，在倡导"全零售、全渠道"的口号下，零食行业整合多种模式和服务以改进行业发展；再后来，在全渠道已不能满足人们需求的情况下，新零售应运而生。新零售是在以往零售的基础上发展起来的，但又高于以往任何一种零售模式的新式手段。新零售在对零售技术进行整合后，让零售行业重新满足人们对零售的需求。

在零食行业一系列的发展与变革过程中，上述每个阶段良品铺子几乎都经历过，并在这些变革中紧紧跟随着零售行业的每个脚步，开发出适合自己的品牌发展之路。良品铺子自 2012 年走进电子商务时代起，就将自身的零售模式与互联网的发展相结合，将企业命运与互联网的发展紧紧捆绑在一起。在 2014 年的社交电商中，良品铺子紧抓机遇实现向社交电商的转型，2015 年彻底走入大众视线中，将企业名气成功打响。

良品铺子作为一家零食企业，在 2006—2019 年的 14 年中，能够持续发展并走在零食企业的前列，首先就是因为十分注重消费者需求，在此期间，良品铺子通过大数据和人工智能手段细分市场和产品来满足消费者需求。良品铺子研究大量的消费者，根据消费者的反馈，将获得的第一手市场资料进行整合分析，对消费者的零食喜好、促销活动倾向、回头率等进行真假资料分辨，真正了解到消费者想要的东西。最重要的是，良品铺子能够将零食行业与外卖、网销等商品区分开来，不以其他行业的商品销量或消费者需求为参考标准，而是针对自身品牌的商品、自家企业的营销手段对消费者进行分析。良品铺子店面以满足消费者的专属需求为销售方向，这一点是最难能可贵的。

良品铺子在注重消费者需求的基础上进行商品的标准化研发，保证商品的安全化和标准性。在定点生产、代工生产时，良品铺子开设了专门的零食实验室，将所有零食的成分标准化，使每个零食都达到国家规定的指标。在 2019 年 11 月的上海进博会中，良品铺子与巴基斯坦最大的松子采购、加工企业 HALO FOODS 签订了 3 亿元人民币的松子原料合作协议。良品铺子借助巴基斯坦出产全球顶级松子的优势，通过进口其优质松子，提高了企业商品原料质量。在同一天，良品铺子与土耳其伊斯坦布尔也达成了战略合作协议，通过引进土耳其优质干果、水果和特色农产品保证了商品原料的质量。这次进博会上与巴基斯坦的合作，并非良品铺子与外国企业的首次合作。良品铺子通过频繁地与国外优质原料企业合作来提升企业商品原料的质量，已经与全球30多个国家和地区的将近200种原料企业达成合作，自主研发了超过1000多种类型的零食，这也是良品铺子广受消费者喜爱的原因之一。

良品铺子通过食品打通供应链体系，保证消费者食品的安全性。通过与消费者直接沟通，良品铺子在了解到消费者需求后，以高端零食为基础进行产品创新升级，在对产品进行详细划分的基础上推出零食大礼包和零食礼品盒，根据环境（季节、气候等）和节日（店铺上新等）的不同而随时变换礼包内的产品，从而决定商品的价值定位。良品铺子在对现有SKU（Stock Keeping Unit，库存保有单位）进行分类的基础上，将每个组群分成特定的生产线，保证食品的安全性。

良品铺子利用全渠道终端充分了解顾客后对其进行精准服务，通过对冲动型消费和商品类型多样性消费群体特点的分析，推出不同的零售模式。针对冲动型消费群体，良品铺子在满足消费者购物欲的情况下，使店面形成一站式布局，在局域网状的店面布局中，开设了2000多家分店，给冲动型消费者足够的心理暗示，激发其购物欲；针对由于商品本身类型多样化的特点而进店消费的顾客，良品铺子在增加商品多样性的同时，添加商品本身的趣味性，并提供个性化服务，以自身的特点来吸引顾客。

良品铺子以消费者需求为出发点，利用新兴智能技术来达到新零售的目的，新零售不仅是一种零售手段，而且是消费者需求下的产物，其实现了企业产品特点与消费者需求的紧密结合。如此，企业打造出的商品才能在智能时代中发挥作用。

同样，作为线上淘品牌的"三只松鼠"，从2012年创立到现在，在零售道路上一路狂飙，堪称零售界的佳话。最初作为线上品牌的三只松鼠，将消费者需求作为企业发展的一个重要方向，通过各方面的创新成为家喻户晓的零食品牌。

三只松鼠作为线上零售品牌，是在电商发展的条件下起步的。相比于其他零食零售行业，与其说三只松鼠起步晚，倒不如说三只松鼠紧跟电商的脚步而得到了更好、更高的起步和发展。三只松鼠最初爆红网络源于一个"90后"大学生在三只松鼠线上平台下单一批零食后，分享了自己的下单体验和收货经历，让其在"圈"内流行起来。随后，三只松鼠在年轻消费者群体中名声大噪。

三只松鼠凭借人性化的隐性服务给消费者带来了一个个与众不同的下单经历，让该品牌在消费者的良好口碑中迅速走红。比如，三只松鼠会在消费者下单后，在最短的时间内配货。当快递出发时，消费者可能会收到一条类似于"主人，您的鼠小箱正在快马加鞭地狂奔向您"的物流短信；快递到达后，消费者除可以收到自己购买的零食外，还会看到包裹内有一个松鼠公仔和果壳袋、开口器、封口夹、湿纸巾等一系列附加物品。这样的购物体验和商品被一些大学生放到微信朋友圈和微博等一些社交平台，网友看到后纷纷点赞评论，大赞三只松鼠的暖心之举。由此，三只松鼠最先在"90后"大学生中火了起来。

三只松鼠从消费者需求出发，从当代消费者需要的是温暖有爱的商家这一角度入手，从消费者下单的那一刻起就开始提供隐性服务，包括付款成功正在备货的短信、快递打包成功出库后在路上的短信、快递签收后的祝福和期待下次下单的短信等。三只松鼠与消费者一直保持联系的状态，让商品品牌在消费者心目中留下深刻难忘的印象。

当消费者收到快递时，快递箱是带有品牌特色和品牌形象的"小松鼠"样式的箱子，非常有辨识度，让顾客在签收快递时就产生不同的感受。快递箱外的开箱器可以贴心地辅助顾客开箱，让顾客感受到三只松鼠提供的不同于其他大多数快递的附加服务。

三只松鼠之所以提供如此周到的服务和贴心的陪伴，是由于企业在前期的市场调研中，利用大数据综合分析出当代消费者的潜在需求，认为在消费者心中树立良好的口碑十分重要。三只松鼠利用一系列人性化服务达到了宣传目的，通过"90 后"群体的大力宣传，获得了良好的口碑形象，促使了该品牌在新零售行业的成功。

在新零售的发展环境下，除线上零售外，三只松鼠还拓展出线下业务，但是三只松鼠的线下业务与其他零食企业有不同之处。三只松鼠对于线上线下的定义和界限十分清晰，认为线上就是销售产品的平台，线下就是为顾客提供互动体验的场合。于是，在发展线上零售的同时，三只松鼠将线下门店作为顾客玩乐的地方，将作为品牌形象的小松鼠公仔和玩偶搬进线下门店，与顾客亲密互动。三只松鼠的线下实体店突破了传统店面的死板形式，打造出了具有企业特色的主题实体店，将门店作为消费者歇脚的场合。店内除了提供各种吃食，还会定期举办音乐会、Cosplay 等活动，让顾客尽情娱乐、轻松生活。

线下实体店的另一大特色是将科技元素引入店面中。三只松鼠通过引进智能情感感知系统，将消费者的心情、手势等智能捕捉，并通过电子标签来实时定价。传统的实体店一般通过促销活动或者发放优惠券等方式来吸引消费者，三只松鼠则利用科技进行智能定价，即当顾客心情不好时，感应系统会自动对该消费者打折。三只松鼠实体店内的智能感应系统对每位顾客的每次分析记录都不会删除，当系统感知到店内的某位顾客每次来都不开心时，松鼠公仔就会自动给该顾客送拥抱，有时还会送上一份小礼物来安慰顾客。

三只松鼠在发展中也顺应了品牌娱乐化的发展模式。在各个行业都强调 IP 的情况下，三只松鼠根据品牌公仔小松鼠的原型，聘请好莱坞创作团队制作了 3D 动漫《三只松鼠》，于 2018 年 4 月正式上映。三只松鼠还将 IP 通过设计制作成有创意的日常小物件，如钥匙扣、抱枕、文具等，发展 IP 的衍生力量与文化。

三只松鼠对场景、技术、IP 的应用，出自为顾客提供更好服务的初衷、更出自满足消费者需求。因此，三只松鼠在满足消费者需求的同时，也让消费者需求反过来促进了品牌对技术的应用和开发，形成相互促进的双向作用，共同推动新零售的发展。

新冠肺炎疫情的暴发，让中国民众在本是"剁手"旺季的春节期间集体"宅"在家里，这对作为中国经济增长头号引擎的消费产生了巨大的影响。据官方统计，2019年春节"黄金周"期间，中国零售和餐饮企业的销售额突破万亿元大关。随着人民群众经济实力的增强，各零售行业对鼠年春节再掀消费高潮寄予厚望。然而，始料未及的新冠肺炎疫情让上述乐观预期完全落空。

由于新冠肺炎疫情防控的需要，2020年的春节全国大多数居民都是直接在家里度过的。人们不出门会直接影响到消费，特别是服务消费，包括零售、娱乐、旅游、交通、餐饮等，加上适逢春节假期，影响就更大。此次疫情虽然暂时浇灭了人们出门消费的热情，但长远来看其对中国消费增长趋势的影响仍然有限。

随着中国大量新经济、新业态、新商业模式的涌现，许多消费者已经摆脱了空间限制。与2003年"非典"时期相比，新经济形态已成为人民生活中的重要部分，网购在此时就承担了重要角色。消费者在家就可以叫外卖、网购，甚至在网上看春节档新电影。消费者对网络消费的需求在这一特殊时期更加明显，依靠在线生鲜超市和外卖平台就可以做一个快乐的"肥宅"。

此次疫情对各个行业都带来了一定的影响，也让更多消费者看到了零售行业在人们生活中的重要性。线上零售平台成为人们消费的坚实后盾，让许多家庭在长达三个月左右的时间内不出门也能正常生活。相比于2003年的"非典"，中国的国力与综合实力有了极大的提升，抗灾、抗打击的能力也明显提高。

三、市场：新零售崛起的拉力

新零售不断创新发展是由内部因素与外部因素共同推动的。内部因素主要是消费者的需求，外部因素主要是市场的拉动，两者共同推动新零售的崛起与发展。零售业在数字化转型的过程中，以市场需求为基准，在实现智能化的同时效率和效益也得到了提升。

现在，零售行业在大数据、人工智能的作用下，逐渐走上智能化的发展道路，类似于盒马鲜生、苏宁小店的智能实体门店在许多一线城市已经屡见不鲜。但是，三四线城市和乡村，尤其是一些位置偏远、交通信息闭塞的地区，还是以传统的零售模式为主，盒马鲜生这种"智慧门店"短期内还不能深入触及。于是，就兴起了另一种购物潮流——拼多多。拼多多根据电商的零售特点，开发出"社交+电商"的营销新方式，在移动支付的环境下，给购物添加了社交元素，开创了新零售行业的格局。

拼多多凭借其"拼着买，更划算"的营销口号，在新零售行业中迅速崛起。它的零售套路不同于天猫、京东、苏宁等大型零售企业，而是在各种大型零售企业创新零售手段之余，看到了三四线城市甚至农村的消费市场。在中国，虽然一二线城市发达，城市人口密度大，消费水平高，但是三四线城市数量居多，而且人口数量多。许多企业在创新技术和应用时，大多只在一二线城市投放，一些欠发达地区往往被忽视掉。拼多多以中下游城市为销售目标，充分挖掘三四线城市的市场消费潜力，将线上购物平台的主要受众群体定位为三四线城市和农村地区的消费者，沿用电商销售模式，赋予社交意义，在新零售中开发新路径。

作为新零售行业的"黑马"，拼多多在短短两年时间内就收获了2亿户付费用户，月成交总额高达 30 亿元人民币，是新零售行业的新起之秀。拼多多能迅速打开市场，获得广泛关注，源于其新的零售模式。拼多多在开创社交电商的模式下，推出"所有东西都必须与其他人一起拼着买"的新型零售手段，将产品调至相对低价的同时，将社交融入消费者的购物行为中。

消费者在拼多多平台下单后可分享给好友一起拼，若拼单成功卖家就会正常发货；若拼单失败，系统就会在 24 小时内将消费者所付金额原路退回，消费者可继续拼单。但在大多数情况下是不会出现拼单失败的现象的，因为拼多多作为一个庞大的购物系统，在数亿人共同使用的情况下，系统中的商品通常不会只有一个人购买。如果消费者在拼多多里没有凑足好友一起拼单，那么系统就会自动匹配该买方与其他买家一起拼单，保证消费者的拼单活动顺利进行。

拼多多通过拼着买的购买规则和较低的价格设置，大量激发、聚集和满足三四线城市消费者需求。在确定主要消费群体后，所制定的销售目标也就更加精准，提高了大量"腰部商户"（由于追求短期销量，采用降价、烧钱等推广方式，而不研究消费者的真实需要）的品牌曝光率，避免其因大牌的压制而失去发展机会。拼多多在打开中低端消费群体的同时，也开启了中老年人网上购物的市场，让那些对网络、电商等不敏感甚至有点抗拒的中老年人渐渐地成了拼多多的忠实用户。通过微信、朋友圈的大量传播和极速裂变的方式，以及带有高黏度和病毒式传播的购物模式，拼多多"开挂"似地迅速打入市场，其速度和效果远超出预期。

拼多多在满足市场需求中，开创出多方互惠的消费模式，在现代农业、供给侧结构性改革的过程中，让消费者、创业者及平台等多个方面走向互利共赢。在市场竞争中，拼多多以独特的创新模式，成为成长速度最快的电商平台之一，也带动了一些零售巨头试水社交新模式。

在人工智能的大背景下，当代人的社交圈几乎都是通过智能设备来维系的，用户获取信息的渠道越来越场景化和碎片化，去中心化的思维越来越多地占据着当代年轻人的思想。因此，拼多多以微信为发展窗口，消费者通过微信好友及朋友圈的大量互动、分享，以"砍一刀"的方式让好友助力的同时，不断对其进行心理暗示，使大量用户通过好友的多次分享和"安利"被拼多多"圈粉"。在微信中，凑人数买实惠和团购的形式，让拼多多达到"吸粉"的目的，真正运用和落实了"流量在哪里，生意就在哪里"这句话，将传播速度快、群聚效应明显、好友间订单转化率高、组织间高效管理等优点发挥到极致。

智能时代的互联网与以前相比最大的变化，就是线上智能社交平台人数的大幅度增加。单以微信用户来说，线上活跃人数就高达9亿人之多。其中，当代年轻人作为以微信为主要线上交流平台的微信主要用户群体，在智能科技的熏陶下，更愿意消费，且在消费时大多使用移动支付手段，包括智能平台中的付费项目。

在新零售中，由于线上线下的融合发展，线下实体店的销售程序一般是：消费者到店选购、结账（移动支付或线上支付）。随着智能设备的发展，越来越多的人习惯于用网络解决生活问题。尤其是此次新冠肺炎疫情发生后，人们更会"宅"在家中依靠网络消费。

为了满足消费者的需求，商家们开发出各种新型应用，微信小程序就是其中之一。在实际应用中，微信小程序也随着消费者的需求逐渐扩大。例如，消费者在逛街时，随时可以打开微信小程序，通过附近的"美食""娱乐"等标签来搜索，从小程序中了解商家及店内的商品后，根据自己的需要去实体店体验，并通过微信小程序精确地找到商家所在的具体位置；在家"煲剧"时，消费者若想吃零食或者点外卖，通过微信小程序选择自己想吃的东西后，可以选择直接去店里自提，也可以让外卖小哥送货到家（有时需要额外付配送费）；在微信小程序中，还有一些创作人员会把自己的作品分享到微信公众号中，这些创作人员在长期的创作中积累了大量的"粉丝"，有时"粉丝"想买作者的一些作品，以前都要通过第三方交易平台才能购买，现在只需要通过微信小店即可直接购买。通过这些，微信小程序以低成本把用户的衣、食、住、行、娱、医等全部连接起来，形成一个全能的应用体系。

新冠肺炎疫情让人们度过了一个艰难的庚子鼠年的新春，也让本该热热闹闹、生意红火的春节遭遇"当头一棒"，这场疫情对全国零售业产生了巨大的影响。在疫情的冲击下，线上零售迎来了新的增长点，而百货店、大卖场、购物中心等线下实体零售业的生存却变得更加困难。但并不是所有的实体店都会面临困境，居民日常生活离不开的便利店、生鲜超市等社区商业甚至会呈现逆势成长的态势。

新冠肺炎疫情对零售业的影响显而易见。一方面，大多数年轻人宅在家里，没有外出逛街的机会，所以会有大把时间用来网上购物，增加了对线上零售市场的需求；另一方面，大多零售企业都要根据疫情的影响来规划经营方式。目前整个经济和实体零售业，并没有处在超高速发展阶段，在出现突发事件以后，它的抗打击能力和恢复能力是不容乐观的。而面对消费者大量、急需的生活用品，零售行业该如何减少消费者的恐惧，稳定供应以满足市场需求，也是零售业发展中急需考虑的重大问题。

在疫情面前，新零售业态仍然发展迅速。面对突如其来的社会危机，在城市被封、交通中断的情况下，便利店、生鲜超市等线上线下零售发挥的作用不容忽视。正如 2011 年日本东北部大地震之后，又面临着福岛核泄漏产生的社会恐慌，日本以 7-11 为主的便利店承担了食品供应、稳定民心的重要作用。

对于零售行业来说，经济和社会危机往往是推动零售业发展的动力。"危"中有"机"，每次危机都伴随着各种商业机会的出现，1928 年美国金融危机催生了连锁超市；1995 年日本泡沫经济崩溃后优衣库和便利店发展起来；2003 年"非典"时期催生了淘宝、京东等一批线上零售。在市场需求的拉动下，此次新冠肺炎疫情也能成为零售业进化的催化剂，催生出更多适应社会发展和市场需求的新业态。

在新零售的环境下，根据市场需求利用智能手段达到新零售的目标是数字化零售的要求。市场的需求在对新零售做出回应的同时也促进了新零售的数字化和智能化的转型与升级。

四、政府：新零售崛起的推力

零售业关乎着民生大计，所以在传统零售向新零售转型的过程中，不仅各个行业都在积极探索新零售的发展，而且政府也在很大程度上起到了推动作用。作为消费升级中亮点之一的新零售，在中国零售行业的新业态、新模式中不断升级进步，成为政府关注的业态之一。

新零售近年来成为被政府所重视和扶持的对象。2017年可以认为是"新零售元年"，新零售概念首倡者阿里巴巴，也全面布局加速推进了新零售线上线下融合发展，成为带动消费增长的重要力量之一。

阿里巴巴推出的天猫优品，选出日常销量较高、市场认可度较高，以及质量、口碑都相对比较好的产品，在保证商家产品质量的情况下与厂家合作，引进其产品。阿里巴巴通过升级线上渠道，打造出线上独特的天猫优品官方直营店和线下天猫优品实体体验店，并且保证线上线下的商品、价格实时一致。天猫优品中涵盖了各个门类的商品，对当下热销商品的引进保持多方合作。例如，在家电方面，天猫优品囊括了各大品牌：格力、美的、海尔、西门子、海信、长虹等。

天猫优品在短时间内就覆盖了中国 1000 多个县，以惊人的发展速度遍及中国各个县级地区，这主要得益于其独特的发展模式。

首先，天猫优品所面向的对象并不是一级城市或地区，而是中国各个城市的县级地区，致力于打造中国县域新零售的第一品牌。天猫优品将目标朝向县级地区是新零售环境下的消费与市场需求，也是政府主导的新零售下的要求。另外，天猫优品在打通县级地区的零售时，以数字门店的口号将线上线下全链路打通，帮助门店在全域内提高顾客上门率。线上线下融合的零售模式使线下等客上门和线上购买的商品不适用等问题得到最佳解决。天猫优品数字门店线上店铺对收集到的门店周围 5 千米的用户网购信息加以分析，将潜在用户以圆周扩散的方式呈几何倍数扩大，缩短了商家与消费者的距离。

其次，在天猫优品数字门店中，运用数字化工具减轻商家的运营负担。每个数字门店都配有 D-POS 智能设备，该设备在将门店的进货库存、营销库存、数字化经营等加以分析后，可以一键导入商品和库存，智能分析店内商品和库存的结构，随后运用阿里巴巴大数据，给出智能化的商品补货和采购建议，从提高商家利益的角度优化店面运营。D-POS 智能设备还可以快捷收银，将主流收银方式引进店面内，以最低的成本提升数字店面的收银效率。天猫优品数字门店采取与天猫优品官方直营店铺价格实时同步的零售模式，打造出县域数字经济网络，让门店经营者用智能化手段做新零售生意。

最后，在天猫优品数字门店中引进多种品牌，其中不乏当下的大牌、名牌，用品牌推出各种活动来提高消费者的进店率。在实体店零售中，做活动是常用的活跃店面气氛并吸引顾客进店的方式之一，但是若门店的活动形式单一，即使顾客进店也会因为没有好的转化方式而得不到良好的销售效果。因此，一些天猫优品数字门店在门口设置扫码活动，用优惠券吸引消费者进店。顾客可用手机淘宝扫描店面入口处的二维码，进入互动游戏页面并参与游戏,赢取店内优惠券。天猫优品数字门店通过多重优惠活动,有效地帮助了商家经营实体门店,维护、拉拢了众多顾客,建立起了门店的客户群体。天猫优品数字门店聚合众多天猫大牌商家,通过丰富多样的品牌活动形式,采用线上线下相结合的智能营销方式,解决了营销过程中的壁垒,实现了品牌经营多元化的营销模式。

可以看出,阿里巴巴在实现新零售的道路中,无论是在与银泰、苏宁、百联、大润发等传统零售企业开展的深度战略合作中以联合、稳步的模式推进以数字化和技术化为核心的新零售,还是致力于打造线上线下一体化的盒马鲜生类型的新零售商业模式,抑或是推动品牌零售和消费体验升级的天猫快闪店、智慧门店等,都体现了互联网赋能下的传统实体经济通过人工智能正在焕发出以新零售为代表的零售业态新生机。阿里巴巴通过加速推进线上线下的融合发展,有力地带动了政府号召下的消费增长。同时,阿里巴巴把大数据、人工智能、互联网等新兴技术充分应用到零售业中,对新零售的崛起和智能技术的发展产生了双重应用,这也正是政府推动的结果。

受新冠肺炎疫情影响,部分餐饮、交通、旅游、零售、制造等领域的企业遭遇到发展困境,政府在抗击疫情的同时也在考虑采取措施适当缓解企业困境,为新经济渠道提供各种政策支持,力求将疫情对消费的冲击降到最低程度。银保监会也要求各银行机构,对于受疫情影响较大的零售、餐饮、旅游等行业,不得盲目抽贷、断贷、压贷。一些银行还适当延缓用户的还款日期,万达宣布免去所有商户 1 个月租金及物业费,各地房东也纷纷免收租户 15 天到 1 个月不等的房租。在此次疫情中,政府及时出手,在为受影响的零售企业缓解困境的同时,也让全国人民更有信心战胜这场灾难。

除此之外,新零售在推动城市发展时,成了促进社会协同共治和公共服务提升的重要智能手段之一。例如,杭州政府将城市公共服务与新零售相结合，在为人们提供服务的同时，也促进了新零售的发展。杭州西湖银泰商场的智能公厕首次对外开放时就备受瞩目，相比于传统公厕，智能公厕有浓重的现代化气息，公厕从内到外都很有科技感。智能公厕充分利用新兴技术，在公厕基本功能的基础上，增添人性化设计，在便利市民使用的同时也为市民提供了智能化服务。智能公厕内部，在保留如厕功能的基础上，还有许多其他独立区域，如专为残障人士、老人及母婴设计的第三卫生间。同时，智能公厕还配有公共休息间、环卫工人休息间和工具室，在智能公厕外侧的公共座椅旁，用植物、鲜花点缀，在厕所这个让人听起来有"味道"的地方呈现出人与自然的和谐统一，让城市居民在上厕所时也能感受人间的"小美好"。第三卫生间是智能公厕的一大亮点，也是大多数人关注的焦点，其作用更多的是为弱势人群提供方便，内部除标配的残障人士马桶、小孩马桶外，还有婴儿护理台和护理椅，体现出政府对残障人士和母婴群体的人文关怀。更重要的是，智能公厕里还有自动贩卖机和虚拟试妆镜，可以让女性在比较私密、紧急的空间完成卫生巾、护肤美妆用品的试用和购买。

从阿里巴巴的天猫优品数字门店到政府对疫情的防控，再到城市智能公厕的应用，商家在响应政府号召的同时也致力于与政府一起开拓出新零售的新模式。新零售不仅使零售商业模式线上线下协同发展，而且促进了社会的治理与发展。继 2018 年《政府工作报告》提出"推进实体店销售和网购融合发展"之后，2019 年《政府工作报告》再度聚焦开发消费业态的新模式，要求推动线上购物和快递行业的健康发展。在政府政策的积极引导下，新零售在新的发展环境中必将焕发出新活力，使当代零售业在经济发展中走向智能化的发展道路。

五、文化：一种潜移默化的社会力量

以人工智能和互联网、大数据、云计算、区块链等为代表的智能技术的快速发展和广泛普及，是新零售崛起的关键因素。但是，技术流行是技术优势与社会文化和人性需要高度契合的结果。技术优势为技术流行提供可能性，而其与社会文化和人性需要的高度契合把这种可能性变为现实。可以说，新零售就是智能时代这种高度契合的产物。

智能技术的发展极大地提高了社会生产力，提高了社会物质财富的丰富程度。社会开始出现一系列"闲文化"，如啃老文化、佛系文化、游戏文化、宅文化等，增加了对新零售行业的需求。有需求的地方就有供给，新零售逐渐从这种"闲文化"中受益。

在人类社会中，文化一直作为一种隐性力量陪伴在人们身边，以一本书、一部电影、一杯咖啡甚至一首歌为中介，或多或少地传达给大众，让人们感知人与人、人与生活、人与文化之间的内在联系。在当代舒适的生活环境下，各种文化现象以展示、传播、售卖、分享的形式在各个实体零售店内传递，迸发出文化层面中新零售的启示与灵感。文化经过新零售融入企业的经营理念，通过"人""货""场"的转化使人类生活呈现出智能化的生活方式；商家借助实体化的承载，将文化中无形的精神物化为实体，在新零售的启示下，以各种零售手段传播到大众的物质生活与精神生活中。

步入互联网时代后，网络成为人们生活中必不可少的角色。以一些社交平台为例，"80后"的QQ，"90后"的微信、微博，"00后"的抖音最有代表性。当然，这些社交平台并不只限定于某一年龄段的固定人群，而是在每种社交平台中都有相对应的人群主体数量和社会风格。进入智能时代后，"90后"人群逐渐成为社会的主力军，也相应地提高了微信、微博的应用热度。其中,在多样化的社交工具中,微信最为流行和最具代表性。

微信作为手机背后"微内容、微型化"的社交网络,凭借"即时性强、简明性高、私密性足、安全性大、圈内传播快"等技术优势实现了与社会文化和人性需要的高度契合。

微信的出现不仅强化了用户本身与好友的联系,而且其"摇一摇""附近的人""扫一扫"等功能也缩小了陌生用户之间的交友界限。正是这种便捷化的交友模式,使微信成为线上零售的一个公共平台,微商、代购、自制产品等越来越多的商家凭借微信平台销售商品,很多消费者通过身边的好友购买商品,微信成为足不出户购物的代表之一。

微博作为当代文化的另一个典型代表,是信息时代的新产物之一。微博凭借其热搜功能更是成为当代年轻人最关注的软件之一。微博所举办的"微博之夜""微博十大年度人物""微博十大影响力大 V"等活动,都成为人们关注的焦点。"微文化"已经深入人心,这必将影响人们的消费方式和零售业的模式。

大数据时代,人们在生活质量提高的同时,也将更多精力放在提升自身修养方面。由智能设备与平台衍生出的微信阅读、豆瓣阅读、安卓读书、咪咕阅读、网易云阅读、QQ 阅读等阅读软件也不在少数。通过这些阅读软件,阅读变得唾手可得,人们利用排队、等车、如厕、休闲娱乐等碎片时间,可以用手机或平板即时阅读,提高了碎片时间的利用率。但同时,阅读的过程整体呈现出迅速、零散、浅表化的特征,人们在碎片化阅读中大多呈现出浅阅读的趋势。

浅阅读在大数据时代一般指基于信息技术的、娱乐性的、浅表化的和碎片化的阅读方式和阅读思维。浅阅读作为人们的阅读方式之一,是特定条件下的读书范式。如今一些书籍经过微博、微信、读书软件、电子书和触摸屏等高科技中介加工后,当再次呈现到读者的面前时,读者往往因为智能载体和流体的阅读模式而不能很好地吸收书里的知识。于是,人们在读书时不由自主地从连续性的阅读方式逐渐转向零碎性的浅阅读方式,由快餐式、碎片式、交互式的浅阅读方式构建出一个随意的吸收知识的环境，导致摄入的知识比较杂乱而不能建立专业化的思想。阅读方式的变化必将导致生活方式的变化，进而影响消费方式和购物方式。

在新零售强调线上线下融合的发展之路时，书店作为承载文化的一种实体形式，在互联网发展之际，逐渐没落于人们的现实生活中。当代大多数人阅读尤其是查找资料都通过网络这种智能化的手段，较少会特意去书店。书店的耗时及书籍的不易携带、保存等缺点慢慢被大众放大，以至于在当今的社会生活中较少被提及。那么，书籍这种虽然古老却很有韵味、曾是人们精神寄托的文化传承方式，就这样湮没于智能社会的发展中了吗？答案无疑是否定的。现代社会有很多人对书籍有着特殊的感情，认为网络虽然方便、迅速，但书籍的实体感使人在阅读时更有安全感和代入性。于是，越来越多的特色书店逐渐走入人们的生活中，将实体书籍通过新手段、新方式送回大众身边。例如，日本的茑屋书店于 1983 年在大阪府枚方市成立，是集租赁唱片、录像带及售卖图书、咖啡于一体的书店，现在采用"书+X"模式，融入新零售的"人""货""场"，打造了智能环境下全新的书店零售模式。特别是，茑屋书店在智能时代背景下推出了 CCC（Culture Convenience Club）概念书店。CCC 概念书店以日本茑屋生活方式为中心，将书店空间重构，为消费者带来全新体验。书店从外部设计到店内布置，都体现出消费者对当代"生活方式"的追求。

从外部设计来看，CCC 概念书店共三栋两层，店内最大的亮点就是将原木与半透明的玻璃门结合。如此一来，屋外的自然景物就会全部展现在店内，顾客在书店阅读时就能够体会到自然环境带来的轻松与平静的氛围，因此又称"森林图书馆"。

从店内布置来看，CCC 概念书店并不像其他书店一样根据图书的类别摆放图书，而是以"个人书架"为理念，推出混合书架，将图书按照读者兴趣和主题进行排列，消费者在找书时根据兴趣可以找到一系列相关的书籍。CCC 概念书店不仅有餐厅、照相器材店等独特的店铺，而且融合了书籍、音乐、电影、餐饮等多重业态的搭配组合。CCC概念书店从顾客的角度去思考问题，让书屋跳出单一的角色，走向多元化。

2015年，CCC概念书店拓展出家电业务，推出茑屋家电。向家电行业的扩展是CCC概念书店对零售行业模式新的尝试和探索，"书店"和"家电"的跨界结合，让茑屋书店为消费者打造出一种全新的生活方式。茑屋书店内的各种产品以结合和附带的零售模式，在书籍、CD、家电行业都不景气的情况下，带动了这些行业的多方位发展。

2020年，茑屋书店推出向中国的扩展计划。西西弗、单向空间、樊登书店、仁义礼智信书店、诚品书店等新型书店近年来在中国的受欢迎程度逐渐上升，其中不乏有书店被奉为"网红书店"，各大书店的门店数量也呈不断增长趋势。

自从新零售的概念被提出以来，其就成为各零售行业的热门话题和发展目标。传统便利店、商超、社区零售、连锁便利店、互联网便利店等零售业态纷纷以构建新型的"人""货""场"的发展理念，将线上网店、线下实体店面与物流融合，以全方位升级消费者的购物体验。各零售商在升级的同时也致力于跨界发展，类似于奥利奥开游戏公司、蒙牛开奶茶店等事例数不胜数，以"场景革命"为起点，各企业都在积极探索为消费者开发智能化的消费场景。

新冠肺炎疫情让众多居民"宅"家过年，于是，"宅"文化在全国范围内进一步"大肆"流行起来。在此之前，"宅文化"和刷屏的"低头族"在互联网技术的发展下逐渐遍及社会各个角落，智能设备凭借其便捷的娱乐方式占据了大多数人的主要时间。如今的网络可以说集吃、穿、用、玩为一体，更是大大降低了许多人的出行概率。

"宅文化"的流行并非一朝一夕之事，它的流行必然有人与科技的参与和推动。在智能手段的普及下，游戏平台、外卖平台、直播平台、社交平台、视频平台、支付平台等逐渐智能化、普及化。人们之所以能衣食无忧地"宅"在家里，一个重要的原因就在于新零售的高度发展，已经实现了人们足不出户也能正常生活。

虽说人们只能"宅"在家里，但作为消费主体，人们在暂时无法到达实体门店消费的情况下，也能极大地推动线上零售的发展。以游戏来说，近年来手游凭借其便捷、体验好的优势，相比于端游来说受欢迎程度逐渐提高，腾讯的王者荣耀、和平精英两款热门手游更是游戏界的佼佼者。据报道，王者荣耀在2020年除夕当天的流水相比2019年除夕明显增长，连连看、斗地主等休闲类游戏在疫情期间的浏览量也比平时上升了3~5倍。

在教育方面，由于疫情原因学校暂时不能复课，新东方、好未来、猿辅导等一批在线教育平台迎来了爆发的春天。疫情期间，随着学生在平台上听老师讲课的时间延长，使其逐渐适应了这种上课模式，也让许多商家看到了线上教育平台的优势。因此，未来线上教育与线下融合是必然趋势。

在办公方面，由于疫情的原因，许多企业一再延迟复工时间，改为线上办公。钉钉、企业微信等一些线上视频、任务管理系统也成为热门。线上办公凭借成本低、灵活的优势广受好评，也迎来了发展的春天。

此次新冠肺炎疫情对每个人、每家企业、每个国家都是一次考验，涅槃之后必定重生。对于零售行业来说，危机伴随着机遇，只有正确认知危机并做出彻底改变，才能转危为机，成为真正的强者。

在智能新时代，企业在技术、消费者、市场、政府及文化的共同推动下，打造出具有时代意义的新零售模式，市场中的零售业在原来的基础上不断被重构，推动零售业的长远发展。新零售的真正意义，就是利用大数据、人工智能等技术手段，对碎片化的场景进行分析，重构有意义且个性化的"人""货""场"，为顾客提供一体化的智能解决方案。

第三章
痛点：新零售化解零售之旧矛盾

新零售弥补了传统零售的缺点，解决了线上零售和线下零售的痛点问题，通过"线上+线下+物流"，加快零售的交易速度，优化零售服务，提升消费者的购物体验，使传统零售在智能科技的赋能下焕发出新的生机与活力。

新零售开辟了不同于传统零售的新路径，也逐渐解决了线上电商零售与线下店面零售的痛点问题。新零售在打通线上线下零售的同时，将物流与零售结合，加快了零售的交易速度，优化了零售服务，提升了消费者的购物体验，充分凸显了其发展的优势。

一、线下零售的痛点

线下零售是最基本、最原始的零售模式。自零售业开始出现到互联网及电商产生以前，零售行业一直以线下销售的模式存在，这也造就了线下零售模式的普遍性。传统零售行业的存在形式在人们心目中早已根深蒂固，是当今人们生活中必不可少的零售模式。线下零售最大的特点和优势就是实体门店这一销售中介。实体门店可以让消费者在近距离接触商品的同时，根据个人需求仔细判断商品对于自己的实用性和适用性，以达到商品和消费者的最佳结合。

随着互联网的兴起，以电商为代表的线上零售逐渐出现在大众视野中，并逐渐成为人们生活中不可或缺的一部分。相对于线下零售来说，线上零售有许多突出的优点，所以线上零售在最初现身市场时就受到了大众的热烈追捧，好评不断。但是，俗话说："金无足赤，人无完人。"电商虽然开辟了线上零售的渠道，却不足以负荷人数激增的消费者，于是在发展过程中逐渐暴露出自身的缺点，带给消费者的消费体验也逐渐降低。为满足消费者和市场发展的需求，基于智能技术的新零售应运而生，并逐渐走向零售舞台"C位"。

在新零售中，阿里巴巴以盒马鲜生为窗口开创了生鲜新零售的先河，并将生鲜行业推进到新的发展阶段。传统的线下生鲜行业，以实体门店形式为特点。零售商根据门店发展形势及发展速度，转向连锁门店的发展模式。连锁店相对于小型零售店来说发展形势较好，影响力比较大，但连锁生鲜店若数量过多，就会存在难以监管的问题。

首先，在中国的连锁生鲜实体店中，一些大型商家的门店在全国范围内高达数百家。在这些实体门店中，每个门店都有一套自己的经营模式。但是，如何管理上百家甚至更多中小型连锁生鲜店，对企业来说是一个相当大的难题。管理问题不同于经营问题。在经营中，只需要将方式、消费者、服务等一些企业的经营手段整合，站在消费者的角度思考问题，提升店面的服务，提高消费者的消费体验等，企业就可以走出具有自己特色的经营模式。但是在管理方面，除需要企业自身具有管理方式和管理手段外，还要有相应的技术和硬件设施，否则企业即使有管理方法，在实际操作中也将面临很多问题。以盒马鲜生为代表的新零售，在管理方面，采用智能化的操作方式，引用大数据等智能技术，将每个商品从库存、运输、上架、到购买、补货等一系列流程全部数字化，在进货时先将每个商品"编码"，然后放入企业的数据库中。转向新零售发展的商家根据店面的数据库，对商品的售卖情况实时管理，智能备货，随时更新顾客的购买情况，防止缺失商品或补货不及时降低消费者的购物体验。在数据库方面，一些新零售商家以由小到大、由点到面的管理方式，从具体店面的数据管理到地区的店面管理，再到整家企业的管理，形成企业的大型数据库。未来，商家通过对区块链技术的应用，可以打通企业的各个门店，在共享数据库的同时，提高数据库的安全性，使企业在各个店面的信息管理有了保障。

其次，对于生鲜行业来说，在经营方面若想长远发展，就要保证商品的质量。拿最初看重生鲜发展的永辉超市来说，在2000年7月开第一家生鲜超市时，永辉超市就采用"直采直营"的零售模式。在农产品方面，永辉生鲜超市建立起分守在全国20多个农产品基地的商品采购团队，通过直接向农场下单的方式，与一些农户建立长期的合作关系，以"包销到户"的方式进货，在保障货源稳定的同时，给农民提供了销售产品的渠道，既带动了农产品的销量又提高了农民的积极性；在海鲜产品方面，永辉生鲜超市将采购船直接开到海上与渔民的捕鱼船对接，在保证安全的情况下以最快的方式运输回仓库，在保证产品新鲜度的同时提高了商品的零售速度，获得了顾客良好的口碑。因此，一些地区的永辉生鲜超市在早上5点左右就开店迎客，致力于将新鲜的产品在第一时间提供给消费者，增设店面的隐性服务。由图3-1可以看出，永辉超市在发展中经历了巨大的改进与变革。截至2004年，永辉超市在福州本地已经发展到20余家门店，经营面积达到10余万平方米，在福建站已基本扎根。2004年10月，永辉超市在重庆开出第一家生鲜超市，探索跨区域经营之路。2005年，永辉超市的经营逐渐规模化，企业对数据分析更加重视，生鲜的营运策略由注重成本转向注重企业的经营优势。2006年，永辉超市成立"生鲜营运管理部"，采取"营采分离"制度，按消费者的需求来采购产品，开拓出顺应时代的发展模式。2007年，永辉生鲜超市引进日本管理团队将企业运营规范化、精细化。2008年，永辉超市在获得汇丰控股私募股权部门注资的同时，注重提升企业管理科学化、制度化水平。2009年，永辉超市成功由区域连锁向全国连锁推进。2010年，永辉超市通过引入IBM咨询团队，在优化流程业务的同时，建立了全面的预算体系，被誉为"生鲜第一股"。

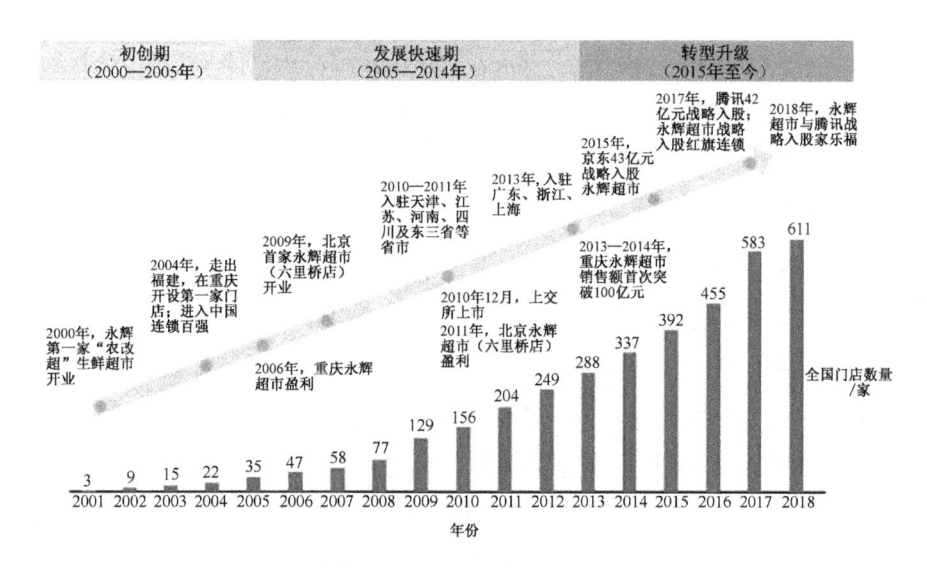

图 3-1 永辉超市发展历程

最后，在实体零售店中，结账也是一个困扰许多商家的比较棘手的难题。结账问题直接关乎消费者的购物体验，甚至与企业能否长期经营下去直接相关。在传统的线下零售门店中，顾客在进店选购商品后，很多时候都需要排队结账，这对消费者的支付体验具有重大的影响。从消费者的角度来说，在传统的线下零售店购物时，消费者几乎每次都要经历结账这个痛苦的过程。在最初以现金为主的传统零售收费形式中，顾客不仅要携带现金购物，收银台的工作人员也常常因为找零问题而苦恼。后来，线下零售推出了信用卡支付，相对于现金来说，信用卡极大地提高了消费者在付款时的便捷性，但商家若想支持信用卡的支付方式，就要在店内安装POS机，所以有些店面存在不支持刷卡付款的现象。再后来，随着智能手段的普及，越来越多的商家支持支付宝和微信等移动支付，消费者只需要扫码即可付账，人类慢慢进化到无现金社会。相比于现金结账来说，移动支付具有极大的方便性，但由于信号、网络、手机没电或丢失等问题，消费者在付账时常常面临付款不成功现象，这不仅造成了消费者自身付款问题，而且使后面排队的顾客等待时间加长。

随着新零售在"智能+"环境下的进一步发展，零售商家在应用支付宝支付和微信支付的基础上，推出"刷脸支付"，让"靠脸吃饭"这句话成为现实。"刷脸支付"真正快速、方便地解决了消费者的结账问题。相对于依靠硬件设备支撑的二维码支付和 NFC 支付等形式，"刷脸支付"省去了手机这一操作工具，消费者出门购物时甚至都不用带手机、钱包。这样一来，就不用担心手机没电、丢失、忘带等一系列不可预知的问题。

此外，在商家的收账问题方面，软件与应用开发商利用智能手段所开发出的应用，在很大程度上帮助商家成功解决了收账这一难题。例如，惠万嘉生鲜超市使用快享付收银软件，在支持消费者移动支付的同时，还可以根据软件的记账通道，实现店面的智能对账形式。如此一来，不仅可以查看收银账目报表，而且智能对账系统还将每天的交易次数、方式及支付金额数据进行记录。通过所记录的数据，商家对门店的收入和运营情况一目了然，实现了线下实体门店智慧经营的零售模式。对惠万嘉这样的生鲜连锁超市来说，每天的客流量非常大，相应地，对收银系统的要求也就非常高。使用快享付收银软件，不仅可以帮助商家解决顾客的逃单、漏单等问题，还能确保收银过程的稳定性和安全性，保障资金的安全。店长还可以通过手机下载云纵商家 App，查看当日、当月、当季、当年的分类账单。这一系统的开发帮助了商家开展线下门店数据化的营销模式。

新零售在发展过程中，将线下实体店的零售痛点通过智能化手段逐一解决，并在传统零售的基础上开拓出新的发展空间与发展模式，用智能化手段推动零售行业向更高的层次发展，极大提升了零售业的效率和效益，以及消费者的购物体验。

二、线上零售的痛点

线上零售最初以 O2O 的发展模式为主，致力于将线下实体店的销售模式与互联网的发展相结合，让互联网成为零售行业的交易平台。消费者线上购物所引发的购物狂潮，突出强调了线上销售渠道的重要性。线上零售模式虽然方便、快捷，但是从根本上限制了消费人群，将消费群体年轻化、网络化，让"80后""90后"人群在消费领域崛起。同时，年轻消费群体的发展，也相应地促使零售行业购买渠道更加便利化、多元化、迅速化。

传统零售商和电商根据主要消费群体的变化，纷纷采取新的营销手段、经营理念、管理方法进行精准营销，最主要的是结合主流消费群体的爱好和习惯，针对不同的消费人群、消费场景和信息接收终端等，开发出具有针对性、即时性、互动性的消费环境，引导年轻群体消费，扩大消费规模。但是，虽然年轻群体数量庞大，也不能忽略其他消费群体。毕竟零售业所面对的客体始终应该是所有消费者，消费群体年轻化在一定意义上则把消费人群狭隘化了。

以老年群体来说，他们因为经历过生活的磨难，对一箪食、一豆羹的来之不易深有体会，因此"老人"也成为节俭、朴素的代名词。所以，以往很多电商虽然卖老年人的服装和产品，但几乎都是针对年轻群体的，让他们买给家里的老人。如此一来，电商零售就逐渐将老年人这类消费群体"抛弃"了。

年轻人在网上给家里老人买东西时，会遭遇到物流方面的问题。德邦快递董事长崔维星先生就讲过这样的事例：一个孝顺的小女孩在外地工作，不能回家过年，所以就在网上给家里的爷爷买了很多年货，但爷爷住的地方比较偏远，网上的商家发的是物流，不提供送货到家服务，于是物流公司就打电话让爷爷前去取快递。结果70多岁的爷爷在天寒地冻的冬天自己骑车去物流点把年货运回了家。本来是小女孩的一片孝心，却让爷爷受了不少苦，小女孩心里十分难受。在这个事例中，小女孩孝敬老人本是一件好事，却因为没有问清楚家里的情况，并且快递公司的服务也不周到，导致好事变成了坏事。在传统零售向新零售转型的过程中，物流行业起着重要的支撑作用，物流的服务升级更能优化线上零售带给消费者的购物体验。

因此，一些物流公司顺应新零售的需求，利用智能手段进行了全新的改造升级。

以德邦来说，德邦在转型中将设备专业化、安全全方位化，使运输网络更加高效、服务网络更加周密，并且建立对员工素养的培养和激励机制，利用人工智能实现全方位的升级。德邦通过智慧场站、智慧运力和智慧末端三大系统使中转、运输和末端高效运行，数字化的完善和升级让其实现了从物流到快递的升级转变。德邦还在企业内部运用大数据形成数据库，在优化系统、流程的同时，更加智能地规划出物流运输的最佳路线并实时更新信息。这一转化，让德邦从"德邦物流"发展到"德邦快递"，这其中不仅是名字的变化，更多的是依靠引进智能设备实现提升企业运行模式的大换血。

虽然物流问题解决了，但是子女可能由于忙而忽略掉父母，甚至有时候不知道父母真正的需要是什么，而且有些父母知道自己的子女忙，会不忍心打扰子女，所以很多老年人想要自己学习智能手机的操作方法，自己在网上购物。随着时代的变化，大多数消费能力低、舍不得花钱的老人也在年轻人的熏陶下慢慢走向"潮流"，甚至一些老年人的月平均消费比年轻人还多。

阿里巴巴在提出新零售的概念后，针对老年人这一消费市场，开拓出老年人的线上购物圈，花重金招募老年"淘宝资深用户研究专员"。聘用老年人担任企业的研究专员，将老年群体带入淘宝的线上购物中，专注解决老年消费群体在购物过程中遇到的困惑和难题。阿里巴巴认为，老年人的购物习惯和年轻人不一样，他们在购物时更注重熟人关系，所以老年人的社交圈基本上就是亲戚、朋友、邻居、同事等，并且老年人在与人打交道的几十年时间里，积累了广阔的人脉，从这一方面入手，所聘用的老年研究专员本身就带动了一些老年人的市场。

从淘宝统计数据来看，全国中老年网购族高达 3000 万人以上，人均年消费超过 5000 元，并且人数和消费金额还在不断增加。阿里巴巴通过分析老年人的购物记录发现，在这些数据中，老年人除买保健品和医疗用品外，还有很大一部分是与生活息息相关的产品，甚至还有趋于年轻化的产品。因此，阿里巴巴这条招聘信息一经挂出就得到了老年群体的强烈反响，收到了大量应聘简历，反映出老年人对于网络市场的关注不比年轻人少。

在传统电商零售中，许多年轻人之所以不让老年人在网上购物，就是担心他们会上当受骗，包括老年人自己也担心在支付、转账时会掉入骗子的圈套。的确，以往的电商零售存在较大的网购安全隐患，部分消费者的财产得不到保障。在新零售中，除了有实名认证的安全支付，近两年通过智能手段开发出的区块链等安全技术，不仅保障了消费者的支付安全，而且对于商家的商品追踪、数据保护、信息共享等也产生了积极的作用。

在信任问题方面，化妆品和饰品行业是零售中容易出现信任问题的行业，一旦出现信任危机，受影响的不是一两家店，而是整个电商行业。比如，聚美优品作为中国线上化妆品限时特卖商城，曾经风光一时。2014年7月，聚美优品的第三方商户"祥鹏恒业"突然被爆出造假。"祥鹏恒业"虽然只做第三方手表业务，但在当时，这一事件对于聚美优品来说却造成了很大的冲击，以至于CEO陈欧做出"砍掉整个第三方奢侈品业务线"的决定，事后陈欧更是表示："诚信"是个大问题，不能仅依靠有关部门的授权书就相信第三方。虽然砍掉第三方商户丢失了很多用户流量，但他认为如果是非良性利润的部门，就没有存在的必要，必须砍掉。

假货仅是诚信问题的一个方面。在网购中，很多消费者遭遇的劣质商品、退换货漏洞霸王条款、先涨后降等不良行为层出不穷。这些不良行为让许多消费者在网上购物时吃了不少亏。另一方面，化妆品行业是电商平台的标配，会成为假冒伪劣产品的重灾区也不足为奇，消费者有所顾忌也在所难免。为了防止混入不良商家的次品，聚美优品CEO陈欧在经营时，将旗下所有的商品，从口红、唇膏到系列护肤用品，只要是聚美优品销售的，都贴上聚美优品和品牌方推出的"防伪码"。当消费者怀疑或者不确定商品的真假时，品牌方和购买方就能通过验货的方式来追溯货品的来源。

以往在电商中，假冒伪劣产品的存在，严重影响了一些品牌的发展。新零售针对电商的这一痛点，运用区块链技术来识别假冒伪劣产品，解决商家所面临的信任危机。一些商家在新零售的线上购物中，通过区块链设置一些关键的节点，并且这些关键节点需要商家的工作人员去一一确认。在线上的一单交易中，商家发货、买家收货、确认交易没有问题等一系列的操作，实质上都是一些关键的节点，这些关键的节点需要人为去确认。之所以要让工作人员确认，就是因为没有一个足以令人信任的机制，而区块链恰恰就是在没有权威中介的情况下自动产生信用的技术。在此基础上，再加上人工智能与物联网，整个线上零售就从半自动状态进入全自动甚至是更智能的一个线上零售状态。

在新零售的应用中，每个设备都有一个 IP 地址和一个钱包地址，各设备之间可以自动地进行信息订阅和转移，即商品可以为自己"埋单"，完全不需要人工操作，一切程序都在设定好的基础上实现智能化操作，以设备之间的信息订阅来实现商品间的价值转移。可以看出，区块链技术不只是一项人工智能技术或者说人工智能的高度发展，而是一项结合了人工智能与物联网的复合性技术。

线上购物虽然有其发展的痛点，但却是在互联网环境下应运而生的产物，而智能技术的应用是引领线上零售发展的重要转折点。线上零售的痛点是网购发展的不成熟，是新事物在发展初期所经历的必然阶段。新零售作为线上零售的新阶段同时也是高级阶段，在解决传统零售问题的基础上引领着传统零售向新的发展高度迈进。

三、靶向治疗：痛点即需求

无论是线上零售还是线下零售，其痛点都是发展中的缺口或者暂时无法满足人们需求而导致的产品和零售缺陷，这些缺陷暴露出来后很容易被人们无限放大。面对产品和零售行业发展中的缺陷，人们应该在正视其存在的基础上，寻求解决问题的方法和路径，在解决问题的过程将零售业的发展提升至新高度。

零售行业在长期以来的发展过程中，从传统零售、现代零售、电商到如今的新零售，经历了巨大的变革。新零售在解决传统零售和现代零售及电商痛点的同时，也带来了整个零售行业的创新发展。

新零售出现之前的线下零售，因时间空间的局限性，最大的痛点就在于业态方面比较狭隘，只有超市、便利店、专卖店、百货商超、购物中心等形式，且只能在固定时间段销售商品，其运营模式相对来说比较单一。如图 3-2 所示就是典型的传统零售行业的运营模式。在这一运营模式中，从生产商、经销商到零售商的商品服务过程，以直线的形式呈现，并且商家类型的单调性导致了商品与消费者关系的单一化，所以整个运营模式看起来呈一条直线分布，非但不具有针对性，反而突出了缺乏经营手段的这一弱点。

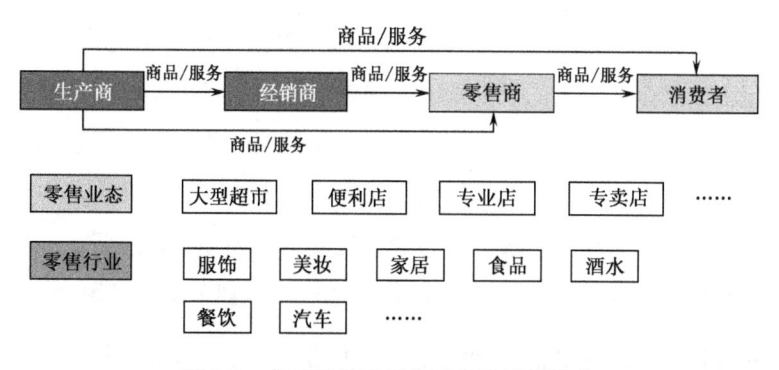

图 3-2　典型的传统零售行业的运营模式

新零售行业在运营时（见图 3-3），开拓出了零售行业的新思路、新战略，并通过对新事物、新知识的吸收接纳，开发出多种渠道下的运营模式，对零售行业中的"行商""坐商""网商"这些依靠体力、店铺、平台的购物模式进行改革，让消费者只需要动动手指就可以购物。在新零售中，消费者借助一些设备，就可以"坐着"逛街、在家"试穿"、随时随地"试用"。商家不断增加购物通道，使零售从单一渠道走向多渠道，再实现多渠道的协同发展，让全渠道零售成为商业发展的未来。

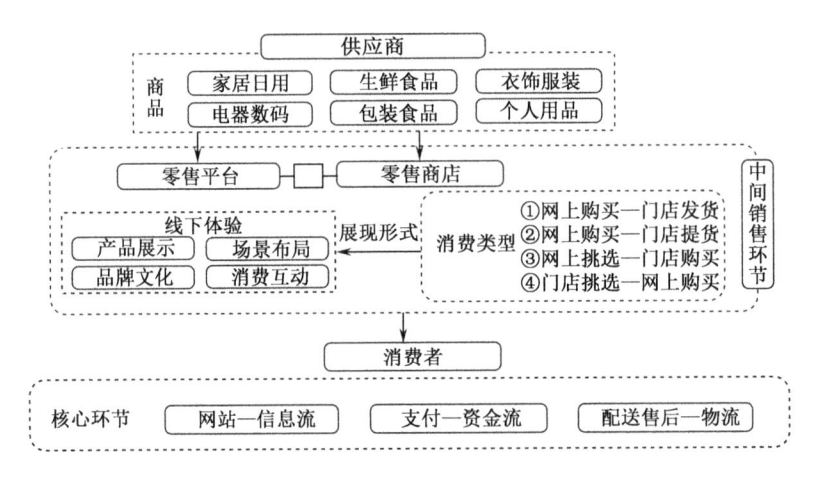

```
                    ┌─────────┐
                    │  供应商  │
        ┌───────────┴─────────┴───────────┐
   商品 │ ┌──────┐  ┌──────┐  ┌──────┐    │
        │ │家居日用│ │生鲜食品│ │衣饰服装│    │
        │ └──────┘  └──────┘  └──────┘    │
        │ ┌──────┐  ┌──────┐  ┌──────┐    │
        │ │电器数码│ │包装食品│ │个人用品│    │
        │ └──────┘  └──────┘  └──────┘    │
        └─────────────┬───────────────────┘
                      ▼
        ┌─────────┐     ┌─────────┐
        │ 零售平台 │─────│ 零售商店 │                    中
   ┌────┴─────────┴─┐ ┌─┴─────────┴──────────┐          间
   │    线下体验     │ │        ①网上购买—门店发货│          销
   │ ┌────┐ ┌────┐ │展│消费类型 ②网上购买—门店提货│          售
   │ │产品展示│场景布局│ │示│        ③网上挑选—门店购买│          环
   │ └────┘ └────┘ │形│        ④门店挑选—网上购买│          节
   │ ┌────┐ ┌────┐ │式└──────────────────────┘
   │ │品牌文化│消费互动│ │
   │ └────┘ └────┘ │
   └────────────────┘
                      ▼
                 ┌─────────┐
                 │ 消费者  │
   ┌─────────────┴─────────┴─────────────────┐
   │ 核心环节 │网站—信息流│支付—资金流│配送售后—物流│
   └──────────────────────────────────────────┘
```

图 3-3　新零售行业的运营模式

新零售在解决传统零售的痛点时，不仅优化了整个零售行业的管理、供应链和营销渠道，还注重与各平台开展合作，通过发挥各自的优势取长补短，实现互助互补式的发展。例如，在永辉超市的微店 App 线上销售渠道中，消费者除了可以线上下单，还可以选择线下提货和送货上门服务。永辉超市依靠企业强大的采购能力、覆盖面极广的线下实体门店和企业的物流实力，开发出微店 App。在永辉超市微店 App 中，上线了包括水果蔬菜、家禽肉类、水产海鲜、家居用品等在内的 500 多种商品，其中大部分商品价格与实体店相同，部分特惠商品比实体店还便宜。经历了一系列基于智能手段的改革，永辉微店 App 自运营以来得到了快速发展。

新零售模式出现之前，传统零售和电商之间相互独立，几乎不存在交集，甚至存在相互竞争的趋势，造就了彼此发展中的闭环。智能手段的出现以线上线下融合的方式解决了这一痛点，带领传统零售行业走上新零售的发展之路。起初，一些电商对新零售模式的应用持抗拒的态度，但是绝大多数商家顺应时势走上了新零售道路。例如，"南极电商"在新零售的转型中就实现了华丽的蜕变。

南极电商是由 1998 年成立的"南极人"转型而来的。在电商发展之际，南极人毅然决然走上了改革之路，将线下所有门店关闭，专注于做线上销售。转型后的南极电商不仅在后来的发展中成功上市，而且在 2017 年获得了足以站稳脚跟的利润，在阿里巴巴（包括天猫及淘宝在内）、京东、唯品会等各大平台的成交总额（Gross Merchandise Volume，GMV）高达 71.94 亿元。

南极电商在转型过程中，采取以销售商品为主的经营模式，砸重金聘请明星代言产品，并在名气比较大的主流媒体中投放广告，让产品的名号在全国打响。在这种商业模式中，南极电商以投放广告和做渠道的零售方式为主，用营销快消品与化妆品的方式做服装零售，采用跨界手段提高了品牌的销量，让"南极人"这个品牌很快走进了大众的视野。

在品牌小有名气后，南极人于 2008 年向"品牌授权"的商业模式转型，将生产端和销售端切掉，以自营的方式将资产平台化运作。随后，2012 年，南极人推出柔性供应链园区服务和电商增值服务，向服务型企业转型，并在此过程中将南极人转型为南极电商。2012 年之前，"品牌+服务"模式的平台化经营商业零售模式一般是阿里巴巴这种大企业的运营模式，因为这需要企业具有较强的经营能力。南极电商的成功转型证明了"南极人"的能力。

南极电商在采用平台化运营方式时，主要专注于品牌电商板块、服务电商板块与电商产业园板块，通过将三个板块的核心业务串联，在平台中以"零售+产业生态链"的模式发挥出经营效益。

首先，在品牌电商板块，南极电商将品牌授权给生产端与销售端经营。在生产端方面，南极电商与数百家授权供应商合作生产商品；在销售端方面，南极电商与数千家授权经销商合作销售商品，采用平台化的经营模式，对生产与销售的上下游提供服务和管理。其次，在服务电商板块，南极电商在与数百家授权供应商和数千家授权经销商合作的基础上，提供设计服务、供应链金融服务等有电商特点的增值服务。最后，在电商产业园板块，南极电商整合供应商与经销商，通过双方甚至多方的合作，以销售确定生产供销链，在合作中将南极电商的价值最大化，为以后的发展铺路。

由以上三个板块的模式来看，南极电商在业务层面的商业迭代已经有了一套经营准则，从经营商品成功转型为经营品牌与服务。企业在后续发展中的数据反馈，极大地证明了南极电商企业转型的成功性与正确性。

在这次转型成功后，南极电商并没有停止对新零售的探索，而是趁热打铁，以阿里巴巴为学习榜样，通过研究阿里巴巴的发展模式并结合自己的企业特色，继续探索对新零售的转型之路。

同样，作为轻资产的男装品牌海澜之家，不仅借鉴阿里巴巴的经营模式，还通过与阿里巴巴的合作探索契合品牌特点的新零售发展之路。2017年8月，海澜之家与天猫达成全面的新零售战略合作。在阿里巴巴技术赋能下，海澜之家旗下5000多家线下门店全面升级为具有新零售特点的"智慧门店"。

在线上零售日益发展之际，实体服装行业"迎来"了关店潮，但海澜之家却实现了逆增长，原因就是海澜之家一直在关店和开店的过程中优化企业效益，打造线上线下同款、同时、同价的品牌服装。

海澜之家在转型中投入上亿元资金推出射频识别（Radio Frequency Identification，RFID）技术，让门店的衣服都拥有属于自己的ID（Identity Document，身份标识号）编码，通过线上线下数据的共享和互通，实现线上下单、实体门店就近发货。海澜之家与阿里巴巴合作，让新零售开启了品牌发展的新高度。在天猫的帮助下，海澜之家线下5000多家门店实现了交易和会员数字化，使消费者在线下的交易能够像线上那样可触达、可识别、可运营。

在新零售背景下，有类似于盒马鲜生打造的快消品样式的新零售场景、苏宁小店打造的耐用品样式的新零售场景、星巴克打造的休闲式新零售场景等。在新零售行业场景的多种类型中，海澜之家作为服装行业销售门店，在新零售环境的转型中又是怎样的呢？

举例来说，当消费者走进海澜之家实体智慧门店时，会发现门店是一种"无人零售"的经营模式。海澜之家实体店通过个性化智慧橱窗，让消费者获取自己想要了解的信息；利用大数据打造的人工智能客服，让消费者在了解自己喜好的基础上，探索适合自己的风格，找到不一样的自己；消费者也可以在门店用手机打开天猫，通过手机一键"试穿"海澜之家的服装；海澜之家还借助虚拟试衣、随身购物袋、智能客服等智能新技术，实现场景化的购物模式。

在以上场景的基础上，海澜之家还规划出更加智能的场景。比如，"试衣魔镜"设备，海澜之家在门店的试衣间里装一个电子设备，消费者试衣之后，认为该衣服不合适或者不喜欢，可以通过试衣间的设备选择其他商品，店内的导购员就会把相应的衣服送进来给顾客试穿，解决了消费者来回试穿衣服的麻烦；"智能搭配"设备，在传统实体店中，消费者在选择衣服时，一般参照线下导购员的经验搭配衣服，未来，海澜之家推出消费者在线预订服务，当消费者预订后，智能搭配设备可以提前根据消费者的画像把衣服搭配好，从而节省消费者的购物时间。

传统零售的痛点加以人工智能的扶持就可以成为新零售中的焦点。之所以被称为"痛点"，是由于某些问题在传统零售中被忽略，或者是传统零售手段不能解决的，新零售借助科技的辅助使之成为零售发展的支点。新零售将传统零售的需求以智能化的方式解决，开发出既有传统零售的特点又有新零售意义的智能零售，为其赋予时代意义。

四、移花接木："线上+线下+物流"

新零售在提出之际，就被赋予了智能意义，这也是新零售与以往所有零售形态的最大区别。智能时代的新零售，在融合线上零售与线下实体店零售的过程中，提升了物流服务。不管是线上还是线下服务，新零售都在配送方面实现最快的送达速度，以提升消费者的购物体验。

在智能环境下，新零售在将线上零售优势扩大的同时，也拉动了线下实体店的发展，并积极引进物流渠道，让物流不只为线上零售服务，也为线下零售助力。因此，新零售的基本模式就是线上服务、线下服务与物流服务的结合。但是，新零售所涵盖的内容却远不止这三方面，它在触及新时代的商业变革领域中具有重大意义，同时也给社会带来了重大影响。

"新零售"这个词自从在2016年的阿里巴巴云栖大会上被正式提出后，就作为一个概念被各企业解读和诠释。其中，大润发董事长黄明瑞提到："新零售是流程的再构成，是线上线下的融合发展。新时代的新零售不仅是新技术的应用，也是新的思维方式。新零售的发展是对零售行业产业价值链重新构造的过程。"苏宁董事长张进东提出："新零售通过运用互联网、物联网、人工智能等技术，来感知消费者的消费习惯，预测消费趋势，并以此为基准来引导商家进行生产制造，为消费者提供多样化、个性化、智能化的产品和服务。"

商界巨头在对新零售进行解读的同时，也将得出的理论运用到企业的实际运营中。例如，雅迪电动车这个广为人知的电动车品牌，在大家的印象中是名副其实的线下实体店零售企业，电动车行业也一直被认为是线下营销的经典案例。但是，在网购高度发达的智能时代，电动车也突破了传统零售的限制，走向新零售发展模式。

在2019年的"618"购物节期间，雅迪打着"电动车行业的领军品牌"口号，推出了"618"直购节活动，利用线下两万多家门店的影响力，联合线上京东雅迪旗舰店、天猫Yadea旗舰店发出线上线下相互联合的促销活动。雅迪在电动车行业的新零售中，探索出新的零售方式，将"领军品牌"这个口号加以落实并贯彻到底。

以前在各行各业都积极拓展线上发展的新思路时，电动车行业迟迟没有行动。不是因为电动车行业没有开展线上发展的意识，而是电动车作为一种代步工具,体积大、分量重,并且在买卖过程中特别依赖现场体验感,导致电动车行业在转型时,线上购物体验和线下门店之间始终存在着消费者的疑心情结和物流难题这两大困境。而在新零售的浪潮中,面对各个行业在互联网环境下的再次零售升级,电动车行业再不做出改变,就可能真的面临在市场竞争中被淘汰的局面。毕竟,在智能科技的进步下,类似电动滑板车、平衡车、卡丁车等更加轻便的代步工具已经层出不穷。面对不得不解决的棘手问题,雅迪率先融合线上线下渠道,在新零售中开启了电动车行业的试水。

雅迪在2019年的"618"直购节中推出的新零售营销手段,不仅在电动车行业起到了带头作用,而且为整个行业提供了新的发展思路,让电动车行业在借鉴新零售手段的同时,探索出属于电动车行业独特的发展之路。

雅迪此次的"618"直购节试水,是电动车行业在互联网商业生态新理念下,向新零售的探索和解读。在"618"直购节活动中,雅迪利用线上服务、线下体验和物流便利性,刷新了消费者的消费体验,开发出电动车行业的零售新模式。雅迪在"618"直购节活动中,将品牌放在新零售的基础上深度思考,不仅实现了线上线下联动,而且支持部分地区消费者在线下单活动,消费者在线下单并支付后,可自行前往线下门店提车,减少了线上购物等待物流的过程,以此带给消费者最佳购物体验,优化了整个购物过程。

雅迪在新零售方面的转型不只是将线上零售与线下零售打通,还运用大数据分析和把控线上购物和物流。在此次"618"直购节活动中,雅迪线上首单成交时间仅用了30分钟,即30分钟内雅迪就完成了顾客从下单到收到货这一流程。这对于物流行业和电动车行业来说都是前所未有的进步,这一成就也为电动车行业的转型打响了第一枪。雅迪这次推出的线上线下联动的"618"直购节,将线上选购服务与线下渠道相结合,产生了良好的效果,弥补了电动车在智能时代的零售短板,开拓出零售的新模式,将电动车的零售方式加入新零售的智能化手段中。

同样，阿里巴巴与银泰合作，用新零售环境下的物流来激活线下实体店的商业。在 2019 年 9 月 26 日的阿里巴巴云栖大会上，阿里巴巴副总裁、银泰 CEO 陈晓东对外宣布："截至 2019 年 9 月底，银泰百货的数字化会员已超过 1000 万人。"其实，阿里巴巴与银泰的合作早在 2013 年的"双 11"就开始了。2013 年，在马云用支付宝"咻一咻"在银泰购买一双袜子后，阿里巴巴与银泰就开启了电商与线下零售的融合，2014 年阿里巴巴正式入股银泰，2017 年阿里巴巴正式实现对银泰的私有化。

可以看出，在此过程中，银泰从阿里巴巴的重要合作伙伴变身成为阿里巴巴的一员，在阿里巴巴提出新零售概念后，银泰更成为阿里巴巴新零售的标杆。从 2013 年到 2019 年的 7 年中，阿里巴巴的技术支撑和生态给了银泰很大的帮助，让银泰从百货公司变成互联网公司，所以今天，银泰才有"再造一个银泰"的目标和勇气。但是，银泰"五年再造一个银泰"的目标，并不是以收购或兼并实体门店的方式造，而是希望未来五年在线上再造一个银泰。银泰通过阿里巴巴商业操作系统的赋能，将会员、商品和品牌数字化，通过云计算提升企业的运营效率、创新企业的服务方式，在重构"人""货""场"的基础上成为真正的"新零售百货"。对于银泰这样的百货公司来说，其成就已经远超传统的百货实体门店。如今的银泰百货线下门店，已经进化为具有互联网特点的百货商场。

2016 年，银泰推出逛街 App"喵街"。消费者在进店之前可以通过"喵街"来获取商场的距离、停车位、店内的品牌和优惠活动等信息。"喵街"的开发将消费者的购物体验提升至新高度。"喵街"除了支持消费者获取商城的信息，还将银泰和菜鸟的库存系统打通，消费者在"喵街"App 中可以直接购买商品，可以选择到店自提或者送货员配送上门来完成商品交付。其中，当用户选择商品配送上门时，系统将就近选择附近的银泰商场发货。

就"喵街"本身的作用来说，它有较宽广的延展场域。比如，上班族对即时性消费有很大需求，但很难抽出专门的时间逛街，去网上购物又要等物流，没办法满足紧急需求。针对这类消费群体，银泰商场通过为消费者提供两小时达的配送服务，来解决办公室人员因临时出差或忘记带必需品的难题。目前，银泰在全国已有 10 多家实体店为周围 10 千米内的消费者提供配送服务，有 60 多家门店的商品可以通过快递的方式发往全国各地。

银泰在店面升级中，也在向"店仓一体"的方向发展，并且其配送服务不只覆盖周边地区，而是像电商一样，向全国范围内发货。银泰在采取菜鸟仓配物流模式的基础上，也在对仓库进行数字化改造，形成了适用于百货行业的仓配物流体系。2019 年，银泰在全国建成了 10 个数字化门店仓，拉近了顾客与商场之间的距离。另外，线上订单的分拣、验货、打包、发货等都在门店仓内完成，在提高配送效率的同时，将店内导购解放出来。

实体店的另一个局限就是时间上的限制。银泰通过"喵街"推出 24 小时不打烊业务，成为全球首家不打烊的百货店。另外，银泰通过"喵街"App，也改变了消费者的购物习惯，打破了时间、空间的局限，让顾客"躺着"逛商场。阿里巴巴根据淘宝订单分析得出，消费者购物的高峰期一般在夜间 21:00—22:00。但是，这个时间点很多实体店都已经或接近打烊，致使商场错失很多顾客。银泰通过"喵街"App 改变了这一状态，"喵街"App 推出后，数据显示，商场打烊后线上仍会有大量订单。

此外，银泰还在 2019 年 4 月推出了另一个延伸服务——"淘柜姐"。众所周知，导购在商场一直扮演着重要角色，消费者在逛商品时，内心的很多疑虑都需要导购来解决。一般来说，一名导购每次最多只能服务几位客户，并且在平行服务时，难免会有冷落顾客的现象，所以有时会导致顾客因购物体验不好而愤然离场，这对商场来说也是一大损失。针对这一现状银泰联合淘宝、天猫，以短视频或直播的方式，运用相关的专业技术实现了同时服务上万人且对每位顾客都能精准解答其疑惑的零售模式。

2019 年 4 月，银泰和阿里巴巴推出"淘柜姐"计划，24 名超级导购带货的短视频刚上线不到一天就获得了将近 140 万人次的播放量，并且还在持续增加，使银泰"喵街"日销比平时增长了 6 倍。2019 年"618"购物节间间，百位"柜姐"参与直播和短视频，当天销售同比增长高达133%。在"网红"日益泛滥的今天，银泰通过"柜姐网红化"来推广产品，提升了门店的转化率。

经过对传统零售的逐步改造，零售行业最终以新兴科技发展出比传统零售更加智能化、数字化的新零售。新零售将线上、线下和物流渠道相互打通，以线上下单、线下体验、极速物流的模式诠释出当今智慧零售的含义，使当代消费者感受到智能赋予新零售的力量。

第二部分
重塑零售模式

第四章
重塑零售生产模式

　　新零售的发展,不仅改变了零售的形式和手段,而且改变了生产模式——从"脱链式"生产转向"全链条"生产,推出以顾客为中心的个性化定制服务,不仅实现了由"制造"向"智造"的转变,而且引发了一场质量与效率的革命,实现了由"人智"向"机智"的过渡。

建立在人工智能、大数据、云计算、区块链等智能技术基础上的新零售，不仅改变了零售的形式和手段，而且通过变更生产模式和重塑生产链条，实现了"脱链式"生产到"全链条"生产的转变。新零售还推出以顾客为中心的个性化定制服务，通过质量与效率革命完成制造业的智能化转变。

一、优化供应链：从"脱链式"生产向"全链条"生产转变

新零售作为一场效率革命，在传统零售不断出现关店风波的时候，给一些唱衰零售业的旁观者当头一棒。实际上，不是零售业不行了，而是在新的智能环境下，我们需要用新的思维去重新看待这个行业，并找到有效的应对办法，使零售业在新时代焕发新的生机与活力。

我们把目光放远就会看到，新零售不仅涉及销售环节，而且与生产环节密切相关。传统零售中各不相关的"脱链式"生产向衔接完整的"全链条"生产的转变，在新零售的发展中具有重要意义。许多零售业的商家从这一角度出发，在结合用户思维和产品思维的同时，利用交易结构思维，优化企业商业模式。在这一过程中，企业首先要将目光放在整条商品供应链上，利用智能科技重构整个商品的供应链。

许多企业在"智能+"时代背景下，利用新兴科技，通过优化供应链给消费者提供性价比较高的产品。比如，作为全世界销售量最大的连锁会员制仓储批发卖场的Costco（好市多），拥有600多家仓储店，自成立之初，就致力于以最低的价格为顾客提供高品质的商品，真正做到物超所值。因此，Costco在发展中，虽然经营理念是低价销售，但其销售额不仅不低，反而很高，其成长的速度远远超过Walmart（沃尔玛）等知名零售企业。

　　Costco的成功与其向"全链条"生产转变密切相关。首先，Costco的核心盈利模式为连锁会员制，采取的是薄利多销的经营策略。其次，为了达到向顾客提供更好服务的目的，Costco的高管团队计划开展供应链金融服务，将供应链金融业务进行目标设定，使企业保持与供应商之间的良好关系，将整个供应链的成本和风险降到最低，提高短期资产收益，以最低风险高效地将经营资本盘活。最后，Costco与银行、保理/借贷公司等合作，创造"三赢"的商业局面。

　　2019年8月，Costco进入中国市场，第一家店在上海闵行区正式开业。Costco上海分店同样沿用会员制。其实，Costco上海店未开业时就引起了中国顾客的广泛关注，以至于上海店在开业之时，不仅使附近路面的交通瘫痪，而且店内顾客结账时至少要排队两个小时，还不一定能成功埋单。开业当天下午1点左右，Costco上海店通过线上会员App发布"因卖场交通人潮拥塞，为提供更好的购物体验，从今日（8月27日）下午开始客卖场将暂停营业，请勿前往"的公告，宣布店铺暂停营业。

　　Costco在中国能引起广泛关注，除其低价、精简的商品外，供应链和以会员制为核心的商业模式也是重要原因。Costco在全球范围内都有自己的供应链，以会员制仓储式超市的发展模式，形成针对企业的全球供应链体系，在全球多个地区设有700多家分店，会员人数高达9700多万人。

　　Costco作为一个实体店业态的外来企业，面对中国消费者逐渐崇尚国货的趋势、网络和网购发达的"智能+"环境，在上海开设实体店无疑是一个巨大的挑战。在上海店的构思中，Costco立足于新零售的环境，将整个商业模式都建立在它对客户的洞察和深刻分析的基础上。因此，对于 Costco 来说，虽然从未进入过中国市场，但它利用大数据对中国消费者进行分析，精准描绘中国市场的消费者画像，为线下开实体店做足了准备。

Costco 此次建立在大数据基础上的对中国市场"蓄谋已久"的扩张，显然获得了极大的成功，虽然导致了店面的暂时瘫痪，但从侧面显示了 Costco 在中国的受欢迎程度。Costco 对智能手段的应用，无疑是汲取了新零售模式的精髓，并利用它发挥出巨大的功能，形成企业独特的运营机制。

在零售中，尤其是在传统零售中，生鲜方面的销售最令人头疼，因为其存放时间极短，甚至会出现很多商品如果当天不能卖掉，第二天就因过期而不能食用的现象。在电商零售中，很多消费者会网购水果，但是在实际收到货时，一些水果已经坏掉了，消费者就误以为是商家故意售卖劣质商品。实际上，很多时候可能仅仅是物流原因导致水果在路上坏掉了。

在新零售的概念被提出后，阿里巴巴以盒马鲜生为渠道解决了这一销售困境，随后，京东、苏宁这些零售巨头也都纷纷加入这一行列，为生鲜领域的发展提供了巨大推动力。在生鲜行业的发展历程中，易果作为中国第一家生鲜电商，早在 2005 年就已成立，2008 年就着手于全国范围内的布局，2009 年致力于商品品类的发展，2013 年通过与阿里巴巴合作，成为天猫生鲜的独家运营商。易果在 2015 年成立了专门的生鲜冷链物流公司——安鲜达；在 2016 年成立云象供应链，作为供应链上下游的连接；在 2017 年，易果成功转型为一体化的全链条生鲜运营平台。

易果在发展中通过易果新零售、安鲜达物流和云象供应链三大板块业务，将农产品、水果、海鲜上下游的全链条打通，成为生鲜运营的一大平台，把农田与餐桌联系起来。

首先，易果作为全国最大的线上生鲜运营平台，将天猫生鲜、苏宁生鲜和易果生鲜，包括无人便利店、盒马鲜生和其他新的零售渠道等同时运营，成为全渠道的销售平台。易果还将一定时间段内的商品按销量排名，利用大数据分析大多数消费者的消费数据，精准地了解消费者的喜好，同时预测消费者比较青睐的商品，对准消费者需求精准营销，并通过国内最大、最全的线上生鲜消费数据，为农业的决策提供有力的参考数据。

其次，安鲜达的建立为生鲜行业提供了相对完整的冷链物流体系。在零售行业依赖设施的前提下，生鲜行业的规模取决于冷链这种基础设施类的规模。安鲜达作为易果的物流部门，在发展的过程中，通过为整个生鲜渠道提供开放式服务而逐渐发展强大并走向独立。利用跟踪技术及其他技术，安鲜达可以做到全程可追溯、可跟踪，在大量的实践过程中，安鲜达探索出独特的运营模式，规模也随之扩大并不断得到发展。

最后，易果通过云象供应链带动了一些地区的农业生产。云象供应链遍布六大洲、40个地区的将近150个产地，每天采购量高达一千吨，经营的生鲜品类超过4000个。云象供应链以冷链物流系统为基础，通过冷链物流实现从田间到餐桌的"全链条"衔接，以源头和市场的合作与对接形成一体化的农业生产模式。

值得一提的是，易果在参与农业投资的过程中，先将先进的技术运用在农产品上，然后与消费者联结，形成利益共享、风险共担的合作机制。易果通过"全链条"生产，带动农业种植技术的进步，将品牌打造成"网红"的发展模式，使农产品实现品牌化，以满足消费者的需求。

在新零售的运作中，"全链条"生产模式将零售行业模块化分工，各模块共同发力，解决了传统零售的痛点，打通了零售环节的生产端和消费端。消费市场、供应链、冷链物流的结合，为新零售搭建了全链条的快速通道，在打通产品生产上下游的同时，也让科技成为产业化升级的推动力量。

二、个性化定制：顾客直连制造

新零售在不断升级的过程中，间接带动了商品质量的提升。越来越多的消费者已不满足于商品本身的属性，而是在商品中寻求"独一无二"的特性，力求与众不同。许多商家从消费者需求入手，提供个性化的定制服务，将消费者与商品的制造过程拉近，为消费者提供连接商品制造的绿色通道，打造个性化的商品定制服务。

互联网环境下的智能时代，具有人人都是内容生产者的特征，每位消费者都渴望得到独特的服务，追求个性化的消费体验。在这种消费需求中，一些消费者通过给商品添加自己的独特标签来达到追求定制化商品的目的。

个性化定制服务在手工业时代最为明显。在传统手工业生产中，每件商品都是全手工制作，因此每件商品的版型、样式都不尽相同，可以说每件商品都独具个性；到了工业时代，流水线的大规模生产模式在提升生产效率的同时降低了生产成本，商品缺乏个性化与独特性；在"智能+"时代的今天，随着人们需求的提升，个性化定制服务再次被提及并广受消费者的推崇。

但是，定制化商品最大的特点就是个性化与独特性，这就要求商家根据消费者的不同需求生产不同的商品，这种模式延长了商品的生产时间，提高了生产成本，所以很多商家为了追求利润很难做到真正的个性化定制服务。随着大数据时代的到来，一些商家利用大数据分析消费者的共同喜好，深度挖掘消费者对产品更深层次的要求，从而推出符合大多数消费者喜好的产品，通过"智造"化生产满足消费者的个性化需求，达到定制领域的消费者规模效应。

例如，运动品牌耐克作为走在潮流前线的服饰鞋业品牌，一直受到年轻人的追捧。面对年轻人希望自己与众不同的需求，耐克从"定制"入手，推出"Nike ID"服务，让消费者参与产品的设计。这项特色服务还开设了线上官网渠道，消费者可以在线上对自己喜爱的产品进行个性化定制，将自己的想法融入产品的创作中，打造出属于自己的独特商品。Nike ID 诞生于 1999 年，于 2008 年在中国推出后迅速占领中国市场，耐克利用 Nike ID 走出了个性化定制服务的特色道路。经过多年的发展，在如今的耐克官网上，Nike ID 专区内大部分非限量版鞋类都为顾客提供个性化的定制服务。通过 Nike ID，店内产品经由消费者设计成不同的样式，实现了品牌的百变效应。

2017 年，纽约的 Nike By You Studio 定制专区运用 AR 技术，通过在体验者两侧安装跟踪定位式的投影仪，可以将设计的鞋变成现实的样子在 Presto X 上投影，在工作人员和消费者最终确认后，该鞋会立刻进入制作流程，消费者只需在店内等待一个半小时就可以现场提货。耐克这一定制技术经过纽约的试水并取得成功后，迅速推广到全球，拓宽了品牌的发展路径。在人工智能的赋能下，商家通过对产品创新和提供定制化服务满足了消费者的个性化需求。

耐克通过 Nike ID 和 Nike By You Studio 等智能手段为消费者提供了个性化定制服务，让消费者在这个"千篇一律"的物质丰盈时代得到了专属于个人的独特产品。耐克不仅将技术与品牌密切结合，而且运用技术将消费者需求通过实体性的产品表现出来，让消费者在市场的流行趋势中自己动手设计带有自己特色和标签的产品，赋予产品深层次的人文意义，将个性化定制服务体现得淋漓尽致。

零售业中有一个暴利领域，那就是以女性消费者为主的美妆零售领域。特别是近几年的"口红潮流"，成功将女性消费者买口红的热潮推向新高度。

在美妆行业，丝芙兰作为全球美妆一站式体验的领导者，充分利用人工智能技术，推出以消费者为导向的定制化美妆体验。首先，在产品选购方面，丝芙兰从市面上的日常流行美妆品牌到独家定制品牌，为消费者的不同需求提供了多样性的选择；其次，在服务方面，丝芙兰实行会员制，为店面会员提供针对性的服务，定制属于会员的福利；最后，在门店体验方面，丝芙兰突破性地为消费者提供智能手段下的美妆零售新体验，将当季美妆趋势随时随地呈现出来，让消费者可以轻松体验当季新品，了解美妆界的流行新品与流行趋势。

丝芙兰经过人工智能手段赋能后，创新线下门店经营模式：一方面，为当下消费者提供最新潮的美妆产品和贴心服务；另一方面，带给消费者亲临门店体验的尊贵感。如今，很多美妆门店都趋于丝芙兰这种规模化和标准化的经营模式，丝芙兰本身反而失去了这种竞争优势。因此，丝芙兰转而将实体门店融入智能化手段，利用智能技术为消费者提供独特的购物体验，打造新的竞争优势，提高品牌在化妆品行业的优胜性。

在丝芙兰全新概念店 Beauty Studio 内，放置有一台 AR 试妆装置——虚拟试妆魔镜。这是丝芙兰与美图公司合作推出的，致力于利用智能手段为消费者提供跨品牌、跨品类的试妆体验。

在丝芙兰新概念店中，消费者只需打开试妆魔镜设置，单击"虚拟试妆"，将脸部对准屏幕即可进行脸部试妆。在试妆体验中，丝芙兰涵盖眼影、眼线、腮红、粉底等多种不同的品类，消费者可以根据化妆品的品牌、质地、色系结合自己的皮肤状态和喜好选择适合自己的产品。在试妆过程中，试妆魔镜会帮助消费者尝试不同的妆容。在多种类型中，总有一款妆容能获得消费者的钟爱。

除了"虚拟试妆"的 AR 互动试妆装置，丝芙兰还在门店通过试妆镜智能电子屏为消费者展示各种各样的妆容教程，让消费者不但学会如何购买适合自己的产品，还能学会如何正确使用产品。丝芙兰通过引入 AR 试妆装置等高科技设备，让消费者在门店中玩得不亦乐乎，延长了消费者在店内的停留时间，提高了消费者了解产品的概率，既提升了店面的销售成交率，又降低了人力成本，让消费者实现自助购物、愉快购物，提升了消费者的购物体验。

丝芙兰还在店面中设置了与网购相似的"云货架"，其操作过程与消费者日常生活中的网购相差无几。在"云货架"上，消费者通过手动搜索或语音搜索，就可以找到丝芙兰的所有商品。消费者在线浏览后，如果遇到自己喜欢的商品，只需一键下单就可以在家"坐等"收货。如果消费者是冲着某款商品而来，但门店暂时没有现货，消费者也可以通过"云货架"选购，购买成功后，丝芙兰就会以快递的方式发货。

丝芙兰线下实体门店通过引入 AR 装置类的高科技设备，不失时机地让品牌走上了新零售的转型之路。智能设备的应用，不仅可以正确地引导消费者选购商品，而且还能在一定程度上节约试用品，为环保贡献力量。

Nike 和丝芙兰都在新零售的环境下通过人工智能为消费者提供了个性化定制服务。在智能时代的新环境下，定制化服务以迎合消费者需求成为新的经济增长点。自人类社会进入智能时代以来，"个性化"和"独特体验"这两个关键词就成为消费者在购物时评判商品的重要标准，这一标准也成为商家为消费者构建生活场景、满足消费者购物体验的标准之一。

三、智能制造：质量与效率的革命

智能环境下的新零售，不仅实现了由"制造"向"智造"的转变，还在产业"智造"的带动下，引发了一场质量与效率革命，实现了由"人智"向"机智"的过渡。新零售不同于传统零售的一点就是，新零售引进人工智能作为企业的发展手段，在重视产品质量的同时，也在很大程度上提高了企业的效率。

智能制造是在新一代信息技术与制造技术的融合下，将产品的设计、生产、管理及服务等贯穿起来，实现智能感知、学习、决策、适应等的新型生产方式。在信息化的发展过程中，智能制造展现了不同的发展模式，从 20 世纪中期至 20 世纪 90 年代中期，智能制造表现为以计算机、通信和控制应用为主要特征的数字化发展；从 20 世纪 90 年代中期开始，智能制造表现为以万物互联为主要特征的网络化发展；而在智能化高度发展的今天，智能制造表现为以新一代人工智能技术为主要特征的智能化发展。可以看出，智能制造随着社会智能化程度的提升而展现出不同的发展趋势与发展模式。

在零售行业，许多企业为了顺应新零售的发展模式，将企业产品向"智造"模式转变，在转型的过程中取得了不同程度的成就。拿宝沃来说，这个在中国复活的经典德系品牌，在曲折的发展中，受到竞争日益激烈的市场环境和产品的快速更新迭代等挑战，而宝沃本身在中国市场根基不稳。在这种情况下，宝沃毅然决然地选择与神州优车缔结全面战略合作关系。2019 年 3 月，神州优车正式发布以超过 40 亿元人民币的价格收购宝沃汽车大部分股权的公告，标志着神州优车正式入主宝沃。

神州优车对宝沃的收购，让宝沃在市场中迎来了新的发展机遇，宝沃以良好的市场表现打响了被收购的第一枪。宝沃销量从 2019 年 2 月开始迎来了上升期，到 2019 年 5 月已经实现同比上升 100%。之所以能有如此好的成绩，是因为神州优车在对宝沃的改革中，放弃了传统的 4S 店零售模式，专注于提升企业效率。宝沃除了推出厂家直签、零加盟、零库存等活动，还面向消费者推出 3 天免费深度试驾、90 天无理由退车等服务，将消费者的消费门槛降至最低，通过多种营销手段大力推广，宝沃这一品牌迅速走进大众视野中。

当然，宝沃能在短期内如此大幅度地提升销量，还得益于神州优车本身对宝沃的采购计划。对于汽车品牌来说，生产无疑是最重要的，神州优车解决宝沃汽车的渠道问题后，让宝沃回归本身的位置——专注汽车的生产，以提升产品品质为首要任务，让宝沃在市场上得到初步的发展后，可以站稳脚跟，在汽车市场中占有一席之地。神州优车还利用本身的巨额采购，以需求端推动宝沃的生产端，通过健康灵活的方式为宝沃的发展转型注入活力。

自 2014 年中德合作进入工业 4.0 时代后，以智能工厂、智能生产和智能物流为核心要素的工业 4.0 就明确了。宝沃作为中德合作的重要项目之一，在北京开设了具有工业 4.0 标准特色的智能工厂——宝沃北京工厂，在新零售的环境下展现出"智造"水平。宝沃北京智能工厂厂区整个占地面积高达 110 万平方米，2013 年 3 月开始项目建设，2014 年 6 月开始引进设备，2015 年 6 月一期项目正式完成，2018 年二期项目完成建设，2019 年已经具备年产 30 万辆以上整车的能力，并且兼顾新能源车型的生产，满足包括中国标准、北美标准等对车辆的智能要求。

在宝沃北京工厂中，有冲压、车身、油漆、总装四个车间及现代物流分发中心。根据车型的不同，宝沃智能工厂内部分为 8 种柔性生产线，整个工厂采用智能化生产设备，不到 200 秒就可完成整条线的模式自动切换。整个厂区有高达 400 多台焊装机器人和 200 多台 NC 机器人，自动化率高达 90% 以上。宝沃北京工厂严格按照工业 4.0 的理念，实现生产线高度智能化，专注于提升汽车各方面的性能。

从宝沃的转型可以看出，企业利用智能手段将制造与销售分离，推动"制造"向"智造"的方向发展，销售则由专门的行业负责，这不失为新零售的新营销策略。宝沃在与神州优车的合作中，借助人工智能技术，开发线上发展模式，确立了其在汽车行业中的地位。宝沃智能工厂的运行模式和高度的智能化，让全球汽车市场看到了汽车品牌的发展前景。宝沃在保持品牌市场认知度的同时，让汽车品牌看到在新零售环境下，汽车行业全新的发展模式和不同的发展路径。

在智能制造环境下，新零售本质上也是一种质量革命。在当今人们普遍解决了温饱问题的背景下，根据马斯洛需求层次理论，消费者在满足本身拥有商品的基础上，开始追求商品的质量和个性化。

在"智能+"时代，新零售在利用人工智能手段满足消费者需求的同时，也在实现产品及企业自身的创新发展。中国作为世界上的生产大国，在新零售环境下走向质量革命之路，展现出新的特点。首先，世界上顶级品牌的生产商及零件供应商大多是中国企业，这些品牌的产品销售到全世界，间接体现了中国制造的质量水平。其次，中国在世界上的跨国公司和所投资的跨国公司的产品大多需要中国提供质量支持和原料供应。最后，随着中国本土品牌质量的不断提升，中国刮起了"国产风"浪潮，中国消费者越来越倾向于使用国产品牌的产品。麦肯锡消费者调查报告显示，截至 2017 年年底，中国消费品总额占据世界消费品总额的一半以上。消费者认为，中国国产品牌在性价比、质量、售后等方面优于很多国外品牌。

在中国，消费者对"入口"的商品比较敏感，特别是与婴幼儿相关的商品更是会引起整个家庭的关注。奶粉是众多宝爸宝妈最关注的商品。虽然美赞臣、美素佳儿、雅培、惠氏等国际品牌在中国奶粉市场中受许多家庭的欢迎，但以君乐宝等为代表的国产奶制品新品牌日益崛起，国产奶制品在市场中的份额也在不断提升。

在新零售中，质量问题不仅关乎"零售"这两个字，而且涉及从产品的供应链与设备、技术、工艺、流程、标准，到对产品的全面管理与持续改进等一整套细致化、系统化的工程理论。在"质量"革命背后，是对"智造"能力的考验。

君乐宝在进军新零售后，采取将所有渠道打通的方式，即融合实体经营、电商、微商等渠道，构建体系化、系统化的统一组织。在质量方面，君乐宝与世界三大质量组织（美国质量学会、欧洲质量组织和日本科学技术联盟）进行战略合作，让中国消费者重拾对中国奶制品的信心。除了使用自建牧场的自有奶源，君乐宝还严格按照奶粉指标，通过科技手段甄选优质奶源，将奶粉细菌总数降低，甚至远远高出欧盟标准。

在管理方面，君乐宝建立了 LIMS 信息化系统实验室，智能控制产品的营养成分和食品安全，严格把控与筛选产品从原料到成品等各关键流程的检测过程。检验完成的产品数据被自动抓取，君乐宝在保障产品分析结果精确的同时，形成了整个产品的大数据平台。检验完成后会自动形成产品质量检测报告，消费者只需扫描奶粉罐上的二维码即可查阅，精准化的数据报告打消了消费者的疑虑和戒心，让消费者放心购买、安心使用。

在"智造"环境下，新零售本质上也是一种效率革命。在互联网电商与线下零售相融合的过程中，新零售结合线上线下优势，通过数据赋能、坪效革命等提升零售行业"人""货""场"的效率。在这个快餐经济时代，效率不仅成了人们工作中的代名词，也成为生活中大多数人对自己的要求标准，更成为新零售所追求的目标之一。

在餐饮方面，新零售的效率革命表现为餐厅的智能化程度。例如，"口碑"与五芳斋在杭州文三路联合推出首家无人智慧餐厅——五芳斋智慧餐厅。在五芳斋智慧餐厅中，自助点餐设备、智能取餐柜、24小时无人零售机等智能新元素的添加和大数据、算法的有机组合，使五芳斋成为餐饮业效率变革的领头羊。五芳斋借助大数据与人工智能手段，在提升餐饮行业效率的同时，将当代人追求效率生活与智能生活的理念添加到智慧餐厅中。

在五芳斋智慧餐厅中，消费者进店后可以直接找位置坐下，若要点餐，只需拿出手机扫描桌角的二维码即可，若消费者手机内有以往的消费记录，商家的系统还会根据消费者的喜好推荐菜品；在消费者完成点餐后，手机会实时更新订单信息。当餐厅工作人员备餐完成时，手机会提示"菜已做好"，消费者即可直接拿取餐码去智能取餐柜取餐，免去了以往排队点餐的诸多不便。同时，五芳斋智慧餐厅店内的智能点餐和取餐设备在减少服务动线、降低成本的同时，也提升了店内的工作效率，升级了顾客的消费体验。五芳斋智慧餐厅的推出，是餐饮商家对传统消费场景的变革，并获得了巨大的成功。

五芳斋智慧餐厅除优化了点餐、取餐模式外，还对外带、预付、取餐等场景做了优化。在就餐高峰期，由于店内顾客激增，很难再专门开设一个外带窗口，五芳斋智慧餐厅通过增设智慧取餐柜，解决了外带、到店自取等线上业务与线下高峰期的冲突问题。五芳斋智慧餐厅在自助点餐设备中设置了智能派单系统服务。比如，顾客在进店之前，通过线上渠道可"预付到取"，店内工作人员则会根据出餐时间和顾客的到店时间，计算最佳的食品制作时间，这样顾客到店时就可以取到刚出炉的餐品；若顾客迟到超过半小时，工作人员会将餐品取出，拿到人工台，等待顾客取餐。

　　五芳斋智慧餐厅将人工智能引进餐厅，在降低餐厅人力成本的同时，提高了餐厅的运营效率。线下流量的线上化与线上流量的实体体验，打造了餐厅的线上线下融合模式，开启了餐厅新零售模式。

　　新零售不仅是由"制造"到"智造"的形态转变，更是对传统零售改善产品质量、提高企业效率的要求。新零售作为"智能+"时代的新型零售模式，通过大数据、人工智能、区块链等智能手段的赋能，重塑零售业态发展模式，展现出无限魅力。

四、深耕细作：分工的细化与劳动力的退出

　　在新零售环境下，企业在产品生产高度智能化的环境下，呈现出分工更加细化的特点。工业革命带来的不仅是机器的深度应用，更是在机器化应用下细分出的多种工作模式和劳动力需求的减弱。在当代各行业中，机器在人类工作中呈现 70%～100%不同程度的取代，并逐渐代替人类做更多的事情（包括体力和脑力），对人类的就业造成了双面影响。

　　在 2013 年年底的央视经济年度人物颁奖典礼上，雷军和董明珠打了

一个赌。赌局就是小米和格力两家企业以五年时间为期限，五年后看哪家企业的销售额更大，而赌注是 10 亿元。这个赌约一出就成了热门话题。之后，小米、格力两家企业就着力于开发新的经营渠道、变换经营模式。其中，小米通过细化分工的方式将发展重心放在小米生态链中的"头部"企业——智米科技。智米科技作为小米的子公司，先后推出了小米空气净化器、智米自然风风扇、智能加湿器、智能马桶盖和电暖气等多款产品，成为致力于改善"空气"的覆盖家居环境的智能家电公司。在智米科技发展的过程中，小米利用智能手段不断将其发展壮大，智米科技的抗压抗风险能力日益增强。

在人工智能发展之初，一些零售企业通过对传统家电的精确分析，得出传统家电正在面临精细化分工带来的效率问题，部分企业认为家电行业的竞争还是存在的，但怎样使自己在激烈的竞争中占得优势，这一点至关重要。智米科技通过发挥自身优势，在对产品进行细分的同时，将研发、创新、美学、体验、智能等因素罗列出来，打造属于自己的核心竞争力。因此，智米科技所打造的每款产品，都是通过创新和技术的综合应用"磨炼"出来的。从智米科技一个又一个爆款产品可以看出，智米科技在追求极致的同时，也将产品调试到一个适宜的状态，以适应市场需求，打造市场的"必需品"。

在细化分工的模式下，智米科技推出的全直流变频空调在 2017 年荣获 Good Design Award（日本优良设计金奖），成为中国内地首款获得该奖项的产品。这个奖项之所以有较高的荣誉，是因为 Good Design Award 作为国际知名的设计评价制度，旨在遴选全球顶尖的优质设计商品、业务及项目。遗憾的是，自 1957 年该评价制度设立以来，未有一件来自中国大陆的产品获得过该奖项或者更高的奖项，智米科技的出现打破了这一局面。

2019 年，迎来了揭晓赌约结果的时刻。根据两家企业的财报可知，小米 2018 年的营收是 1749 亿元，而格力的销售额大约是 2000 亿元。所以仅从数字上来说，董明珠赢了这场赌局。但是，从更深层次上来说，二者其实是双赢。因为，自从赌局成立之日，专注于线下市场的董明珠转向雷军学习营销手段，以打造个人 IP 的方式开发线上市场，甚至将以前的明星代言人的头像从产品中撤下，换成自己的头像，成为格力产品的代言人。而雷军在积累核心竞争力的同时，从线上发展转向线下渠道，开发线下发展的新路径，改变小米收入来源全靠线上的模式，使小米超过一半的销售额都来自线下，并且小米线下的门店高达 1000 多家。

特别是在 2020 年 2 月 13 日小米的新品发布会中，小米史无前例地采用了"纯线上发布会"的形式，隆重推出小米在 10 周年之际再次冲击高端市场的押宝之作——数字旗舰系列手机小米 10 及小米 10 Pro。更重要的是，小米 10 Pro 在 DxOMarK（法国知名图像处理软件公司 DxO 所推出的网站）的总分首次超越华为，成为全球第一。

智米科技的分工细化为小米带来了巨大的发展空间，小米依靠互联网的流量和良好的设计空间，在将产品做好的同时提高了销量。小米生态链作为小米企业的翅膀，在保护智米科技的同时，也为智米科技提供了成熟的发展体系，成为智米科技推出一系列爆款产品的有力支撑。

在智能化经济深耕细作的发展模式下，新零售的高度智能化发展也是零售行业的一个特点。企业智能化的发展，映射出人们的就业状态。智能科技的发展进步在造就一大批就业新机会的同时，也会淘汰一大部分人，让传统产业中就业问题的难度增大。

智能设备的迅速发展会导致一些人失业。在工厂的一些生产线中，机器相对于工人来讲不仅工作效率高，而且不用睡觉，不会偷懒、失误，更便于管理。当然，对于像富士康这种工厂类型的企业，考虑前期投入的成本问题，在很多方面不会选择用机器取代人，呈现半自动化的工作模式。当今可被机器替代的岗位多见于服务行业，如无人餐厅、智能餐厅的推出，缩减了餐饮业的服务人员，对企业和工作人员造成了不同程度的影响。

餐饮企业在智能科技的推动下，推出几秒内就能迅速出餐的智慧餐饮售卖机，这种售卖机类似于自助便当售卖机，被广泛应用于社区、机场、街头等多种场景中。

许多餐厅在扩展设备的同时，采取了精简人员的举措。例如，美国曼哈顿中城的休闲快餐连锁品牌 MakiMaki Sush，自从在后厨引进了一位特殊的机器人"厨师"后，店内厨师缩减了将近七成，服务员缩减了近八成。这位机器人"厨师"每小时可以制作 300 个寿司卷，比店内小型烹饪团队手工制作的数量多出了一倍左右。在机器人和人工效率相比悬殊的情况下，该店的负责人更倾向于使用机器人，并且还表示：机器人做出来的成品质量更稳定。在餐厅后厨的工作中，相比于人工来说，不得不说机器人既有效率又有质量。因此，基本上使用过智能机器的企业负责人都一致认为，智能机器在这种重复的工作中，相比于人类更有优势。在 MakiMaki Sush 门店中，机器人不仅走进了后厨，同时走入了前厅，取代了部分餐厅服务员的职位。

MakiMaki Sush 门店使用机器人在餐厅内服务顾客，使店内服务人员大多失去了本该有的价值和意义，所以在餐厅中，机器人正在承担"厨师"和"服务员"的职责。那么，这些本该从事"厨师"和"服务员"工作的人员该何去何从呢？其实，不难发现，机器所从事的这些工作都是简单的重复劳动，而真正需要人类智慧的工作其目前还无法取代。人工智能的使用让人们从烦琐的劳动中解放出来，去从事更加需要人类智慧的工作，就像新零售的提出者马云曾说的那样：机器可以取代保姆，但不能取代母爱；如果没有爱商，技术越强大越可怕……说到底，机器只有芯片，而人类的心和爱是机器永远无法感受和取代的。因此，人类在借力人工智能的同时，更多的是要带领人工智能让人类的生活更加美好。

在现代深耕细作的模式中，分工的细化提升了产品的精益性和优良性，造就了产品的智能化和数字化，使产品整体水平有了质的飞跃；而劳动力的退出则使人类从简单、烦琐的工作中解脱出来。人类从事智慧化和灵活性的工作，充分体现了人类的智慧。因此，在新零售生产模式中，整个产业都在走智能化的发展之路，不管是"脱链式"生产向"全链条"生产的转变，还是为顾客个性化定制的直连制造，都是新零售环境下智能制造的质量与效率革命。新零售生产模式中的分工细化，更是为产品由"制造"走向"智造"奠定了基石，引导人类在工作中发挥智慧。

第五章
重塑零售营销模式

新零售运用智能手段，通过打造企业品牌、提升消费者对产品的体验、构造新型营销关系、推出相应的商品折扣及在全球范围内营销商品等一系列动作，重塑全新的营销模式。

新零售通过对智能手段的运用，塑造了零售行业中新品牌营销、新体验营销、新关系营销、新折扣营销及新全球营销的全新销售范式，极大地提升了零售行业的营销效率和质量，满足了消费者的购物体验，开拓了零售业的新渠道和新空间，为零售业提供了新的发展空间与发展机会。

一、新品牌营销

在新零售被提出后，众多企业在销售商品时，紧扣新零售的主题和模式，在智能手段的赋能下不失时机地走上了商品品牌化及营销手段智能化的发展道路。一些企业在探索的过程中，利用自身的优势提高品牌的知名度，通过打造品牌效应来提升商品的辨识度。

例如，2019年年初很受关注的潮鞋品牌匡威（CONVERSE），其诞生于美国波士顿，自从被明星带火之后，就将发展重心放到品牌方面，意在提升其在全球的知名度。匡威在1908年诞生时，最初只是作为一个潮牌受到许多年轻人的追捧，其价格对于年轻人来说也相对"友好"。因此，匡威虽然知名度不高，但在年轻群体中一直有着良好的口碑，并受到大批艺术家的青睐。

匡威正式在中国"走红",源于国内明星、博主的热烈追捧。许多明星、博主对匡威"强推",不仅让该品牌迅速进入中国市场,而且奠定了匡威在中国市场中的地位。

同样以品牌打响市场的,还有全球著名的体育运动品牌——耐克。耐克在中国几乎是所有年轻人都知道的潮牌。耐克凭借其强大的品牌影响力,在世界范围内都有着很高的销量,在鞋服产品中一直具有极高的地位。自新零售被提出以来,耐克也开始利用智能手段进行产品营销的转型。从电商渠道兴起时,耐克就以在线销售的形式拓宽产品营销渠道,让在线营销成为其重要盈利增长点。对大多数企业来说,线上销售渠道一般依赖天猫、京东这种大型的电商平台,而第三方电商渠道也确实让这些品牌赚得盆满钵满。耐克通过一系列营销手段使产品走向高效销售之路。

在营销中,耐克利用本身的品牌效应,携手360合作推广行为链大数据营销。耐克借助360行为链大数据,深度分析天猫旗舰店与一些自营电商官网的流量来源和运营策略。360通过研究用户在耐克官网的浏览路径时发现,"导航"是用户上网的第一选择,耐克官网将近一半以上的用户来自360导航。由此,耐克从拓展网站流量与促进订单转化方面着手,开拓那些曾经被严重低估的导航媒体资源。另外,耐克通过对目标群体的分析发现,在用户规模方面,官网远不及天猫旗舰店,同时官网与天猫旗舰店的重合用户只有很小的比例,说明两者的线上用户区分比较明确,且有各自的客户群体。

耐克对官网现状进行分析,通过对流量趋势、受众差异和用户偏好的研究,将目标人群划分为潜在人群、意向人群与核心人群三大类。耐克通过对不同类型目标人群的浏览行为和需求的分析,与360黄金营销资源实现精准匹配;耐克借助搜索广告品牌占位,实现对意向人群的营销,并通过依托品牌直接精准锁定目标受众群体,实现对核心人群的营销。

在产品品牌优势的作用下,随着360推广创意的上线,耐克在品牌搜索推广的CTR(点击通过率)大幅度提升。在广告的助力下,耐克官网在突破ROI（投资回报率）瓶颈后，提升率超过200%。360行为链大数据营销帮助耐克多维分析并深度洞察用户的核心需求，形成立体化的营销闭环模式，还帮助耐克前瞻性地决策并挖掘更大的营销价值，实现广告的数据和流量价值。

总之，在大数据、人工智能、区块链等技术的作用下，新零售依靠智能宣传手段，在智能营销中打通多种提升企业品牌认知度的渠道，继而凭借品牌效应推广产品。在产品的推广中，以数据分析用户特点来实现精准营销，逐渐成为新零售中品牌的营销模式。在数据时代，利用品牌赋能，提升产品销量，也成为新零售的全新优势和一大特点。

二、新体验营销

新零售使线上与线下的零售趋于融合发展，但怎样才能使线上线下更有效、更完美地结合起来？这是许多企业在新零售道路的探索中努力的方向。

从产品销售渠道来说，在电商出现之前的线下渠道中，实体店是唯一能购买商品的场合。随着互联网的发展，电商加入零售战队中，消费者能够购买商品的地点、形式变得更加多样化。线上渠道具有便利、快速、实时的特点和优势。线上渠道的商家相比于线下渠道的商家，在付出同样甚至更低的人力成本和经济成本的情况下，可以让消费者获得同样的商品。因此，线下渠道渐渐失去了和线上渠道竞争的优势，线下门店的生意日渐低迷。但是，从发展的角度看，事物总是处于不断变化中的，如今的电商市场也逐渐变得饱和，消费者通过各种购物App能够更加智能化地购物，线上零售的渠道优势逐渐减弱。因此，新零售的线上线下融合模式无疑为两者都提供了新的发展空间与发展机会。

新零售为线下实体店提供了新的发展思路。许多实体零售店趁此机会迅速崛起，探索线下零售店全新的发展模式。其中，宜家（IKEA）线下实体零售店凭借极致的购物体验成为消费者眼中不可替代的存在。宜家的体验营销理念是：能被人使用的才是设计，不然只是个漂亮的垃圾。因此，消费者在逛宜家时，总有一种逛别人家的感觉，甚至在逛店时会产生"这就是自己将来的家"的错觉。这种沉浸式体验会不自觉地触发消费者的购买欲望，让人产生一种"我需要它"的错觉。

宜家在很多商品包括店面布置的细节上，都能让消费者感受到独一无二的体验。消费者逛宜家和逛家居商城不同的体验是：首先，宜家店内有纸笔和量尺，消费者在逛店时有灵感或想法，都可以体验室内设计师的工作，自己动手设计产品；其次，消费者可以在店内组装区，自行按照说明书组装家具，加深对产品的喜爱程度；再次，宜家还专门为儿童提供了娱乐空间，当孩子在儿童区娱乐时，家长可能会考虑把这些玩具带回家，让孩子在家也可以继续玩；最后，宜家最与众不同也是最吸引人的一点就是宜家的餐厅，餐厅中的咖啡、冰激凌是被众多消费者"安利"的产品，它们不仅价格便宜，而且味道可口。有的消费者会为了宜家一元钱的甜筒专门去逛宜家，宜家通过甜筒调动了许多隐性消费型、冲动消费型顾客的消费欲望，有人甚至会为了喝宜家的咖啡而在宜家逛一天。在不知不觉中，宜家就与消费者建立了良好的情感关系。

提到宜家，就不得不提及与之比肩的一个运动品牌——迪卡侬（DECATHLON）。迪卡侬不仅是卖体育用品的零售店，而且是一个完全免费的大型游乐场。作为目前全球规模最大的体育用品超市，迪卡侬在1976年创立于法国，以"超大平方数、超低价格、超多品类"的特点，在众多体育品牌中有着极高的辨识性。相比于其他品牌，迪卡侬实实在在地把"用户体验"当成自己的重要资产去经营。

第一，在店面布局方面，迪卡侬将消费者的闲逛空间拓展至最大。在迪卡侬实体店面中，没有过于豪华的装修和比例完美的设计，店面内只有仓库般的空间、宽敞的走道和整齐划一的全开架陈列。走入迪卡侬就如同进入大型仓库一般，只有让人一目了然的分类指示，不会有导购一直在消费者身后跟着。在迪卡侬，无论是老人还是小孩，都可以在卖场中无拘无束地体验。走进迪卡侬卖场，可以很明显地感受到它与传统体育用品店的不同。

第二，作为全球最大的体育用品超市，迪卡侬不仅门店的占地面积大，而且内部运动用品的类型也多种多样，用于跑步、游泳、骑行、登山、露营、攀岩、射击等的各种装备和器材，样样俱全，应有尽有。迪卡侬之所以从小众到大众、从初级到专业的运动器材及运动装备等一应俱全，是因为其本身就拥有 20 个自有运动品牌，而且还引进了部分其他品牌。在数千平方米的商城中，超过 35 000 种商品的玩具游乐园式的迪卡侬，让无数顾客沉浸其中，满足了不同年龄段群体的购物需求。

第三，迪卡侬商场中有很多免费的运动试用体验，这也是迪卡侬周末人数最多的原因之一。作为免费的大型游乐场，无论男女老少，都会在迪卡侬被彻底激发出体内的运动细胞。即使是平时不怎么锻炼的人，也会沉浸其中。迪卡侬提供的免费试用与体验活动，跟超市的食品免费试吃一样，在无形中获得了大批消费者的青睐。迪卡侬不仅在商场内开展试用活动，还把体验场所扩展到商场周边。在一些迪卡侬实体店，其周边有篮球场、足球场、小型广场舞场地等，各种体验场所应有尽有。商场的服务理念就是消费者可以东摸摸西玩玩最后什么都不买，但一定不可以不认真对待"玩"这件事情。在这种"运动和快乐，都是免费的！"的氛围中，消费者在迪卡侬商场逛、玩时，也十分尊重商场的规则，这样才使迪卡侬在如此低廉的价格和超大型游乐设施的提供中一直处于活跃的发展状态。

第四，迪卡侬还会组织不定期的运动课程，提供运动装备保养服务。迪卡侬内部经常举办不定期的健身训练、登山远足、滑轮体验等各式运动教学活动，并且还会在现场配备技师为消费者提供增值服务，如自行车保养、球拍穿线维修等，让消费者在购买产品时也能免除后顾之忧。

在这种超强沉浸式的体验下，消费者眼中的迪卡侬已经不单单是销售商品的存在，更是一种精神寄托。消费者不仅可以在迪卡侬释放自己，也能找寻最真实、最纯粹的自己。只有在轻松娱乐的氛围中，人们才会展现最真的自己。迪卡侬不仅给消费者带来了快乐，更为消费者提供了找回本我的途径。

一些像迪卡侬这样向新零售转型的品牌，逐渐将发展和服务重心放到消费者的"体验式"感受方面。许多品牌在给消费者提供更佳服务的同时，也更加注重提供更高频次、更深入的线下体验。2019 年，天猫提出新的品牌沟通主题——生活各自理想，致力于为消费者提供理想生活。在跨界合作、IP 营销、创新平台等多种方式中，天猫从新品、新客和旗舰店着手，在为品牌方带来极致营销、形象升级的同时，也真正为消费者带来了更好的服务和体验。

在着重为消费者提供理想生活的发展模式中，天猫在 2019 年 7 月打造了天猫 Club 理想生活体验中心。

天猫 Club 理想生活体验中心推出"理想一夏"系列体验活动，展现出当今消费者向往的理想生活方式元素。天猫 Club 和众多品牌推出的联名活动，大大提升了天猫与品牌合作商的知名度。例如，天猫 Club 与 VANS 推出 Urban art，与冰激凌行业及专业的戏剧团队合作打造沉浸式戏剧体验，与 BOBBI BROWN 定制彩妆时尚体验空间，与宝洁欧乐 B 推出太空空间超体验等。天猫 Club 还与品牌合作商联合活动，提供商圈式的体验场景。

天猫 Club 首家咖啡主题店即天猫 Club 理想生活咖啡馆，入驻上海丰盛里鹰集咖啡。作为网红精品咖啡店的鹰集咖啡店，在与天猫合作后，从软装到菜品都采用了天猫主题。在天猫 Club 理想生活咖啡馆内，消费者可以随处看到天猫的形象——从喝的天猫拉花咖啡，到吃的天猫蛋糕和天猫曲奇饼干。在未来，天猫 Club 主题店还将有天猫健身房、天猫餐厅等多种消费体验场景。

从"天猫 Club+"系列可以看出，极致体验不是一场活动、一次营销、一个话题或一个事件，而是商家的品牌与消费者日常生活的契合程度。商家的体验式营销，更多的是要让消费者感受商品本身，让消费者在实体店中找到一种脱离买卖的归属感，赋予商品情感，让新零售在数字化时代充满情感与温度。

就像西班牙伊比沙岛硬石酒店（Hard Rock）的餐厅 Sublimotion，由米其林二星名厨 Paco Roncero 主厨，店内提供艺术投影、灯光变幻的用餐环境，通过给客人提供极致的感官享受来提升客人对外部环境的感受。在 Sublimotion，客人点单时需要佩戴 VR 眼镜看菜单，餐厅内部的智能背景墙会随着客人所吃的菜品，呈现出相应的背景，让客人真正有身临其境的感觉，多种智能化设备让这家餐厅充满了神奇色彩。

在新零售的环境下，一切不可能正在慢慢成为可能。事实证明，消费者越来越重视消费行为的过程和体验。新零售也正是在满足消费者的这种需求中，逐渐改善发展道路、探寻新的发展模式。在零售行业高度智能化的今天，智能手段的赋能，让消费者追求个性化、追求独一无二感官体验的需求逐渐得到满足。在价值定律已经发生改变的情况下，商品的成本已经不能成为衡量消费者喜好的主要指标。相反地，体验、服务作为消费者自身感受最深切的东西，日益引起消费者的重视，成为消费者判断商品价值的重要指标。

三、新关系营销

随着世界一体化进程的加快，网络将人们的社交及生活圈变得越来越小，各个行业的界限也越来越模糊。根据"六度空间理论"（又称小世界理论），两个陌生人之间所间隔的人不会超过六个，所以只需通过五个中间人，就可以认识世界上任何一个你想要认识的人。这听起来是一件不可思议的事情，但这却是经过多次验证的真实结论。这个有趣的理论在世界范围内引发了广泛的关注和探讨，直到现在仍具有很高的关注度。

六度空间理论表明，即使陌生人之间也存在着"近距离"的关系，这对市场营销具有重要启发。20 世纪 80 年代，得克萨斯州 A&M 大学的伦纳德·L. 贝瑞（Leonard L. Berry）教授在美国市场营销学会的一份报告中最早对"关系营销"下了定义，认为"关系营销是吸引、维持和增强客户关系"。之后其又给出了更加全面的定义，认为"关系营销是为了满足企业和相关利益者的目标而进行的识别、建立、维持、促进同消费者的关系并在必要时终止关系的过程，这只有通过交换和承诺才能实现"。工业市场营销专家巴巴拉·B. 杰克逊（Jackson B.B.）从工业营销的角度将关系营销描述为"关系营销关注于吸引、发展和保留客户关系"。摩根（Morgan）和亨特（Hunt）从经济交换与社会交换的差异来认识关系营销，认为"关系营销是旨在建立、发展和维持关系交换的营销活动"。顾曼森（Gummesson）则从企业竞争网络化的角度来定义关系营销，认为"关系营销就是市场被看作关系、互动与网络"。

现在，人们普遍认为，所谓关系营销，就是把营销活动看成企业与顾客、供应商、分销商、竞争者、政府机关及其他公众发生互动作用的过程，其核心是建立和发展与这些公众的良好关系。尤其是在移动互联网时代，关系营销显得尤为重要，无论是微信、微博的社群化传播，还是直播、网络红人的宣传，都是建立在各种"关系"之上的。在"分享经济"和"共享经济"的环境下，"共享"与"共赢"成为当今时代的主旋律，所以在"体验""分享""传播"的标签下，一些简单的关系营销已没有时代特征并且不具备竞争力。在这种形势下，双迪预见性地提出了"全关系营销"理念。

双迪在探索新零售的发展渠道中，从最初的广告营销、科普营销再到三维服务营销，经过10多年的创新发展，以直销为表现形式，开启了全关系营销新时代。在双迪的全关系营销中，"全关系"指的是人与人、人与社会及人与自然的关系。在这些全关系中，企业形成一个特定的关系网，而网的最中间就是企业自身。并且，双迪以全关系营销为载体，让消费者从体验健康变为分享健康，成为受益者。

在双迪的全关系营销中，消费者、员工、老板、企业成为同一圈子、同一链条上的合伙人，实现信息的共创与共享。全关系营销的过程既能使消费者收获健康、彰显价值，又能帮助消费者实现人生梦想、获得可持续的财富。直销是建立在人际关系基础上的营销。然而，人际关系是相对的，全关系却是绝对并无处不在的，任何一种行为、方式、方法、模式都在全关系之中。在全关系营销中，可以实现全员消费、全员销售。

双迪在这种全关系营销中，遵循了经济发展的客观规律，不仅开创了新的发展理论，而且在实践中探索出了独特的方法论，让全关系营销与直销有机结合，开创了营销新模式，成为推动健康中国和全球大健康产业发展的重要助力。

在倡导服务型社会的背景下，新零售的话语权从品牌商、渠道商的手中逐渐落入消费者与员工手中，消费者与商家的关系也从"交易型"转变为"关系型"，商家与消费者关系的转变开启了新零售营销背后的关系转变。服装品牌优衣库作为全球性的服装零售商，在商圈革命、业态革命、顾客关系革命的转变中，就是一个非常成功的案例。

优衣库在新零售的转变中，将自己定位为"全世界服装第一品牌"，在严格把控服装次品率的同时，以低价格、高档次的方式打开市场。在"智能+"的趋势下，优衣库重新定义零售理念，从传统零售转向无缝零售。优衣库以找到顾客、提升顾客体验的方式，强化与顾客的关系。

首先，优衣库通过官网、天猫、实体店等多种渠道与消费者建立多维的联系，灵活运用线上线下的优点，以线上下单、线下体验的方式，将线上客流引至线下，形成自己品牌的营销模式，加强品牌与消费者之间的关系。优衣库还充分利用微信互动，通过趣味游戏、H5 页面、附近的人、微信卡包、抢红包等方式，加强商家与消费者之间的联系。同时，消费者也可以通过优衣库的电子 POP 优衣"码"查询产品的颜色、尺码和店铺的相关信息。

其次，优衣库运用智能化手段装饰线下门店，通过店面的橱窗设计、商品陈列方式等细节，带给消费者良好的感官享受，并设置独特的服务体验，提升消费者对店铺的印象。在发展中，优衣库已经突破传统单纯卖货的零售阶段，转而以品牌精神和用户体验来吸引消费者。新零售的特点之一就是注重线上线下的融合发展，实体店面作为零售企业接触消费者的直接阵地，是最亲密的服务消费者的场地。同时，具有吸引力的店面布局是最能引发消费者好感也最能打动消费者的入手点。优衣库正是抓住了这一点，不仅注重密切培养与消费者的关系，还非常看重与其他品牌的关系培养。以科技为入手点，优衣库在科幻大片《星球大战：原力觉醒》即将全球上映之时，抓紧时机，与迪士尼合作推出 Star Wars（星球大战）系列产品，将大片主题与服饰完美结合。这一合作，不仅让优衣库的粉丝量大增，也大幅度提升了优衣库品牌的口碑和销量。除此之外，优衣库与惯常迭代的科技产品一样，每一季都为产品提供技术支持。

最后，优衣库在与消费者及其他品牌商建立多重联系之后，注重强化与他们之间的关联，并通过多渠道建立个性互动。优衣库以品牌口碑和粉丝用户作为品牌的第一生产力，曾融合线上线下销售渠道，推出一个名为"创作你的最优短片"的活动。在活动中，消费者可以上传自己的照片并挑选喜欢的颜色及特效组合制作视频短片，经过其他用户投票，获胜者可以免费获得企业的服饰产品。该活动一经推出，在一个月内，参与人数就已经突破两万人，随着活动日渐火爆，最后达到数百万人共同参与的盛况。此外，优衣库在多种跨界玩法中，将服饰与美食、音乐等完美融合，推动了粉丝数量的不断增长。

在数字化和智能化时代，线上流量与线下实体店各具优势，对于零售企业来说，打通线上线下无疑是打通了商业运转的"任督二脉"。因此，新零售在智能环境中的发展趋势是明确的，企业的使命就是将产品的优势发挥到最大，实现产品销售的线上线下渠道融合，并借助智能化手段将销售网络系统完善。在新零售环境下，企业要高度重视和充分利用新关系营销，借助大数据、人工智能手段，发展包括同行及消费者在内的关系，加强与消费者的沟通联系，从而达到良好的营销效果。

四、新折扣营销

不管是传统零售还是现代零售，最基本也最原始的零售手段就是折扣营销了。在零售中，打折的方式最能吸引消费者，也最能引起消费者原始的消费冲动。因此，许多商家都将打折作为营销商品的终极手段。当然，这一手法也是一种屡试不爽的营销方式。

最早的大型折扣营销当数国外的"黑色星期五"了。对于"黑色星期五"，最普遍的说法就是，由于西方感恩节（每年 11 月第四个星期四）后商家开业的第一天，人们会为圣诞节进行大采购，因此许多商店都会因为大量消费者的光顾而有大额进账。而在美国，人们大多用红色墨水的笔表示赤字、黑色墨水的笔表示盈利，所以把感恩节后的这个周五称为"黑色星期五"，代表商家希望在这一天会有更多的盈利。

现在，国外的商家会在"黑色星期五"购物日开始前的几个星期逐渐放出一些折扣信息来吸引大量消费者的注意力，让消费者提前关注商家动态。其中，一些大型企业如亚马逊（Amazon）、eBay、塔吉特（Target）、沃尔玛（Walmart）和好市多（Costco）等，都会在"黑色星期五"购物日之前，不同程度地透露各自的折扣优惠信息。大部分商品都会提前提供折扣价，包括玩具、电器和电子产品等许多优惠物品。这些优惠价十分吸引人，很难让消费者理性消费。但是，这些商家在释放折扣信息时，并非一股脑地全抛出来，而是有所保留，随着时间的推移循序渐进地推出优惠活动，让消费者在慢慢了解的同时持续关注商家的信息，从而抓住一部分潜在消费者。

比如，亚马逊在零售中，利用线上零售手段，在网站推出"黑色星期五商店"，为企业的高级会员提供 30 天的免费试用权益。只要是亚马逊的会员，就可以享受两天到达的免费配送服务，会员还可以提前 30 分钟获得新的亚马逊"黑色星期五"优惠。在"黑色星期五"购物日活动中，亚马逊的折扣普遍在 2～5 折，还有各种优惠券，让消费者花最少的钱买到最优惠的商品，实现买卖双方的共赢。

eBay 一般是在进入 11 月后推出"第一分钟"交易活动。作为提供一系列电子产品和家庭用品折扣的电子商务中心，eBay 以 30%～60%的大幅度折扣来抓住大量消费者，在"黑色星期五"购物日大幅度提高商品销量。

在塔吉特 2019 年推出的"黑色星期五"宣传活动中，消费者可以以在线购物的方式享受到一定的折扣。消费者在线购物时不仅不需要支付运费，还没有最低消费额限制，并且塔吉特支持无条件退换任何货品。持有

REDcard（塔吉特会员卡）的消费者每天还有机会额外享受在线和线下店内所有订单 5%的折扣。此外，塔吉特不仅推出了折扣活动，还推出了部分游戏机买一赠一、桌面游戏机买二送一的买赠活动，可以让消费者和朋友一起拼单购买，以较低的价格买到超值的商品。

沃尔玛以假日特价的"开幕式"打响了 2019 年"黑色星期五"购物日的第一枪。早在活动开始之前，沃尔玛就已经通过优惠活动在线接单，同时拉拢消费者，超过 35 美元的订单提供两天内免费送货到家服务。沃尔玛虽然会推出一系列的折扣活动，但在"黑色星期五"购物日之前却不会正式发布官方优惠广告。不过沃尔玛的优惠力度也是巨大的，在吊足消费者的胃口后，才会让消费者尝到大甜头。

好市多作为美国大型的商品批发中心，在感恩节之前也不会真正提供"黑色星期五"购物日的折扣，但会相应延长优惠日期，一般会延长两到三天，让消费者可以尽情地购买自己心仪的商品。并且，好市多在销售商品时，会附加一些赠品或者捆绑销售，如部分相机与航拍无人机配套减 100 美元，还有一些商品的捆绑套装包含三个月的游戏通行证和额外的商品抵用券等，好市多通过这些手段来提高销售额。

"黑色星期五"购物日作为西方的购物传统，已经延续多年，并且随着经济的发展和人们生活水平的日益提高，销售额也在逐年增长。

近年来，中国也有类似于"黑色星期五"购物日的节日——"双 11"购物狂欢节。"双 11"最初称为"光棍节"，是流行于年轻人之间的娱乐性节日，单身青年以自己仍是单身一族为骄傲。由于这一天是 11 月 11 日，四个阿拉伯数字 1 形似四根光滑的棍子，所以称为"光棍节"。

后来，一些商家关注到这些单身群体，以为单身群体送温暖为噱头，推出一些优惠活动来进行商品的营销。电商将这一噱头运用到网络促销中，在每年 11 月 11 日这天推出大型的优惠活动。2009 年 11 月 11 日这天，淘宝商城（天猫）举办网络促销活动，众多线上商家参与促销。从此开始，每年的 11 月 11 日就成为天猫举办大规模促销活动的固定日期。2009 年之前，11月11日还只是"光棍节"的一个代名词，那时的天猫还叫作淘宝商城。2009年的"双11"，只有27个品牌商参与活动，全天的销售额只有5200万元，但谁也不会想到，2009年的那场促销会成为开启电商行业全新时代的一个重要时间点。经过10多年的发展，如今的"双11"已成为中国电子商务行业的年度盛事，并且逐渐影响到国际电子商务行业。

在2019年的"双11"购物狂欢节中，天猫"双11"在开场的14秒内，销售额就突破了10亿元；仅仅1分36秒，成交额就突破100亿元；17分06秒，成交额超过571亿元（超2014年"双11"全天成交额）。2019年天猫"双11"的全天销售额为2684亿元，与2018年的2135亿元相比增长了26%。这一结果被《华盛顿邮报》、CNN、路透社、美联社、彭博社等外媒纷纷报道，并且有报道评价称：根据中国"双11"的交易额数据，"双11"显然已经远超西方国家的感恩节和"黑色星期五"购物日，成为国际上最大的购物节日，震惊全世界。

如今的"双11"之所以能如此受欢迎，是因为在这天，几乎所有线上零售的商家都会参与打折促销活动，并且打折力度非常大。商家在"双11"活动之际，不仅会降低商品本身的价格，推出满赠、满减的活动，而且在打折的基础上会发放优惠券、红包等福利，以各种方式来吸引顾客。不只是普通的商家会推出优惠活动，就连平常的大牌、奢侈品品牌也会参与打折活动，并且活动力度相比于普通商家来说更大，所以更能受到消费者的青睐和追捧。

天猫"双11"常见的活动一般是满减、买赠、打折及搭配套餐式的捆绑销售等。消费者还可以通过与自己的好友组建团队的方式，抢得天猫发放的"双11"购物津贴，所得到的购物津贴可以直接在购物时抵扣相应的金额。天猫在"双11"活动中，通过好友裂变的方式提高宣传活动力度，让毫无兴趣的消费者在好友的作用下，逐渐被好友成功"安利"。在这些各式各样的优惠活动中，天猫还会不定时发放优惠券及发起抢红包活动，让消费者从商家与天猫两边都能获得或多或少的优惠。

继"双 11"之后，各大电商又推出"'双 12'购物狂欢节"。"双 12"顾名思义是每年 12 月 12 日，延续"双 11"的"全民疯抢"活动。"双 12"的活动力度和影响度虽然不比"双 11"，但还是有许多商家参与。在 2017 年的"双 12"，苏宁易购携手苏宁金融在线下门店开展 4999 元免单活动，线下消费者可以享受"以旧换新"服务。2017 年的"双 12"，苏宁以旧换新活动大获成功。

虽然在现代社会，很多消费者最注重的已经不是价格、折扣这些方面，而是消费体验，但折扣仍然是吸引消费者消费的重要原因之一，否则"双 11""双 12""黑色星期五"这些购物狂欢节的成交额也不会如此之高，每年的活动浪潮也不会如此引人注目。因此，即使在新零售的环境下，在打通线上线下、利用科技手段的同时，也要注意运用价格优惠手段，折扣营销依然是吸引消费者的重要营销手段之一。

五、新全球营销

在经济全球化趋势下，各国都在进行频繁的贸易往来，世界经济日益成为一个紧密联系的整体，销售业也逐渐进入全球营销的时代。

全球营销，就是企业以全球为市场展开的营销活动。随着科技的迅猛发展，国家与国家在商品之间的界限逐渐模糊，时空距离迅速缩小。有一个表现全球营销的经典案例：美国的企业人员可以开着德国宝马车，去中国的茶馆，与用着芬兰诺基亚手机的日本企业人员，商谈资金流动的事宜。

从辩证的角度来说，全球营销在让企业获得成功的同时，也带来了一定的风险。虽然如此，如今还是有很多企业，突破重重压力在全球营销上获得了很大的成功。全球轮胎科技领导者——法国米其林轮胎公司，就是一个典型的例子。米其林轮胎的总部虽然在法国，但公司营销额的35%来自北美市场。

电商突破了传统零售的束缚，在互联网的转型中开发出多种新型的发展模式。依靠线上销售，电商突破了区域的界限，也逐渐让我国的零售业走出国门。正如互联网让全球"变小"了一样，电商的出现在扩大全球经济贸易圈的同时，也拉近了各国之间的距离。中国的跨境电商在经历过一段时间的快速发展后，目前已经进入稳定发展阶段。随着新一轮零售革命的兴起，跨境电商开始推动自身变革，向新零售的发展模式靠近。

在这样的背景下，跨境电商在展开零售行业新布局的同时，企图通过新零售进行新一轮的"卡位"。在"智能+"时代，对传统商业领域进行生产、消费的智能化改造，以数字化运营提高效率，用技术创新商业模式继而创新行业价值，已经成为大势所趋。由于消费升级，新零售得到了快速发展，线上线下渠道深度融合已成为主流的零售业态。新零售通过打造消费闭环，为消费者提供更好的消费体验，满足消费者对品质与体验的需求。

进入2020年后，中国跨境电商行业开始变得更加成熟，逐步由粗放式发展的1.0阶段过渡到品牌出海的2.0阶段，跨境电商市场仍保持高速增长态势，越来越多的国际新兴跨境电商市场不断向中国开放，中国众多企业和品牌也逐步走向国外，走向全球。欧美等主流跨境电商市场体量非常大，目前还远远没有达到饱和的状态。中国跨境电商作为全球零售行业的一部分，在2014—2019年，电商出口总额增长了近3倍。中国的中小企业纷纷抓住机遇，积极借"出海"实现业务转型，并利用全球电商平台资源，紧抓在全球范围内发展企业的机会。

依靠一些国外电商平台，中国不少企业以入驻的方式打开了国外市场，成为跨境电商中的一分子。2019年，亚马逊在全球卖家高峰论坛上发布了《2019亚马逊全球开店中国出口跨境品牌百强报告》，包括Anker、傲基、波司登、李宁、特步等多个企业在内的品牌均入榜。早在2000年，为了让消费者有更多的购物选择，亚马逊就为第三方企业开放了自己的平台，让第三方商家可以在亚马逊平台上售卖商品。亚马逊在包括中国在内的多个国家开展了"亚马逊全球开店"项目，致力于通过企业打破地理位置的限制，直接触达亚马逊全球的庞大客户群。据亚马逊官方统计，截至2017年，第三方卖家业务就已经是亚马逊的第二大收入来源，仅次于零售业务；亚马逊2018年总销售额的58%都来自第三方卖家（主要是中小型企业）。

同样，作为中国开创性电商平台的阿里巴巴，也在跨境电商飞速发展之际，布局海外市场，占领海外资源。阿里巴巴目前已在包括俄罗斯、澳大利亚、墨西哥、中东、东南亚、印度等地的市场取得了不错的成绩。例如，阿里巴巴整合多方资源，打造了一个社交电商平台——俄罗斯天猫（tmall.ru）。该网站的天猫商品以自营为主，于2017年10月正式投入运营，并在2019年推出独立App。

阿里巴巴对东南亚最大的电商平台Lazada和印度最大的电商平台Tokopedia都有投资，并在马来西亚政府的支持下，打造了全球首个eWTP试验区——数字自由贸易区。阿里巴巴还在澳大利亚推出云服务和支付宝，建立各种伙伴关系。

阿里巴巴紧抓"一带一路"的发展机遇，建立了以电子商务业务为核心的全球跨境电商体系，实现了全球跨境电商的全面布局。《关于跨境电商零售出口税收政策的通知》《电子商务法》《关于促进跨境电子商务健康快速发展的指导意见》等政府的指导帮扶工作，成为推动中国跨境电商安全、快速发展的坚实力量。2018年，"一带一路"沿线国家在天猫国际平台上的商品销售总额增长了120%。

跨境电商通过当今智能手段的赋能，在新零售的起点上重新出发，打通国际市场后缩小了全球零售企业之间的距离，为全球消费者提供了优质化的服务。跨境电商在拓展发展空间时，虽然困难较大，但相应地也会带来很多企业效益，影响是双向的，且利大于弊。因此，许多国家的跨境电商可以在多方合作中达到互利共赢的状态。

在全球营销中，跨国公司以在两个或两个以上的国家开展营销活动为主要特点，企业以跨国公司的形式进行营销是全球营销的重要特点。跨国公司在研发、生产、服务、营销和财务等方面更具备优势，相比于单个国家的经营来说，跨国公司融合了多方面的优点与特色，更具备竞争优势。美国奥的斯公司作为全球知名的电梯制造商，在企业经营中，将整装产品的小零件分散到各个国家来制造。例如，电梯门系统从法国购买、电子组件从德国购买、发动机系统从日本购买，而美国本土只专注做系统组装。奥的斯公司全部销售额的80%来自全球海外市场，美国本土的销售额仅占20%。

20世纪80年代，奥的斯公司在中国成立了第一家在华合资企业——天津奥的斯电梯公司，这是中国大陆首次与奥的斯公司合作。天津奥的斯电梯公司同时也是美资在天津投资的第一家合资企业。跨国公司不同于单国经营公司，奥的斯公司为了大范围地占领电梯市场，必须以更有效的模式来满足不同市场的需求。因此，在后续的发展中，奥的斯公司对中国每年都有投资，奥的斯电梯投资有限公司（中国）分别在天津、北京、上海、广州、杭州、西安及苏州设有七家合资企业，拥有近7000名员工，是中国强大的电梯和扶梯的生产商与服务商。随着在中国的发展，奥的斯公司逐渐成为具有较强竞争力的跨地区、跨行业和跨国经营的大企业集团。

跨国集团在发展企业产品时，也能带动经济发展，为人们的美好生活提供物质保障和精神支持。中国的万达集团作为世界较大的跨国公司，自1988年创立以来，就形成了以商业、文化、地产、金融为主的四大产业，在世界范围内都有着较深远的影响，并且在后续的发展中，万达推出以网络科技为基础的"实业+互联网"的大型开放型平台公司，通过大数据、云计算、人工智能、场景应用等技术助力实体产业实现数字化升级，为消费者提供生活圈的全新消费服务。此后，万达通过收购、并购等手段壮大企业。在2014年，万达与百度、腾讯合作，成立电商公司，在实体产业链条上采用O2O的布局模式，以百度和腾讯的技术作为发展支撑。万达电商通过与腾讯、百度的合作，打通了线上线下资源，整合了多项互联网技术，创造出人工智能赋能的全业务管理平台，帮助实体商业向"智能+"的方向转型，促进实体商业更快更好地发展。

万达在跨国性的国际化战略中，首先采用并购的方式，对海外投资采取并购为主、投资为辅的手法，逐渐扩大市场份额。万达除跨国经营外，还在进行跨行业经营。在体育产业中，由于各种国际品牌体育赛事所有权、转播权都在比较权威的老牌企业或跨国企业手中，所以要想加入其中，必须先以买的形式获得所有权。万达从 2015 年年初起正式布局体育产业，1 月以 4500 万欧元收购马德里竞技足球俱乐部 20%的股份；2 月牵头并购全球著名体育媒体制作及转播公司盈方体育传媒集团 100%的股份；紧随其后收购美国世界铁人公司（American Multi-Cinema，WTC）。

此外，万达采用相互关联的国际化战略，提高产业之间的关联性。一方面，万达采用与现在产业相互关联的模式，对在国际中已经在做的产业加强关联性，增进知识积累和人才储备，并了解整个行业的状况。另一方面，不管是万达的跨国并购还是投资项目，都要求企业内的业务能移植到中国地区，在中国可以获得更好更快的发展。例如，万达自 2015 年对体育公司 WTC 并购以来，不到半年时间就使铁人三项比赛在中国的厦门、合肥等地落地。在此之前，在中国，从事此项运动的人极少，14 亿人中只有 200 多人；经过万达的推广，在短期内就有几十万人参与其中，从而提高了公众对这项体育项目的关注度。全民健康、全民跑步的时代正在来临，体育项目逐渐获得越来越大的发展空间。

万达在发展跨国公司时尤其注重使用本土人才。万达在并购美国 AMC 时，考虑到 AMC 是电影终端渠道，美国政府对这类公司的并购有一定的限制，所以万达在并购 AMC 后，在变与不变之间有一个良好的衡量空间和尺度。一方面，一切都没变，AMC 这家公司，名字没变，管理层没变，经营地点也没变；另一方面，一切又都变了，公司已经发生了深刻的改变。万达在并购 AMC 时，将公司原本的管理层原封不动地保留下来，使之更好地工作。通过这种方式充分调动员工的积极性，让公司在看似没变但一切都变了的经营中发生了质的改变，仅仅一年就成为上市公司。通过对 AMC 的并购及管理，万达在充分保留被并购公司管理团队的同时，以使用本土人才的方式，调动员工的积极性，而不是空降管理人员来打乱企业原有的节奏。

衡量一家企业是不是跨国企业，除了看其海外收入有没有超过 30% 这一核心指标，还有一项衡量标准就是有没有国际业务。因此，真正的跨国企业不仅要规模足够大，而且要有雄厚的资金，至少是数百亿美元，这对于企业来说是不小的挑战。万达以其独特的并购风格，成为中国企业中，特别是民营企业国际化中的代表。在国际化进程中，万达虽然时间不长，但步伐较快，在全球的经营中取得了或多或少的成就，成功进军全球化的跨国企业行业阵营。

由此可见，全球营销虽然市场比较大，但竞争和压力相对来说也大。这就需要企业制订长远的发展计划，规划好运营模式，在营销中灵活运用智能化手段，实现全球营销战略。

在新时代，营销模式已不单单是一种发展手段或营销技巧，而是在新品牌营销、新体验营销、新关系营销、新折扣营销、新全球营销的基础上开拓的全新发展模式。这些发展模式在重塑营销道路的同时，也为智能化环境下的新零售探索了不同的发展空间。

第六章
重塑零售服务模式

新零售在重塑零售服务模式时,坚持以消费者为中心的零售理念,为其提供自助服务、送货上门服务及免费的线下体验等来提升其购物体验,将企业的服务理念贯彻到底,运用人性化、贴心式的服务达到营销目的。

在现代零售中，消费者除了注重商品本身的特性，更看重的是隐性服务所带来的价值。新零售在打通线上线下零售渠道之余，还致力于利用智能化手段提升消费者的购物体验。不管是为消费者提供自助服务、送货上门服务还是免费的线下体验等，都更多地体现了以消费者为中心的人性化服务方式。

一、自助服务

伴随着大数据、人工智能、物联网、区块链和 5G 等新兴技术的发展及零售市场精细化和智能化需求的不断上升，基于智能技术的无人值守、短时租赁等商业模式与零售行业深度结合，形成了具有零售行业属性的新零售自助服务模式。这种服务模式在降低部分零售行业成本的同时增加了零售商的收入，带动零售行业向数字化转型并走向精准营销之路。

在无人零售的风口下，新零售自助服务终端在世界范围内被快速推广、普及。例如，美国的亚马逊一直走在零售业的前列，在其推出的 Amazon Go 无人商店内，消费者可享受"即拿即走，免排队"的超前购物体验，因此 Amazon Go 一经推出便广受业界瞩目。自此，无人商店俨然成为全球零售业的新趋势。

亚马逊的 Amazon Go 与普通的零售店相差无几，店内商品的陈设与普通零售店也基本一致，区别较大的是整个店面呈现出的智能化应用，不仅简化了消费者结账的烦琐程序，还免去了消费者排队的苦恼。

Amazon Go 的购物流程虽然是自助式的，但并不复杂。消费者在进入 Amazon Go 购物之前，只需在智能手机上安装亚马逊的应用软件，注册一个亚马逊账号，然后在进入商店时打开该应用软件在入口处的人脸识别设施中确认顾客身份即可。在消费者购物时，Amazon Go 的摄像头能够根据消费者在货架前停留的时间长度，捕捉并记录消费者选择商品的时间及频率。店内置于货架上的摄像头也会根据消费者的手势判断该消费者是把商品放置于购物篮内，还是只看看就将商品放回了原处。

在消费者选购商品时，Amazon Go 门店货架上的红外传感器、压力感应装置及荷载传感器等设施，会对消费者购物信息进行处理，并将数据实时传输至商店的信息中枢。因为信息的传输没有任何延迟，所以消费者在选购完毕后就可以直接离开门店。当消费者离店时，传感器会扫描并记录下消费者所购买的商品，立刻生成其所消费金额的数据，在消费者账户里扣除相应的金额后，完成支付程序，结束支付流程。

相比于此前零售店的"挑选商品、排队等待结账、扫描支付码"等烦琐的程序，Amazon Go 的消费模式实现了消费者购买商品的最大化便利。在智能技术的支持下，Amazon Go 运用机器视觉、传感器融合、深度学习算法这三项当下最为热门的前沿技术，将新零售模式的步骤进行了简化。

从消费者的角度出发，判断其购买行为是一项极其复杂的工作。但是，从货架的角度来看这个问题就简单多了。Amazon Go 以此为出发点，通过货架前的摄像头，将采集来的消费者图像及数据进行多次对比分析，来判断消费者的消费行为，从而达到对消费者的精准营销，提升店面的自助服务水平。

同样地，瑞典新零售连锁咖啡品牌——Wheelys，在上海开设了一家无人零售店，该商店主要由应用程序控制。与 Amazon Go 相似，消费者在进入 Wheelys 零售店前，也需要在智能手机上安装一个允许访问该无人商店的应用软件。在进入 Wheelys 零售店后，消费者只需扫描自己要购买商品的条形码，在离店时使用信用卡支付就可以完成交易。

Wheelys 零售店之所以可以实现无人模式的自助化购物，是因为该商店是由一个名为"Hol"的全息商店助理智能控制的。该全息商店助理可以辅助消费者购买商品或者为其提供使用服务的说明。并且，Wheelys 无人零售店的屋顶还配备了四台无人机，消费者通过 App 在线订购商品后，无人机就会送货上门，将门店服务贯彻到底。

作为全球第二大便利店连锁机构的日本罗森推出的无人零售店也进入了试运营阶段。罗森无人零售店提供了火星兔子 App、微信公众号及罗森点点 App 三个入口，当消费者进入这三个入口后，系统会自动定位到消费者当前所在的门店。在罗森无人零售店内，消费者扫描所选商品的二维码，可以直接将商品放入自己的购物车内，待所有的商品选择完毕并确认无误后，系统会自动进入支付页面。在支付页面中，线上与线下的促销价和会员价同步，并在系统里直接显示出来，消费者确认无误后可以选择支付方式。支付成功后，消费者的手机里会生成一个聚合码，消费者在离店时将聚合码给工作人员扫描即可。

罗森无人零售店严格来说还算不上是无人零售，它只是将原本需要店内工作人员完成的工作交给消费者自助完成，以半自助式的零售手段来辅助商品的营销。购物的最后一个环节，还需要工作人员的参与才能完成。虽然相比于传统零售手段有些许的进步，但是因为系统升级程度不高，所以其与 Amazon Go 相比不算是完美的自助零售店。之后，罗森与松下电器公司合作，在日本的无人商店中推出了一个具有特殊功能的购物篮。消费者在购物过程中，将商品放进购物篮后，购物篮里面的扫描器就会自动扫描商品包装上的电子标签。在结账时，消费者只需将购物篮放在自动化柜台上，购物篮里的商品就会自动滑入购物袋内，节省了很多打包商品的时间。以此为灵感，零售市场中出现了一系列方便消费者的自动化设备。在这一过程中，RFID（Radio Frequency Identification，射频识别）标签技术发挥了重要作用。

日本除了罗森，还有全球最大的便利店连锁机构——7-11。7-11 在业务升级中也展开了在无人零售方面的布局。其流程是：消费者首先要绑定自己的信用卡等银行卡，在进入无人零售店后，消费者只需将需要购买的商品放进购物篮，然后将购物篮放到零售店专用的机器收银台上就可以瞬间完成结账。可以看出，7-11 的无人零售方案与罗森的解决方案极为相似，并且 7-11 的无人零售方案也引入了 RFID 标签技术。如果该技术方案成熟，相信在不久的将来，全球的 7-11 便利店都会加以推广应用。

除了国外的这些企业，中国企业在无人零售店方面也颇有成就，影响最大的就数阿里巴巴了。阿里巴巴在新零售方面的应用具有超前性，不仅引领着中国的零售业踏上新征程，而且作为新零售的领头羊，在新零售的应用技术方面也开拓出了新道路。

能与 Amazon Go 相提并论的是阿里巴巴旗下无人零售计划中的第一个应用场景——淘咖啡。淘咖啡自从在第二届淘宝造物节亮相后，就成为集商品购物、餐饮于一体的无人零售实体店。其购物流程是：消费者在首次进入淘咖啡门店时需要打开手机淘宝 App，使用手机淘宝扫码后获得电子入场码进店；扫码时，消费者在签署数据使用、隐私保护声明、支付宝代扣协议等条款后，把手机放在认证闸机上方进行验证，成功后即可进店开始购物。扫码后，消费者在之后的整个购物过程中就不需要再拿出手机了。在选购商品的过程中，消费者不仅可以在店内任意选购，还可在餐饮区点餐，这一流程与传统的购物相差无几。最后一步就是支付了，支付的流程是由一道"结算门"完成的。消费者在离店前必须经过"结算门"才可以完成离店。淘咖啡的"结算门"由两道门组成，当第一道门感应到消费者的离店需求时，就会自动开启；消费者走出第一道感应门后，淘咖啡的系统会自动识别并结算消费者所购买的商品，结算完成后，会语音提示消费者此次购物所花费的金额，并打开第二道感应门，消费者即可离店。

阿里巴巴的淘咖啡运用生物特征自主感知与学习系统、结算意图识别与交易系统及目标检测与追踪系统三大核心技术，来打造新零售的自助服务模式。从技术上看，阿里巴巴的淘咖啡与 Amazon Go 最大的不同之处在于结算方面：淘咖啡的结算方式是在特定区域内，对商品识别的同时完成对消费者身份的识别；而 Amazon Go 则是在货架上直接识别商品，然后完成结算。

可以看出，世界各国的零售业在人工智能的支持下，分别探索出了不同的自助服务模式，都十分重视利用新兴技术打造和完善无人零售店。其中，技术已成为无人零售店不可或缺的元素，技术通过赋能新零售，成为零售企业创新发展的最重要因素。

二、送货上门服务

现代零售业的服务模式与传统零售业有很大的不同。其中一点就是，在如今的零售业中，从出售家用电器的商家，到经营日常饮食、生活用品等的商家，都推出了送货上门服务。商家的送货上门服务不仅体现了通信、交通等应用技术的进步，更重要的是体现了现代营销文化、饮食文化的深刻变革，是智能社会中人们生活常态的呈现。

在传统零售中，商家提供送货上门服务的商品一般是床、冰箱、洗衣机、电视机等这类大件家用商品，并且一般是由消费者在实体店完成交易后，商家再为其提供配送服务的。这种传统零售的送货上门服务，严格来说是半自助式的送货上门服务形式。

随着大数据、人工智能技术的发展，人们的购物形式变得多样化，零售业的商家推出了不同的服务，为消费者提供各种各样具有吸引力的服务形式，送货上门服务也不再局限于大型家电商品。在零售革命中，以人工智能为载体的新零售应运而生后，送货上门服务也发生了巨大的变革。这种变革不仅体现在送货上门商品种类的多样化上，而且体现在送货上门服务打破了时空方面的局限上。

送货上门服务吸引了许多消费者的眼球。在互联网时代，网购在很长的一段时间内成为消费者的购物首选。相比于实体店时间、地点的局限性，网购则打开了购物世界的新大门。消费者不仅可以坐着、躺着买，而且可以在任何时间段买。因此，网购时代的消费率比以往任何时候都要高。科技作为一种不可逆的发展手段，让人们的生活更加智慧和便捷。因此，提供送货上门服务的商家范围逐渐在扩大，包括星巴克也推出了为消费者送货上门服务。

作为全球最大的咖啡连锁店，星巴克虽然对互联网业务反应比较迟钝，但近年来在进军中国市场并与阿里巴巴展开线上业务合作后，不仅在中国提供配送服务，而且陆续在美国的多个城市中推行试运行配送服务。星巴克宣布2020年与Uber Eats（优食）的合作计划，扩张其在全美及欧洲等地的线上外卖预订业务的版图。

早在2018年秋天，星巴克与Uber Eats在美国迈阿密进行了首次配送服务的尝试。试运行配送服务让星巴克对自己的发展更加有信心。因此，星巴克将这种配送服务形式延伸到美国11个城市，探索出配送服务的全新发展道路。

星巴克之所以推行这种发展策略，主要在于科技已经贯穿于人们生活的方方面面。星巴克和Uber Eats的合作，也将在创新和科技领域展开全面探索，并用人工智能让消费者对咖啡产生新的体验，同时在更深层面帮助消费者在休闲娱乐中释放压力，暂时放下工作，获得某种程度的放松。因此，星巴克和Uber Eats的合作，令许多消费者期待不已。

星巴克与Uber Eats合作，已经在美国的迈阿密、西雅图、波士顿、芝加哥、纽约、华盛顿哥伦比亚特区、旧金山、洛杉矶、奥兰治县、休斯敦和达拉斯等地提供配送服务。在Uber Eats应用程序中，星巴克的送货上门服务会在消费者下单后30分钟内完成，消费者可以实时追踪送餐员的位置来准确了解自己的外卖送达时间。星巴克通过特殊的包装设计来减少外卖配送过程中外界气温对冷热商品的影响。Starbucks Delivers 还给消费者提供多种定制选择，消费者可以在应用程序上超过 170 000 种的定制选择中，选择自己的饮料，享受独家配置手法带来的最佳口感和极致消费体验。

当然，除了美国市场，星巴克对亚洲市场也极为重视。2018 年 11 月，星巴克为日本市场中包括东京的三家、新宿的两家和六本木的一家在内的共六家实体门店提供外卖服务，开启了线上服务模式。与此同时，星巴克还计划进一步扩展在日本的外卖业务。这些外卖业务获得成功后，星巴克趁热打铁，宣称在未来三年内，每年都将在日本开设 100 家新店，将日本的门店数量扩充到 1700 家。

在 2018 年，星巴克就开始与中国"饿了么"本地生活平台开展外卖业务合作。同年 9 月中旬，星巴克开始在北京、上海等的重要商圈尝试推出外卖服务。星巴克配送服务在未进入中国市场之前，中国国内的一些咖啡品牌就已经开设了咖啡配送服务。其中，一些品牌以低价和补贴的方式已经在线下门店数量和整体销量方面与星巴克持平。

2018 年 10 月，星巴克在中国的一些城市推出了配送服务，并迅速将服务扩展到中国 30 个城市的 2000 多家门店。为了更好地进行服务和管理，星巴克与阿里巴巴建立了合作关系，制订出相关的业务发展计划，以促进星巴克在中国的数字化业务发展。

星巴克凭借阿里巴巴在中国的影响力，依靠与阿里巴巴旗下的外卖平台"饿了么"、超市连锁店盒马鲜生的合作，实现了在中国配送业务的扩张。此外，星巴克还在上海和杭州的两个盒马超市推出"外送星厨"试点，将盒马超市的每一个厨房按照星巴克的标准设计，使盒马超市在补充现有星巴克商店提供的咖啡和茶饮料以外需求的同时，将星巴克配送服务的规模和范围进一步扩大，让双方的合作达到了互利共赢的效果。

星巴克的忠实消费者主要为"80 后"，"90 后"只占据星巴克消费群体的近 1/5。随着消费群体的年轻化，星巴克也迅速调整战略以满足消费者需求。年轻消费群体对配送服务需求的增加和新兴线上品牌的竞争压力，对星巴克在咖啡行业中的地位产生了巨大影响，而星巴克与中国的阿里巴巴、美国的 Uber Eats 合作，也在朝着"移动化""网络化"的方向发展，以寻求最佳发展方式。

新零售线上线下的融合发展让实体店面再次重生。线下店面通过提供送货上门服务，让消费者感受到商家周到的服务。麦当劳作为全球大型跨国连锁餐厅，与 DoorDash 配送公司合作为消费者提供送货上门服务。DoorDash 作为连接商家与消费者的平台，与美团外卖、"饿了么"等有着异曲同工之处。DoorDash 与温蒂汉堡、肯德基和塔可钟等大品牌合作，在美国的家庭配送率高达 80%以上。

当今，科技手段在人们日常生活中的运用已经屡见不鲜。特别是无人机这种实用性强的高科技产品，在生活中的应用更是广泛。无人机不仅可以拍照和拍视频，而且还被一些零售商家用来为消费者提供送货上门服务。例如，美国的快递公司 UPS（United Parcel Service）作为一家全球性的公司，正在与 CVS（Convenience Store）合作开发从商店到家庭的交付服务无人机项目。这一合作关系是 UPS 无人机业务子公司 UPS Flight Forward 在零售行业的首次试水。

京东利用无人机将商品配送至消费者家门的技术已经十分成熟。在无人机研发方面，京东已累计申请百余项专利，在飞行控制、主动避障、智能化和集群飞行等方面都积累了大量专业技术。在科技的赋能下，京东自主研发出多款机型用于提供日常配送服务。

截至 2018 年 7 月底，京东无人机已经在陕西、江苏、青海、海南、广东等地开展了常态化配送，无人机飞行的总里程超过 20 万千米，积累了大量运营经验和数据。另外，京东还在陕西省获得了覆盖全省范围的空域批文，成为首个在省级行政区范围内进行无人机物流配送的国家级试点企业。京东无人机将商家与消费者连接在一起，节省了配送的人力、物力，在优化配送路线的同时，带给消费者良好的购物体验，相比于之前的配送方式有较大的优势。

中国在送货上门方面的服务，在世界范围内都处于领先水平。这些送货上门服务在为消费者提供优质服务的同时也拓宽了商家的经营渠道，展现出新零售线上线下融合的优势，让新零售在人工智能的应用中以人性化色彩展现出智能新时代的活力。

三、人性化服务：以消费者为中心

以消费者为中心是新零售的又一大突出特点。自新零售概念被提出后，在几年的时间里，以新零售为营销导向的商家也如雨后春笋般接连出现，如永辉超市、叮咚等。

虽然有许多商家的营销方式在向新零售靠近，但是也有不少企业在布局新零售之后一直没有找准其未来的发展方向，导致一些业内人士对新零售是否真的是零售业未来的发展趋势产生怀疑。盒马鲜生作为最早专注于新零售的商家，其阶段性成绩让投资者及消费者看到了新零售的巨大潜力。

因为当初新零售被提出时只是作为一个概念，所以许多企业在向新零售转型的过程中走了不少弯路，零售商对新零售的发展方向仍不明确。为此，2017年3月，阿里巴巴研究院对新零售做出了明确定义，即新零售是以消费者体验为中心的数据驱动的泛零售形态，实质上是从"货—场—人"到"人—货—场"的转变。这一定义明确地体现出新零售以消费者为中心并满足其需求的本质，让许多商家在转型时找到了方向，同时也突出当今新零售以消费者为中心的发展重点。

宝洁作为一家拥有100多年历史的企业，其品牌在世界范围内广为人知。作为全球零售企业，规模越大肩负的社会责任也就越大。宝洁在追求自身成长的同时也在不断履行社会责任。宝洁的企业公民框架是基于联合国2030年全球可持续发展目标制定的，该框架涉及人类发展的方方面面，宝洁因此制定出"使命2030"可持续发展目标。

宝洁作为一家服务大众型企业，依靠产品和品牌来履行企业的社会责任。宝洁自30多年前进入中国市场以来，旗下品牌产品每年触达的中国消费者超过10亿人。宝洁之所以覆盖面如此之广且能成为消费者心目中的坚实品牌，除注重产品本身之外，更重要的是把消费者看作生意的核心、营销的核心。宝洁尤其注重消费者本身，从而开拓出以消费者为中心的发展模式。

从数字化时代的品牌营销来看，企业要想取得良好的营销效果，不止要靠自身经营，关键要与消费者共同创造。在以消费者为中心的营销过程中，宝洁于1923年成立市场研究部。该研究部每年在60个国家和地区研究500万名以上的消费者，开展15 000个调研项目，花费数亿美元用于市场调研，以此来全面了解消费者，为消费者提供更好的服务。宝洁在中国市场研究团队的人数已超过100人，该团队已创立包括消费者研究和调查访问的质量标准。

除了建立市场研究部，宝洁还建立了"消费者村"来研究消费者的购物习惯。宝洁根据实验得出商店和家庭是研究消费者最好的场所，因此，根据这一思路在美国俄亥俄州辛辛那提市郊工业区建造一个超市，作为研究消费者的场所，这个超市被称为"消费者村"。宝洁"消费者村"的面积不大，内部的货架上只简单摆放一些宝洁的产品，商品的种类也不多，只是一些肥皂、洗发水、护发素、洗衣粉及牙膏等日用品。"消费者村"没有导购员、收银台，只有一辆超市购物车停靠在一个角落。由于"消费者村"并不是正常对外营业的门店，而是宝洁消费者研究机构的一个组成部分，所以只供消费者参观，参观后管理人员会马上将房门关闭。"消费者村"是宝洁专门研究消费者购物习惯与消费心理的场所，研究成果将为公司产品和服务方面的创新提供重要的参考依据。此后，宝洁在中国斥巨资建造了全球最大的创新中心，于2010年在北京顺义成立。在创新中心，宝洁还专门设立名为"消费者之家"的特殊区域，内部的许多测试产品都是5~10年后才上市的新品。宝洁管理人员认为，要了解和理解消费者，仅仅掌握研究技巧和做好研究工作是远远不够的，公司还必须将消费者置于整个公司及其品牌战略的中心位置。

宝洁同时保持着传统的家访式调研，并用大数据积极探索与分析。宝洁在家访调研过程中，仅通过与消费者的简单谈话很少能获得真实有用的信息。因此，为了深入了解消费者的需求，宝洁的研发人员会与消费者实际相处一段时间，从而对消费者所面临的问题和实际需求掌握得更加透彻清晰。宝洁与百度共同成立联合实验室，致力于研究消费者的数据和行为。在双方的合作中，百度根据消费者最真实的消费行为数据，运用多维度研究工具帮助宝洁探索消费者画像，并找到消费者在地域、兴趣爱好等背后的关联信息。这些信息只是宝洁消费者调研中极小的一部分，宝洁大部分的调研是在大型建筑以外的其他地方及网络上完成的。并且，宝洁调研人员的足迹遍及中国大部分城镇、乡村，甚至亚洲其他国家。

更重要的是，宝洁还举办一些活动让消费者参与到产品的创新中。2007年，宝洁创办"联系与发展"英文版网站，将消费者需要解决的问题放在网站中，寻找相应的合作伙伴。中文版网站相继开通后，宝洁不仅在网站中寻找合作伙伴，而且也向消费者征集创新方案。截至2019年年底，宝洁中国区已有超过一半的研发项目是以上述方式完成的。其中还有一些创新产品在一些线上平台销售，宝洁通过网络收集数据信息，在与消费者联系后，进行更精准的调研。

提高消费者对品牌的参与度是新零售的特点之一。消费者对品牌的参与可以拉近消费者与品牌之间的距离，提高消费者对产品的了解程度。对于零售企业而言，"以消费者为中心"就是企业通过不断的创新和研究来满足消费者需求。显然，对于企业来说，运用传统的营销方式是难以达成这一目标的，而新零售从以销售产品为中心转向以消费者为中心，注重对消费者本身的服务。这一点，在服装品牌阿迪达斯中也有所体现。

阿迪达斯是一家运动用品制造商，由阿道夫·阿迪·达斯勒于1949年在德国创办，主营球类和田径类运动服饰、运动鞋、瑜伽服饰、运动配饰（腕表、眼镜等）、休闲鞋类、男士香水和护肤品等。阿迪达斯在新零售的转型中，采用以消费者为中心的数字化优先战略。阿迪达斯作为运动休闲服饰、运动鞋和时尚领域领导者，在智能化环境下，通过定制设计业务和把消费者作为公司一切工作的中心，开拓出制造业和零售业的全新发展空间。阿迪达斯在打造差异化体验的同时，识别出关键的消费者群体，并根据消费者的需求规划出适合自己的发展路径。

阿迪达斯注重网站平台，通过平台为消费者提供优质商品和个性化体验。阿迪达斯的线上网站作为数字化平台的重要部分，在确保品牌数字化的过程中，将企业理念蕴含于数字化工作中。同时，阿迪达斯还致力于通过体育改变人们的生活，以数字化运营建立品牌与消费者的关系来实现这一目标。在品牌数字化的过程中，阿迪达斯以网站作为重点，Salesforce则是实现公司数字化转型的重要合作伙伴。

在传统零售中，消费者主要以实体店为购物渠道。随着电商的兴起与发展，线上购物逐渐成为主流的购物方式。新零售作为零售业发展的新阶段，将线上线下购物模式打通，以网站作为主导渠道的同时也注重实体零售店的数字化转型。数字化转变是阿迪达斯近距离接触消费者和解读消费者的机会。

在Salesforce的助力下，阿迪达斯为1000余名护理代理人员提供服务，并运用消费者喜欢的形式提供更快、更智能的服务，在为消费者服务的过程中也逐渐加深了对消费者的了解程度。Salesforce还为阿迪达斯收集相关的数据，使其调整规划以便尽可能地接近消费者所需要的东西。除了简单地向消费者展示信息和内容，阿迪达斯还利用其对消费者的了解并通过Commerce Cloud（电商云）获得的消费者个人偏好，创造出更好的产品，在更多情况下实现定制功能，为消费者提供良好的消费体验。

在阿迪达斯推进的以消费者为中心的数字化战略中，Salesforce 平台成为不可或缺的一部分。通过 Salesforce 创建的数字界面，阿迪达斯实现了与消费者的良好互动，也走上了以消费者为中心的转型之路。

宝洁与阿迪达斯作为全球性企业，在新零售环境下，在研发产品及运用智能化经营手段的同时，也充分利用大数据与人工智能等技术实现企业以消费者为中心的管理。在新零售中，以消费者为中心体现的不仅仅是企业的服务态度，还显现了企业对消费者的认同度，从而实现企业将最终服务落实到消费者的经营目标，构建全新的企业服务模式。

四、体验式服务：免费的线下体验店

线上线下的融合发展是新零售的一大特点，新零售通过线上渠道销售商品来带动线下实体店的发展，线下实体店为消费者提供体验商品的场合。线下门店相比于线上渠道最大的优势就是，线下实体店不仅可以快速地让消费者买到自己想要的商品，而且能让消费者先了解商品然后再购买，购物流程具有即时性与接触性。在新零售环境下，线下实体店被赋予了新的含义，以全新的方式陪伴着消费者。

人工智能被应用于零售行业后，许多商家在全面运用智能手段实现零售目标时，除了将人工智能技术用于分析消费者和统计消费数据，还引进智能设备于实体店面内，为消费者打造体验式的购物模式。例如，周黑鸭和微信支付联手打造的智慧门店，极大地提升了消费者在线下门店的体验。消费者首次进入周黑鸭智慧门店时，需要打开微信，扫码注册账户，并完成人脸验证，之后就可以刷脸进店。在整个购物过程中，消费者都不用再拿出手机，包括付款时也不需要。除了刷脸进店，周黑鸭智慧门店其他许多智能设计也极大地提升了消费者的消费体验。例如，智慧门店收银台上的摄像头运用图像识别技术（该技术是具备深度学习能力的计算机视觉技术）可以快速高效地识别商品的种类并统计出数量和价格。这样，消费者在购买多件商品结账的时候，不需要像在传统门店那样一件一件地扫码，也不需要像在市面上普通智能便利店那样通过标签来识别，只需要将商品直接摆放在收银台上即可。付款时，消费者若已开通微信的免密支付，直接面对摄像头做出"点赞"的手势即可直接完成支付。结账自动完成后，消费者可在微信上查看消费信息。周黑鸭智慧门店的刷脸支付相比于传统的扫码支付更加方便。正是有了这种硬件设施，消费者对周黑鸭智慧门店的体验评价极高，认为"购物流程非常方便，充满未来感""吃周黑鸭，像从自家冰箱里拿出来一样方便。"

虽然当今智能技术的发展已经有了相当的高度，但计算机图像、视觉识别等技术研发难度大、成本高，所以在智能零售领域，只有类似京东、阿里巴巴、亚马逊等一些零售业巨头才真正尝试过。而周黑鸭与微信联手，通过智慧门店对人工智能和计算机视觉识别技术加以运用，推动了人工智能在日常生活中的应用与发展。同时，这也是周黑鸭智慧零售战略的正式启动。周黑鸭在传统零售中引入交互概念，打造未来生活场景，将创新贯穿于企业零售中并与科技产生"化学反应"，打造出更加新奇、个性化、有温度的消费场景，不断优化消费者的购物体验。周黑鸭与微信的合作是基于团队对行业的具体分析，在"人""货""场"三方面深挖的成果，并通过人工智进行全方位的考量与分析，探索出新零售智慧创新的更多可能。

周黑鸭继与微信支付合作之后，于 2019 年对门店创新升级，在武汉汉口的繁华商业老街推出会员体验店，作为传统与现代零售模式的碰撞与交流，这也体现出新旧商业模式的迭代与革新。

相比于传统门店，升级后的武汉江汉路二店——周黑鸭首家会员体验店，通过多元化的娱乐场景，打造出更加丰富的购物体验。周黑鸭会员体验店打破传统的隔着柜台购物的限制，以自主选购的模式让消费者喜爱的美食变得触手可及。店内除了有周黑鸭特色美食，还增设了会员体验机、娃娃机、咖啡机及24小时购物贩卖机，让线下零售更加有"温度"。周黑鸭会员体验店的彩妆娃娃机里，不仅有公仔玩偶，还有周黑鸭现金券及周黑鸭和知名化妆品品牌联名款"网红"爆款咬唇口红，而且近两年流行的"魔法盒子"元素也被融入娃娃机中。在会员体验店中间的收银区域，是环绕式的吧台自助茶歇及调酒区域。此区域融入"club"的元素，既可以让消费者自取美食和饮品，也可以让年轻人在这里举行聚会、派对等活动，充满着现代化娱乐意味。

周黑鸭在智能体验店的持续创新升级中，其深圳前海路的智慧门店应用了人脸识别、图像识别、深度学习及无感支付四项"黑科技"，并在结账环节通过无感支付实现无接触快速付款。周黑鸭一系列创新升级的最终目标是提升消费者的购物体验。周黑鸭推出的智慧门店与会员体验店就是提升消费者体验上的又一次全新尝试。通过不断的尝试，周黑鸭给消费者带来了更好的消费体验，建立起与消费者之间的良性沟通纽带。

阿里巴巴作为新零售的提出者与实践者，在推出盒马鲜生、淘咖啡后，又相继推出首个自建购物中心"亲橙里"。阿里巴巴亲橙里的总面积约4万平方米，相比于商业广场，亲橙里更像是一个社区型购物中心。在亲橙里，阿里巴巴以不同的方式再一次对新零售做出诠释。亲橙里的整个运营模式呈现出零售品牌与"大数据+智能"购物中心的融合发展特点。

阿里巴巴对亲橙里的定位是"新零售试验田"，尤其重视对零售自有品牌的探索。例如，天猫国际线下店、淘宝心选、天猫精灵生活馆、淘宝二次元•次V殿、阿里巴巴小厨、MISHOW、盒马鲜生等都是亲橙里的线下商家。阿里巴巴之所以建设如此巨大的商城，就是为线上零售店提供发展到线下的机会。天猫国际线下店作为新零售科技的"练兵场所"，在亲橙里开出第二家实体店后，选品和展示都采用自营形式，精选出天猫国际直营保税进口商品。相比于线上购物而言，天猫国际线下店从关注消费者体验的角度出发，为消费者提供了一个可以近距离了解自己所购商品的场所，极大地提升了消费者的购物体验。

阿里巴巴的自有品牌在线下发展中，应用科技为消费者提供旗下实体店的消费体验。在天猫国际线下门店中，设置有自助查询屏、自助派样等智能设备。在一些进口商品的使用说明中，许多用户由于语言不通，在使用商品时存在巨大的困扰。消费者通过店内的自助查询设备，可以查询到对应商品描述及在线用户的推荐。自助派样设备可以双向收集信息。当消费者在自助派样机扫码领取商品的样品回家体验后，商家可以获得反馈信息。在此过程中，双方都得到了利益。相比于其他智慧门店来说，天猫国际线下店更像是打通线上和线下门店的数据中转站，在打通线上和线下门店时，通过线下门店的商品实体化展示来升级消费者的体验。

天猫精灵作为阿里巴巴的智能语音助手，在汽车、智能家居中得到了广泛应用。在天猫精灵未来馆线下门店中，亲橙里推出的多次元交互空间，通过技术手段打造四个不同的场景，探索天猫精灵在多个领域的应用，充满现代感与科技感。

在亲橙里 X-SPACE 空间中，阿里巴巴以投影技术对整个空间布控，提供丰富的全景视觉体验，打造超现实的沉浸式体验空间。店内还有通过语音就可以在线上开启各种游戏的蓝牙 Mesh 声控墙、IOT 智能体验"声控"家居、把自己的声音录下来转化为声纹码制作明信片的克拉德尼空间——声纹邮局等。消费者走入这样一种奇幻的空间内，将被深深地震撼到。

自从阿里巴巴开设新零售体验馆，"刷脸消费""魔幻试衣""AR 导购""千人千面""零负担购物"等技术在大数据和人工智能的加持下，都"聚集"在亲橙里，呈现出线上线下融合发展的新态势。

在"刷脸消费"应用方面，除了可以通过人脸识别支付，消费者还可以通过"刷脸"免费玩商场的抓娃娃、免费打印照片、享受按摩椅服务，这在一定程度上延长了消费者在商场的停留时间。

在吸引线上线下的"粉丝"到实体店后，"魔幻试衣"通过阿里巴巴大数据在门店中接入人脸识别、云货架、互动大屏、虚拟全景试衣间等"黑科技"，不仅方便消费者试衣，而且使整个购物过程充满科技感。

在"AR 导购"应用方面，虽然现在不少商场的导购形式已经在逐步升级，但仍然很难像地图导航那样准确。与普通商场导购屏不同的是，亲橙里的导购屏会显示出二维码，消费者只要用手机淘宝扫码，就可以将导购屏的路线切换到手机上，通过 AR 技术导航到相应位置。

在"千人千面"应用方面，阿里巴巴运用"千人千面"工具，根据视频系统判断出不同客群的基本特征，然后根据不同用户的消费习惯，在室内的多个广告屏幕上播放对应的广告页面，实现广告的精准投放。

在"零负担购物"应用方面，阿里巴巴与顺丰合作，在消费者购物完成后提供寄递服务，既能满足消费者在购物完成后的其他消费行为（如吃饭、看电影），同时也能解决消费者寻找寄件渠道的痛点。

亲橙里作为阿里巴巴自有品牌的实体购物中心，在将线上品牌进行线下新零售试验时，与其他品牌一起探索实体店的发展之路，极大地提升了消费者的购物体验。阿里巴巴对新零售的探索也说明传统零售业向新零售的探索并不是一蹴而就的，而是在新与旧的不断博弈的过程中找到最适合的发展道路。同时，亲橙里也成为新零售品牌与传统品牌融合共生的范本，两者的差异化与共生共存相互造就了曲折发展的态势。

阿里巴巴作为新零售的探索者，为传统零售、电商零售及新零售的商家提供了发展的范本，也带领零售行业探索更加智能化的发展道路。实体店展示出对消费者感受的重视，增加了人性化设计，给消费者带来沉浸式体验。

在构建服务型社会的背景下，零售商家为消费者提供的服务在智能化技术的应用中逐渐全面化。不管是线上购物渠道还是线下门店，商家都在以不同的方式让消费者体验到零售的更多价值。

第七章 重塑零售管理模式

新零售对零售业管理重新做出诠释，包括对管理理念、管理制度、管理工具与管理程序的赋能，让新零售的管理手法在智能环境中展现出数字化与智能化的特色，推动了零售业的智能化管理。

自新零售概念被提出后，零售行业便开启了全新的商业模式。当今的零售商纷纷引进便捷、智能的新科技，如机械手臂、射频识别、智能监控、在线支付等。新零售利用大数据和人工智能等技术将零售行业推到了一个全新的发展阶段，除了营销手段，门店管理和品牌扩张也达到了前所未有的高度。新零售在推动企业实现社交化、智能化、云化、移动化的管理方面起到了举足轻重的指导作用，帮助零售行业重塑管理模式——不仅是管理理念的转变，更多的是管理制度的迭代、管理工具的更新和管理程序的升级，从而帮助企业依靠智能技术走向全方位的转型升级之路。

一、管理理念的转变

传统零售企业在向新零售转型时，一个最普遍的做法就是引进智能零售设备，许多零售企业在转型初期看重对硬件设备的布局。大数据和人工智能技术虽然最先被应用于店面的设置及后台程序中，但管理方面的智能应用也同样至关重要。

新零售的本质最终还是要回到"零售"两个字，并以此作为新零售的出发点和落脚点。新零售要创造出高效率的零售模式，就需要对"人""货""场"在管理方面进行重构。相比于传统零售，新零售在人效、品效和坪效方面的优势更加突出。尤其在"人"这一层面，零售行业不仅需要效率的提升，更重要的是要以全新的视角去看待劳动力，重新定义劳动力管理。特别是企业对待劳动力的管理需要转变思维方式，要采用全新的理念管理员工。

在过去，许多零售企业对劳动力的管理本质上就是提升个人在单位时间内的效率，这种管理模式令许多绩效低的员工最终面临被淘汰的局面。企业这种思维固化的管理模式令许多员工在工作中面临窘境。因此，传统零售业在新零售的转型中，首先要更新管理理念。一方面，重新定义后的劳动力管理（或者说现代劳动力管理），本质是向组织赋能，降低成本以增加效能。企业管理的核心不再是末位淘汰，而是以激励、培训或者将合适的人放在合适的位置等向组织赋能的方式，来提升员工的满意度。另一方面，从加强监督入手。例如，在一些零售行业的后台，企业在大数据和人工智能等技术手段的帮助下，让员工与客户之间的所有对话交流记录都透明化，以防员工在服务过程中因言辞过激而对品牌产生不利的影响。这样在提高客户对企业服务满意度的同时，可以有效监督员工的服务过程。在未来，企业可以引进区块链技术，通过区块链共享资源，以公开化的方式对员工进行多方面监督。通过多种形式的监督管理，企业无论在线下还是线上，都能保证对品牌的有效维护。

通过转变管理理念，企业在实行新式管理方法时反而比以前的督导方式更有效。人工智能对企业员工的监督，在最大限度上将网络督导的功能嫁接到企业的在线管理上。企业监督理念为线上管理提供了监督透明化的思路。在这种形势下，新零售管理督导也比传统零售更高效。企业管理理念的转变在很大程度上关乎企业转型的进度，也是传统零售企业在这个风云变幻的智能时代中走向新零售的必经之路。

因此，传统零售企业在向新零售转型时，首先要转变的就是思想观念。思想观念是企业向新零售成功转型的关键，必须与零售企业的业务战略保持一致。在重新审视和定义管理理念后，企业的工作岗位和劳动力效能组合模式得以优化，实现"人""货""场"组合的价值最大化。由此，零售企业要从劳动力的角度出发，以吸引、管理、激励、保留优秀一线人才队伍的方式延长优秀员工的"生命周期"，并根据零售行业的特点支持不同业务、不同岗位对劳动力管理的差异化需求；从企业综合管理的角度出发，使企业在新零售竞争中更好生存的同时，具备企业竞争的绝对优势，并在这个产业日益饱和的时代中独具竞争力。

一些企业迅速融入新零售浪潮中，转变管理理念，赢得了市场竞争力。例如，孩子王作为一个专业从事准妈妈及14岁以下儿童商品一站式购物，并为其提供全方位增值服务的母婴童行业零售领军品牌，通过对企业管理理念的创新，在转型中获得了极大的成功。

2018年12月18日，孩子王在"Grow++" 2018孩子王·中国母婴童行业领袖峰会现场，展示了其2018年在全国的数字化门店布局、深耕单客、数字化建设、生态业务及组织架构等方面的成绩。截至2019年年底，"孩子王"微信公众号的粉丝量已突破500万，官方App使用人数也高达1500万，小程序注册的用户超过500万人，并进入"阿拉丁"榜单前100名。孩子王的全渠道会员人数也超过2400万人。在向新零售的转型过程中，孩子王通过用户数字化、服务数字化、产业数字化等手段，在人性化服务的基础上借助科技的力量，开创出母婴品牌行业线上线下相融合的全面数字化与服务化大格局。

孩子王在更新管理理念后，在每个实体门店增设专业的育儿顾问，并通过会员制为每位会员分配育儿顾问，以"一对一"的服务模式为顾客解决实际问题。孩子王追求的是单客经济，企业把每位顾客都当作最重要的资产。孩子王不是单纯重视顾客增加的数量，而是看重单个顾客产值和价值的提升，所以从一开始孩子王就将数字化会员视为顾客资产。在孩子王实体店3~5千米的范围内，都深度"渗透"着该企业的目标会员，在此基础上挖掘和经营这些数字会员资产，可以创造出更大的发展空间。

孩子王实体店以数据化的方式转变企业管理理念，让门店的每个员工都成为"人客合一"的"工具"。线下门店在通过数据手段统计出顾客购买情况后,经过大数据实时分析,精准地向顾客推送信息,以数字化的模式将店内的营销贯彻到底。只有形成数据化的理念,才能在转型过程中精准地执行并取得成功。例如,孩子王在数字化管理中,需要通过数据了解某位顾客是否达到了当月预期购买值,以及顾客的消费额在整个育儿顾问体系里的排名情况等,并且不定时地推送信息给员工,提醒员工应该什么时候给哪位顾客打电话、哪位顾客多久没有激活及怎样指导顾客激活。通过这样一个将顾客数据化的工具,孩子王的每个员工至少可以独自维护350位会员。孩子王在降低规模化应用方面的工具成本的同时,将每位员工的工作效率提升了几倍甚至十几倍。

在未来,孩子王还计划以全新的理念尝试使用更多硬件设备。例如,以注入智能芯片的方式在云上建造一个不停运算的巨大数据库,来驱动数以万计的物件。顾客每天上班、下班、上车、下车、进店等做任何动作时都会形成一个触点,这些触点被一一收集后,将建造成一个专属于孩子王的云世界。这个服务于单个企业的云世界,在不断模拟了解企业的过程中,逐渐形成一个新世界。这些手段都是科技化的,科技唯一不能替代的就是人性化的服务,这是人类所独有的。因此,当顾客遇到困难时,孩子王还是会在第一时间以人工服务的方式为顾客解决育儿方面的疑难问题。

由此可见,孩子王在转变管理理念后,不仅应用智能科技手段寻找顾客源并为顾客提供精准推送服务,而且一旦顾客有情绪方面的问题,孩子王的育儿顾问会在第一时间给予贴心服务。因此,孩子王在以"科技+人性化"的方式来不断优化家庭的服务体验。

除了孩子王,还有许多企业在智能化地转变管理方式。新零售行业的另一个巨头企业——小米,以"小米之家"作为进军新零售的关键利器。小米在经营小米之家时取得了仅次于苹果商店的坪效,而这在很大程度上得益于小米在新零售转型中在管理理念上的转变与更新。小米之家最初的业务是隐匿在居民楼、写字楼中的售后服务。从 2015 年开始,小米之家开始尝试在店内做销售。同年 5 月份开始，小米 Note 顶配版通过小米之家首发作为其零售的起点。在随后的小米 4C、九号平衡车的线下品鉴会中，小米之家以支持线下购买的方式彻底进军线下零售行业。在 2016 年年初的小米发布会上，小米之家从服务店转型为零售店，成为小米官方直营的线下体验店。小米之家在新零售环境下看准时机打入新零售市场，成为小米在新零售中的一面旗帜。

小米之家在进军新零售后，以乘风破浪之势迅速占领市场。有此成效的关键就在于小米之家线下门店的坪效。小米之家的新开门店坪效平均每年在 27 万元左右，而坪效与销量存在一定的联系。客流量、转化率和复购率都是重要因素。以此为原型，小米之家也拓展出了国际业务。目前，小米之家已经涉足印度、希腊、俄罗斯、阿拉伯联合酋长国和埃及等多个国家。小米产品以高性价比的优势从国内延伸到国外，特别在印度的门店曾引起一时的火爆场面。

在管理理念方面，小米不仅针对门店、产品做出了数字化、智能化的改革，而且也以全新方式跟进对员工的管理。在员工培训方面，小米之家帮助每个店员熟练掌握门店中所有产品的性能和特性，同时使店员能够适时向感兴趣的顾客推荐更多的产品。员工只有在了解、熟悉产品后才能更好地为顾客提供服务、解决顾客的疑难问题，而所有这一切，都突出体现了企业的新式管理理念。

思想决定行为，思想的高度在企业的管理中起着至关重要的地位。所以，企业在新零售的转型过程中，要想彻底跟上新零售的时代潮流，不只是引进智能设备，更重要的是更新观念。在新观念指导下的理论探索将会从更高的高度来指导企业制订方案，以适应新零售的发展思路。因此，企业在新零售的浪潮中，首先要转变管理理念，然后用新理念来指导行为，使企业在新零售环境中焕发出属于自己的光彩。

二、管理制度的迭代

俗话说："没有规矩，不成方圆。"企业作为各种生产要素的组合，主要通过管理制度来组织生产要素。新零售在智能手段的赋能下，经过近几年的发展，虽然在零售行业已经初步形成了新时代的全新发展布局，但在管理方面还应该应用数字化和智能化手段完善管理制度。

企业管理制度是企业对各种生产要素进行组合的核心纽带和基础。正如"和尚分粥"原理，七个和尚每天分食一锅粥，怎样分大家都觉得不合理，于是规定每个人轮流值日分粥，让分粥的人最后一个领粥。这既实现了分粥的公平，又建立了一个合理的分粥制度，而制度设计的关键就在于让分粥人的利益与他的行为直接挂钩，真正地实现"责任下移"。新零售的管理制度当然与分粥制度不同，但其原理有可借鉴之处，即建立管理制度使企业处于平等公正的制度下。

阿里巴巴在提出新零售概念后，就开始筹备新零售在零售行业各个领域的发展。在相继推出盒马鲜生、盒马菜市、盒马 MINI、盒马 F2、盒马小站、Pick'n Go 之后，又打造出盒马系列的第七大业态——盒马里。盒马里作为阿里巴巴在新零售的又一次零售尝试，运用智能手段将线上线下管理模式打通，打造全球首个线上线下统一管理的新零售购物中心。

盒马里是一个服务于社区购物中心的家庭式购物中心。整个购物中心涵盖了零售、餐饮、生活服务、亲子四大业态，主要服务附近 3 千米内的社区居民。

在盒马里内部，一楼集市区主要是零售业态，除了有优衣库和华为的零售店，中间区域的位置以集市的形式布置，包括文化集市和商品集市。

集市最大的优点就是可以经常换新，几乎每两周就会更新一次品牌。

盒马里的餐饮区每天都会营业到夜里 12 点，给社区居民提供深夜美食。除此之外，盒马里还打通线上线下服务，提供在 App 预订早餐服务。数字化、线上线下一体化是盒马里与其他购物中心最大的不同。盒马里·岁宝大约有 10 万多种商品，其中将近一半都已实现线上线下相通的购买模式。在未来，这一比例还将持续上升。在服饰业态中，盒马里推出"盒适购"的试穿服务，消费者可以选择自己想要试穿的所有衣物，盒马小哥将免费送货到家，消费者试穿后留下想要的衣物并付费，把不想要的免费退回。截至 2019 年 12 月底，在门店附近大约 3 千米的"盒区房"范围内，居民可享受整个购物中心 60 余个商家的 4 万多种商品的免费配送服务。其中，餐饮类商品最快 30 分钟送达，零售类商品可在 1 小时内送达，生活服务也可以直接在 App 上进行线上预约。

盒马里生活服务板块打破了人们以往关于服务台问路、领停车券的刻板印象，打造集家政保洁、衣物洗护、鞋包洗护、美容美甲、数码维修等诸多社区服务于一体的生活服务台。不管是保洁，还是修裤脚、配钥匙、皮带打孔等民生服务，盒马里都可以提供。在盒马里的服务台旁边，放置有智能交互屏，消费者可以从中了解盒马里提供的所有服务内容，也可以直接在智能交互屏下单。

早在 2018 年，盒马就与岁宝合作，将大量的岁宝超市改造成盒马鲜生门店。盒马里·岁宝的推出，不仅带动了岁宝实现盈利，而且让盒马有了进一步的入驻空间。盒马鲜生通过岁宝积累大量会员，并通过分析这些会员背后海量的消费行为、人群画像等数据信息，为盒马里的业态规划、招商提供了决策支持。积累数据成为提升运营效率的关键，而对于数据的运用及产品的营销还取决于具体的管理手段，这些都依赖于整体的管理制度。因此，在盒马大数据驱动下，建立以人工智能赋能的管理制度也是其发展的又一个方向，需要不断地探索和开发。

自阿里巴巴重塑零售行业后，从便利店到社区生鲜，以社区为场景的零售业态逐渐成为零售行业的主角和各方角力的主战场。除了盒马鲜生和超级物种，腾讯也以 20 亿元的资金投资谊品生鲜，开始布局社区生鲜之路。京东、美团、苏宁、物美等行业巨头也纷纷对相应的业态加以谋划，使"最后三公里生活圈"成为新零售的必争之地。

全球性零售品牌日本 7-11 和 Family Mart（全家便利店），也致力于"最后一公里"零售的开发。7-11 的管理人员经过分析，认为中国下沉市场的人群属性与之前日本经历的从消费升级到消费降级时的人群属性极为相似，于是从这个逻辑点切入进行中国市场消费升级改造的营销设计。

在此基础上，7-11 首先从最初的"最后一公里"开始追求时间和距离上的便利，以"随时随地"的核心理念服务消费者；其次是追求商品方面的便利，核心是"即时性的商品和服务"，同时致力于开发企业自有品牌；最后上升到追求心理上的便利，核心是"从情感上更懂消费者"。7-11 已经脱离了传统零售商的定位，朝着生活服务中心的方向发展。在改进后的 7-11 门店内，消费者不仅可以买到生鲜熟食，还可以交水电费、寄快递等，7-11 门店延伸出多项服务。

在人工智能的快速发展和广泛应用下，日本的多个企业都实现了这种发展模式。不止是 7-11 自己的零售渠道，包括优衣库、NITORI 在内的企业，都通过利用 7-11 线下 2 万多家门店与自己线上的"货"和"场"连接，来不断进行线上线下融合的尝试，同时也致力于管理制度的升级与改造。

新零售融合智能手段，不仅实现了零售行业服务模式的升级发展，而且从长远角度看，还引导了许多零售企业更加注重制度方面的建设。制度对企业的发展尤为重要，企业管理制度会根据实际情况不断更新和完善。因此，智能手段赋能下的管理制度更能推动企业健康发展。

三、管理工具的更新

新零售的"新"是相对于传统零售来说的。新零售之所以"新",是因为它将传统零售的线下实体店与电商零售线上购物相结合,打造出融合线上线下的新型购物模式。它具有传统零售和电商零售的双重优点,却又成功避开了两者的一些缺陷,成为智能时代的一种新潮的购物方式,使人们的生活更加便利化。

新零售在融合线上线下的过程中,自然少不了要借助外界的工具。所以,实现新零售路径的线上电商工具,如淘宝、京东、美团等,都拥有电商超级 App 平台。这些平台成为新零售中掌握实体店客户信息和资金的关键工具,对供货商起着至关重要的作用,以线上平台开发出的实体连锁店也成为传统实体店的一个替代品。

新零售的使命之一是应用新的模式来改变信息资源的不对称,将传统实体店的资源优势以信息化的方式转换,使获取流量与变现成为零售的关键所在。在移动互联网时代,线上变现已是必然趋势。互联网初期形态的 App,不仅开发成本高,而且用户下载后占用大量的手机内存,导致在使用的过程中有时因注册程序烦琐等原因而增加了获客成本,无法满足小商家线上低成本快速获客的需要。由此,一种新的替代形式——小程序,出现了,小程序不仅不用安装,而且还能随时随地打开,大大方便了用户,节省了商家的成本。如今小程序已被广泛应用,获得消费者的一致好评,促使以小程序为工具的新型管理方式应运而生,成为许多商家"独宠"的线上推广手段与管理手段。

小程序作为轻量化的 App,无须下载即可使用,具有"即用即走"的便利性。截至 2020 年 7 月底，小程序已覆盖消费者的衣、食、住、行、游、购、娱等多个领域，具有"即需即拿"的实用性。小程序具有"随处可见"的广泛性，随着人们生活的智能化，商家的服务小程序越来越常见。小程序作为当今一种触手可及的服务入口，让众多商家的服务跳脱现有束缚，使工具回归服务的本质。腾讯首次提出小程序的定义并成功应用后，获得了各大互联网超级 App 巨头的认可，并达成普遍共识。各大企业争先推出自己的小程序来进行新零售的转型，推动小程序在短期内的大发展。小程序作为新零售商家新型的管理工具，方便了商家的管理，在零售行业好评如潮。

一些小的零售商家利用微信小程序，获得了意想不到的营销效果。例如，一些鲜果店的商家，通过微信小程序，逐步建立起运营社群。商家在微信社群中，以群发水果产品接龙的形式，一天最多可以接上千单。这种形式虽然将小商家的线下零售转到了线上，但是在多个社群中销售，在收款方面比较麻烦。消费者几乎都是通过扫付款码付款给商家的，导致商家只有收款记录，没有具体的转账明细，所以微信群里极容易发生漏单状况。这样，商家进行财务统计和配送统计会比较麻烦，而且还会浪费大量的人力和时间。

为了解决这一问题，一些商家呼吁可以建立一个网上销售平台，将订单记录、门店配送、管理体系等统一在一个平台中。开发商可以利用这一平台为零售商家提供完善的查询及数据分析服务。于是，小程序商城应运而生。微信群与小程序商城相结合的零售模式，将商家店内的管理程序化，商家借助小程序工具实现了线上管理。例如，一些商家在线上可以有针对性地对消费者进行营销，只服务固定的消费群体，规定了统一的配送时间。商家也可以利用人工智能进行产品的更新、价格修改和其他后台操作，节省出一部分劳动力用于打包和配送。微信群与小程序商城的组合使用，为无法全面使用智能化设备的商家提供了节省人力和时间的有效管理手段。

一些商家还推出"拼团+秒杀"的营销方式，利用小程序的营销模式提高店铺订单量。譬如水果店店主的做法，当店内水果的价格高于小程序的价格时，如果是小程序消费者到店，则按照小程序中的价格卖给消费者。商家通过这样的方式引导消费者使用小程序下单，将门店的小程序尽可能多地推广出去。同时，商家推出拼团、秒杀等活动来吸引消费者下单，提高线上店铺的订单量。商家还推出在朋友圈、社群分享小程序链接的活动，消费者通过分享，就可以直接进入小程序中参与活动。这种裂变式的营销方式，既可以形成快速传播的效果，又可以帮助商家不断开发新的用户。

还有一些商家利用小程序推出积分商城，用来提升消费者的复购率。一些商家认为，通过设置积分商城就可以把消费者牢牢锁在自己的商城里。消费者所获得的积分可以在积分商城里兑换产品，也可以玩大转盘抽奖活动。商家以这种方式让消费者有需求时就能立马想起到店铺消费，间接增加了消费者与店铺之间的黏性，店铺的复购率也会越来越高。

由此，小程序使一些门店规模较小的商家实现了线上线下融合的新零售模式，不仅规范了收款方式，还不容易漏单，小程序成为商家的新式智能管理工具。小程序中的实时小票机打印，也方便了商家备货和送货，同时节省了商家的人力，让商家朝着智能化零售方向发展。商家通过小程序后台可以看到消费者的消费爱好和习惯、消费金额等数据，根据所获得的数据信息进行更精准的营销活动，进一步宣传店铺。

VR/AR 技术自问世之后一度火爆，各零售巨头纷纷将该技术引入零售行业中。从 AR 智能眼镜开始，亚马逊就在 VR/AR 方面展现出巨大的潜力，以推出 3D 内容开发平台 Sumerian 正式宣告进军 AR/VR 领域，之后又开发出 AR/VR 购物店等。与以往不同的是，亚马逊这次智能领域的探索所面向的对象不是消费者，而是本企业的员工。

众所周知，亚马逊作为零售巨头之一，在巨大的销售量下如何提高仓储环节的效率也是一个棘手的问题。为了解决这一问题，亚马逊公布了最新的 AR 专利 Augmented Reality User Interface Facilitating Fulfillment。据亚马逊专利介绍，该眼镜可与穿戴或携带的计算设备相连，并且在视场中可以叠加一个项目到下一个项目的路线规划指示，即可以指示员工将特定的物品放置在仓库中占地面积不超过 9 万平方米的特定位置中。仓库内的路线数据也可用于训练未来取代部分现有员工的机器人。通过这种方式，亚马逊用 VR/AR 技术间接为新零售赋能，更好地为消费者提供服务。

在零售行业中，沃尔玛和亚马逊的竞争几乎从未停止。继亚马逊入局 VR 后，沃尔玛也紧随其后。沃尔玛通过 VR 技术详细描述出一个基于实体舱的 VR 商店概念——虚拟展示厅及其供货系统，其运行模式是：让消费者穿戴 VR 头显和传感手套，走进三维空间的沃尔玛超市，把虚拟商品添加至虚拟购物车在线下单。当消费者下单后，自动驾驶机器人即可立即定位实体仓库中的商品，进行"人工智能"物流运作。在沃尔玛供货中心，工作人员通过机器人和智能货架的连接，可以实时监控消费者的行为与库存。

这一应用显然是沃尔玛对实体店存在价值的认同及空间的合理利用。在此之前，沃尔玛美国电子商务的负责人就曾表示，他眼中的未来购物体验应是 VR、AI+聊天机器人。而现在，沃尔玛似乎马上就要将 VR、AI+机器人"落实"。值得肯定的是，沃尔玛一直都在探索不同的购物体验方式，包括 Pick Up 塔、自动售货亭、零售店送货和文字购物、VR 购物等。沃尔玛与亚马逊等零售巨头在相互抗衡中，也在加速开发新零售更加智能化的场景。

作为互联网巨头之一及零售巨头的阿里巴巴，自 2016 年以来，在 AR/VR 领域的身影相对而言较为忙碌。例如，阿里巴巴先后投资 Magic Leap（及其他 VR/AR 公司）、成立 VR 实验室、开发 AR 应用平台，以及推出 Buy+、VR 直播购物等。阿里巴巴还通过投资批发时装的数字平台 Ordre 又进行了一次 VR 技术之路探索。Ordre 初创时主要以 360 度全景服装和 VR 时装秀为特色，消费者不需要亲自前往时装周和陈列室，也可参观奢侈品服装，并通过数字平台直接批购。阿里巴巴还致力于将 Ordre 的一些工具技术（如三维激光扫描）运用到天猫中以迎合年轻人的需求。

京东在人脸识别、图片跟踪、渲染引擎等多种 AR 技术能力上有所积累，并推出了 AR 实景购物等多种 AR 产品。同时，京东通过打造 AR 开放平台、AR 内容管理平台、AR 营销平台，建立自身的 AR 生态。在京东天工计划中，京东打造出面向 AR/VR 领域，以人工智能和 3D 建模为主要工具构建的全新购物场景。之后，天工计划升级至 2.0 阶段，京东将目标上升为提升用户购物体验，提高转化率，赋能企业，做技术方面的创新，为未来购物做准备这一高度。在天工计划 3.0 中，京东宣布与英特尔、沃尔玛、联想等数百家 AR 行业/零售行业的"大头"联合，成立全国首个 AR 无界创新联盟，致力于用 AR 技术打造线上和线下全新的购物场景，为消费者带来购物的新鲜感和乐趣。

通过零售巨头的多方努力，大数据、人工智能等技术作为新零售管理的新工具被广泛使用，让新零售在实践中更加智慧化。管理工具作为新零售发展的一部分，在一定程度上代表着新零售的发展程度。因此，在智能时代，商家在利用大数据、人工智能管理企业的同时，要紧跟时代的步伐，善于及时更新管理工具，这样才能在新零售的浪潮中勇往直前而不至于面临被淘汰的局面。

四、管理程序的升级

管理程序是在企业管理中，管理者对企业施行管理的方法和步骤，分为一般管理程序和例外管理程序。如果企业管理者的管理程序恰当合理，就可以取得较好的管理成效。因此，管理程序在企业对新零售的管理中起着至关重要的作用。

新零售的管理程序，是企业在进行管理时所采用的方式方法和管理手段。企业如果借助智能化管理程序，便可以在新零售的环境下进行管理方面的数字化升级。正如淘宝每年的"双11"活动对于消费者来说就是一个"战场"，消费者的"抢购"就是没有硝烟的"战争"；对于商家来说，激增的商品上架量，都让商家在"措手不及"之余获得最大的销量。这就对企业的管理手段提出了更高的要求。

在新零售之前，淘宝电商设计最头痛的问题就是详情页设计，详情页设计不仅工作量大而且耗时长。尤其是近几年来，人们越来越依赖网络带来的快捷购物方式，线上购物给消费者提供了 7×24 小时、终年无休的便捷服务。在电商的发展下，"双11"更是成了全民狂欢的重要节日，而在一片片狂欢的背后，是线上从业人员辛苦的付出，包括平台的活动、商品的价格、详情页制作、上架及图片处理等，每个环节都不容许出差错。

"双 11"期间，一些品牌在大促销之前，通常会大量更新线上店铺的商品，这就对电商设计师的工作提出了要求。对企业而言，如此巨大的工作量不仅要负担高昂的人工成本，同时也意味着企业需要承担人为出错的风险。例如，一个商品，价格少打一个零，或是少上传一个 SKU（库存保有单位）都是有可能的。特别是在"双 11"这个分秒必争的环境下，效率和准确率最终将与销售额息息相关。因此，企业在寻找提升运营效率的解决方案时，PIM（Products Information Management，产品信息管理）形式的"全渠道商品运营管理系统"应运而生，企业以多维度的方式实现了商品运营的自动化。截至 2020 年 7 月底，多数企业的线上店铺以批量自动化的方式生成详情页，上架至天猫仓库，图片预处理等功能已经被投入使用。

企业在运用全渠道商品运营管理系统进行线上销售时，确定好商品的详情页模板后，只需工作人员上传详情页文案、详情页图片包，系统就能自动高精度识图，代替人工实现自动排版、批量生成详情页。同时，详情页的切片和导出也都能在系统中完成，并且完成后会直接上传到各电商平台，真正做到"没有中间商赚差价"，以迅速、高效的方式帮助各商家进行营销和管理。

"双11"期间，一些品牌的上架频率非常高，有些品牌甚至每天都有几百款商品要上架。而在天猫后台需要上传更多的内容，这对于运营人员来说是极大的挑战。拿一件衣服来说，其参数大概有尺寸、颜色、材质、上架时间、风格、货号、款式、薄厚等，几十种参数都要通过后台上传。根据天猫的活动规则，商家的店铺需要在极短的时间内做出众多商品的链接用来进行活动报名，而这些都会给商品专员带来极大的工作量和压力。

PIM系统的批量上架至仓库功能，使这一难题迎刃而解。商家通过运用PIM系统，只需要整理好线上商品货号和部分必要属性的链接，将信息模板上传至系统，就可以一键批量上架至天猫仓库，获取URL（Uniform Resource Locator，统一资源定位系统），报名天猫的各种活动。PIM系统将商家整理数据、手动上架、检查复核等一系列操作流程，从原先的数十个小时缩短至不到一个小时，为店铺节省下许多宝贵的时间来应对"双11"的其他工作。

企业通过应用PIM系统，开放品牌合作，实现目标全渠道数字资产管理。"全渠道"作为科技零售未来发展的关键词，不仅能提升品牌商品的周转率和变现能力，而且随着全渠道的打通，未来店铺内所有商品都将实现"一个库存"。PIM的目标就是将包括天猫、京东、各品牌官网等各个线上平台相互打通，实现商品运营的全面数字化和全平台信息发布的高效化，从各个线上生态中全渠道连接消费者，逐渐升级新零售的管理程序。

除此之外，每日优鲜将前置仓作为当前线上生鲜的又一发展及管理思路。每日优鲜把生鲜购买的程序搬到线上，将商品放进密度集中的线下仓库。以前置仓的方式让消费者拥有简单方便的购物体验，还能额外获得更便宜的生鲜水果，不仅优化了企业营销手段，还提高了销量。每日优鲜的前置仓突破了传统菜市场、超市、社区零售店在租金、人工、损耗等各个方面的限制，实现了新零售环境下的升级。

每日优鲜前置仓模式的成立，需要考虑人群、成本、产品质量与服务体验多个层次，这无疑是一项巨大的挑战。2019年12月公开的UE模型显示，每日优鲜作为前置仓模式的首批倡导者，在成熟区域已有10%的经营现金流，预计未来12个月会在全国的一些主要城市"跑通"盈利模型，并在成熟区域实现盈利。据统计，每日优鲜的核心用户会在一个月内平均进行6.5次购物，每次平均花费90多元钱。当每位消费者买走9件以上商品时，店铺单仓可以达到过去将近2000平方米社区超市的年销售额。

在生鲜领域，社区零售这种传统行业，往往在管理中难以实现短时期升级，而今天中国的社区便利业态还没有对二三线城市实现全面覆盖，所以很多城市还是以夫妻店为社区零售的主流趋势。在这种传统的业态中，要想解决连锁问题必须依靠大规模的人员管理，特别是生鲜这个品类，在损耗、备货、选品、定价的过程中，每个步骤看起来都很"非标"，因此要想连锁化就更难了。

每日优鲜认为，成本是真正困扰生鲜零售创业者的问题，所以在做商业模型设计时以此作为问题的重要方面来考量。而在传统零售中，消费者往返菜市场的道路往往比较艰难。传统菜市场，除了环境方面的问题，食品也存在一些安全隐患，价格也不透明。在新零售的环境下，生鲜超市的出现，给这一状况带来了极大的改善，特别是在"方便不便宜、便宜不方便"的矛盾中，给出了相对平衡的"解答"。

一些精品连锁店的出现，进一步解决了消费者在"方便"方面的难题。精品连锁店将供应链推到用户的身边，同时也解决了产品优质化的问题，让用户买到了更好的商品。每日优鲜基于生鲜零售历史业态的演进和对其优缺点的总结，在给消费者提供既方便又低价的渠道时，还给消费者提供了自营供应链的优质生鲜，其丰富度不亚于超市。

每日优鲜通过前置仓，在20个城市的1500个地区布局，建立分布于社区周围1～3千米的微型仓库，通过对租赁的社区底商进行深度改造，配备冷藏、冷冻、常温、复热等多个温区，在用户身边建立起一个属于他们自己的云冰箱。每日优鲜还通过对供应链上游深度直采，在全国九个分选中心进行标准化品控和分选，保证消费者能吃到足够新鲜、安全的生鲜产品。

每日优鲜通过给消费者提供超市级别的丰富商品，让 3000 款左右单品前置仓的价格定位几乎与大卖场相同，有些甚至更便宜。每日优鲜的方便程度能够超过社区便利店。在全渠道的优化下，每日优鲜的消费者在线上完成商品的购买后，平均 36 分钟就可以收到货。每日优鲜在价格方面基本上与大型连锁龙头超市持平，与本地社区零售店的平均价格相比明显低许多。

通过一系列的改革，每日优鲜在线上也已突破 1500 万个的月活量。在过去的几年中，每日优鲜通过线上社交平台完成了数千万个用户的积累，大力发展了线上营销渠道。在用户需求侧，每日优鲜以"千仓千面""千人千面"实现"千仓千人千面"，使促销、搜索、权益推荐、CRM 等每个步骤都向着智能的方向发展，以数字化和智能化的手段创造出运营用户的最高效率。每日优鲜在升级的过程中，将线下经验与线上发展相结合，探索出生鲜在新零售方面的发展之路，用技术手段让生鲜行业走向颠覆式创新，推动生鲜零售行业产生革命性的突破。

智能技术赋能下的新零售，不仅改变了零售业的销售方式及销售渠道，而且带动了管理理念、管理制度、管理工具和管理程序等方面的巨大转变。新零售在推动企业实现社交化、智能化、云化、移动化的管理模式方面起到了举足轻重的作用，帮助零售行业重塑了管理模式。

第三部分
重定零售实践

第八章

人：极致体验的新满足

　　新零售既不是旗帜，也不是口号，而是以人为本、以人为核心资源、以个性化需求为重中之重，在大数据和人工智能赋能下，使消费者获得极致体验的满足，并为创业者提供新的平台与思路，开拓零售业的无限可能的零售新形式。

新零售重构了传统零售行业的"人""货""场"，打造了从消费者到商家的全方位"人"性化服务。零售行业在转型过程中，改变以往的零售方式，用智能手段满足消费者的购物体验，推动零售市场从低价多销的零售模式向低价高质的模式转变。新零售注重线上产品高质高效的开发和线下用户的极致体验，打造线上线下的完美融合和优劣互补。此外，新零售让零售形态回归本质，打破零售商家之间的界限，以小资本撬动大社会，让零售市场成为创业者的"练马场"。

一、个性化才是人的需求

在人类社会中，基本的生存需求解决之后，人们往往会追求更高层次需求的满足和更高价值目标的实现。零售行业也是如此，当基本需求得到满足之后，人们就会产生更高层次的追求。个性化模式赋予新零售更加实在、丰富和有价值的内容，让新零售在智能时代的发展中被冠上"新"的含义。

传统零售需要消费者亲自去挑选商品，如今在智能新零售中，消费者利用互联网和智能设备就可完成购物。语音购物、场景购物已陆续走进人们的生活，甚至在未来，"意念购物"也将成为可能。新零售在凭借先进的互联网技术和硬件技术重构零售卖场空间后，充分考虑消费者体验，以实现消费者的个性化定制与服务为主，打造数字化门店。

更重要的是，新零售在应用智能化手段的同时更加注重消费者体验，最终的落脚点在消费者层面。新零售的消费主力是个性鲜明的"90后"，他们与"70后""80后"的消费观有明显的差别。"70后""80后"在选择商品时会综合考虑价格、实用性和质量等因素，而"90后"更多的是考虑商品本身带给他们的感受。比如，两款口味相同的饮料，若在第二款的包装上面印上有趣文案和新颖的设计，即使贵一点，"90后"在消费时往往还是会选择第二款。在新零售中，智能手段的应用在很多商家中已经较为普及，商家还会花很多心思从个人定制产品的角度出发，为消费者提供独一无二的个性化服务，满足消费者的个性化需求。

新零售时代，各种新兴的购物模式日趋成熟，最大限度地刺激和释放了消费者的个性。相对而言，那些能彰显消费者个性和满足消费者心理的产品，与规模化和标准化的产品相比有着极大的优势。例如，继开咖啡店卖早餐之后，珠宝奢侈品牌 Tiffany 在新零售上又有了新的动作，其在伦敦 13 James 大街开设了全球首家 Style Studio 新零售概念店，提供该品牌对消费者的个性化服务。Tiffany 在以奢侈品零售闻名的 Covent Garden 商业区中建造 200 平方米的店铺，提供包括 Tiffany T、HardWear、1837 和 Return to Tiffany 系列的珠宝，以及各种礼品和居家产品等。

除此以外，Style Studio 新零售概念店还摆放有一台自动售货机，用来出售 Tiffany 最新款的香水、现场雕刻的珠宝和皮革压花等商品。消费者在店内的自动售货机屏幕上绘画和涂鸦后，后台就会将消费者自己设计的这些元素融入吊坠和其他产品上，实现对消费者的个性化定制服务。

为了吸引当地的消费者和游客，Style Studio 将营业时间延长至晚上 8 点。其最大的特点是，在 Style Studio 店铺的后方留有大片空间用于举办活动、展览和派对。Style Studio 店铺员工不需要穿着正装，可以自由地穿着运动鞋上班。Style Studio 让 Tiffany 发挥自身优势，以看、玩和互动的方式，增加消费者的乐趣，让消费者放松身心，为他们带来沉浸式体验，将传统的奢侈品高冷印象抛诸脑后。

如今的零售行业在提供人性化服务同时，以便捷、高效的特点满足消费者的需求，其中最重要的是满足消费者便利购物的需求。例如，在服饰行业，消费者想要试穿衣服，不用特意去试衣间一件件地试。一些前沿的服饰店，已经引进了智能摄像头，可以直接读取消费者在进店时所穿衣服的参数，判断消费者面部和身材的数据，识别出其大致的年龄和大致的偏好。在完成识别后，系统会快速地搜索出与其身材、相貌、年龄、偏好等相近人群的购买记录，运用大数据筛选的方式迅速地匹配，将合适的商品推荐给该消费者。在鞋类行业，消费者想要看哪双鞋子合脚，也不用一双双地试，只需通过人工智能技术就可满足这样的需求。在选鞋方面，一些商家使用 3D 足模扫描仪设备，只需要几秒钟，设备就可以迅速得出消费者膝盖以下的几十组数据，包括消费者脚的长度、宽度、厚度及骨骼的部分曲率等数据。设备通过这些数据可以实现智能试穿或定制服务，减少消费者反复试鞋的麻烦。

针对一些回头客，系统会记录该消费者每次的浏览痕迹，进行大量的数据积累和分析。当消费者再次光顾店面时，系统就可以根据其喜好智能地推荐店内的新产品，实现精准营销。系统会大量分析一位消费者的所有消费记录，收集消费者的各种数据模型，作为为其他消费者推送产品的参照。因此，数字化与数据化是新零售的得力助手。在零售中，消费者的痛点是商品难以准确地满足其个性化需求，而新零售模式的精准服务，解决了传统零售中消费者的痛点。因此可以说，新零售实现了从卖标准商品到卖精准服务的转变。

商家在添加识别消费者的系统后，有效破除了此前消费者光顾商家很多次，而商家几乎都不认识回头客的弊端。新零售以记录消费者以往购物历程的方式，来分析该消费者当下的偏好，甚至能够预测到该消费者未来的喜好。

在传统零售中，商家与消费者在完成交易后，基本上就不再有什么联系了。在新零售中，消费者与商家的每一次接触，都被记录、分析和预测，这意味着商家可能成为消费者消费周期的服务顾问。同时，商家实际上从对商品的经营开始转向了对消费者的经营。

例如，以冲锋衣和连帽羽绒服闻名的加拿大奢侈户外品牌始祖鸟（Arcteryx），在温哥华市中心813 Burrard Street开设了面积约370平方米的全新零售概念店。该店设立了专门的"保养和维护"服务台，用来处理售后服务。在始祖鸟概念店的互动区域，消费者可以测试新产品、交流购物体验等。始祖鸟注重消费者体验，致力于为消费者提供良好的个性化体验。除新零售概念店之外，始祖鸟还推出了一款VR项目Hut Magic，通过智能技术让消费者轻松获得新鲜有趣的购物体验。

始祖鸟的Hut Magic是一个VR概念性滑雪小屋，是始祖鸟与旅游机构Destination B.C.在假日期间合作推出的，消费者可以在官网和北美的众多门店体验。消费者通过VR设施，可以身临其境地感受当时的场景。始祖鸟全球零售和门店负责人认为，在当今时代，VR并不是一个新鲜的词汇，但是始祖鸟的VR与众不同，带给消费者的感受更加自然。Hut Magic的奇妙之处就在于，消费者不仅仅是观看者，也是故事中的角色之一。

Hut Magic通过不同的角色让消费者与滑雪小屋的厨师、装备室的助手、导游、滑雪者及整个故事中的其他人，产生一起对话的真实感。小屋魔术还展示了与节日相关的一系列东西，如美食等，还包括朋友和家人的陪伴。许多消费者在体验过之后对其评价都非常高，认为Hut Magic虽然只是VR，但是在体验过程中有强烈的真实感，甚至都流汗了。这一项目让消费者感受到了真实的温暖，增加了人性化体验。

商家用互联网、大数据、云计算、人工智能等新技术催生出新的零售方式。新零售并不是旗帜，也不是口号，而是将用户的需求作为核心驱动力的零售形式，是以人作为核心资源、融合线上线下的零售形式。新零售对零售行业来说是一种必然的发展趋势，是零售行业在技术与服务能力的驱动下，整合全社会零售业的资源，以消费者体验为中心，将各大商家的数据作为驱动力的泛零售形态。可以说，新零售本质上是一场重在人的个性化体验的效率革命。

二、沟通不再成为零售主流

在传统零售中，商家主要通过沟通与消费者建立联系并维持关系。一般来说，店员在营销商品时，首先会从与消费者的谈话中获取一些对自己有用的信息，然后根据所得到的信息形成自己的营销方式。在传统零售中，商家更注重通过对营销人员或店面服务人员的培训来提升销量。因此，许多商家忽视了产品本身的重要性，从而得不偿失。

在新零售中，商家更关注的是消费者的实际感受，一些无人超市、无人零售店的推出更是将"沟通"抛到了脑后。在智能手段的赋能下，无人零售店是完全不需要沟通的，反而因给予了消费者足够的空间而大受好评，成为许多消费者青睐的对象。

在半智能化的餐饮店中，也有一些智慧化点餐设备，如消费者可以运用小程序来点餐或者购买商品，如此既节省了线下门店的人力，也避免了店内工作人员给消费者带来"压迫感"。一些餐饮商家在门店的每一张桌子上都贴有店面的点餐二维码，消费者只需扫描二维码，就能自行点餐。这种自动化和半自动化点餐系统虽然减少了双方的沟通，但是商家的效率和消费者的消费体验反而有所提升。因此，在新零售环境中，沟通已不再是零售的主要营销手段。

新零售除了重构零售市场中的"人""货""场"，还提倡构建以消费者为核心的零售观，从消费者的需求方面着手，具有可识别、可到达、可交互的特性。新零售以多渠道、多触点的方式与消费者产生持续互动,运用大数据收集核心消费人群的消费习惯和生活方式,分析其潜在消费需求,从而达到对消费者的精准营销。

自电商发展以来,线上购物渠道的拓宽给人们提供了便捷高效的购物方式,但线上零售相对而言也大大减少了商家与消费者之间的沟通。在电商零售环境下,消费者在线预览商品有疑问时,可通过与商家的客服在线聊天的方式,寻求解答。除此之外,商家与消费者基本上再无其他交流。可见,电商的发展已经大大减少了消费者与商家的沟通。但是,在实际的商品交易中,电商带给消费者的体验却在逐渐提升。

从另一个角度说,电商的崛起也给线下实体门店带来了巨大的冲击。电商由于其便捷性与时效性,在很大程度上代替了实体店的零售模式。特别是对于年轻群体来说,电商"拉走"了实体店中一大批年轻消费者,由此线上线下的零售争夺战逐渐展开。新零售在注重线上零售发展的同时,也致力于打造线下渠道的新模式,并采取线上线下融合的模式来填补双方的空缺。

一些实体店逐渐展现线下零售的优势,走向专业化的发展。在实体零售专业化的趋势下,大量的实体店正在走上由"大而全"到"小而美"的变革之路。线上零售也在悄然发生改变,涌现出一批"品类杀手"专业店,为消费者提供了新型的消费体验。

新零售对消费者来说,智能时代所带来的最大改变,实质上就是大大降低了消费者获取信息的成本,降低了消费时的犯错成本;对零售商来说,可以以较低的成本来掌握消费者的第一手消费数据,了解消费者的真实需求。新零售从过去为生产者和商品服务,转变为更多地为消费者服务,转变营销经济为挑选经济。

线上零售相对于实体店零售来说,在数据获取和分析上有先天的优势。线上零售恰恰在和消费者沟通方面并不是很积极,甚至在一些交易中完全不存在沟通。线上零售手段比较注重大数据与人工智能和物流供应链方面的应用，这些应用既提升了消费者购物效率，又提高了零售行业专业化制造程度。商家线上线下零售模式发展的目标不同，给消费者带来的购物体验也有区别。在实体店零售和线上零售都具有相对稳定的优势与长期核心竞争力的情况下，两者的融合是一个必然的趋势。以便利店为例，在经历了全球经济泡沫之后，消费者开始看重商品的性价比。消费者作为零售的主体，其意识的变迁推动着产业格局、商业模式和零售话语权的变化。便利店凭借其单纯追求多功能和低价的商品，更贴近生活，具有设计感、易于识别的特点，向消费者传达了一种个性化的生活态度。

在智能时代，由于平台电商的综合效率更高，以淘宝、京东、苏宁等为主的巨头成为流量的垄断者。便利店在 SKU（Stock Keeping Unit，库存保有单位）非常有限的情况下，凭借高效的供应链，在零售行业中脱颖而出，成为有别于其他实体渠道的零售方式。许多便利店在对传统模式进行改造后，取得了不错的成果，类似天猫小店等的一批新式零售实体店正在走向新零售舞台。总体来说，便利店在零售中的发展，在于一个"变"字。经过不断向智能化的改造升级，便利店成为主流业态也只是时间问题。

新零售的快销产品，尤其注重功能性、情感性和社交性。例如，三只松鼠已不仅仅是干果，更是一种下午茶文化。消费者在分享食物的过程中传播了品牌，商品具有了一定的社交属性，尤其是现在的"95后"和"00后"，越来越注重个性化消费和体验。

新时代的购物人群不再像传统零售中的消费者那样，通过与商家的交流来获得减价的机会，商家也不会通过与消费者的沟通，来获得消费者的良好口碑和回购。在智能化时代，减少不必要的沟通反而会促使一些商品的成交。虽然消费者选择商品的过程也是一个试错的过程，但是拿传统零售来说，许多时间与感情都被消磨在所谓的"沟通"中，反而让商家与消费者双方都得不偿失。

一些零售商借助人工智能取代员工，获得了意想不到的效果。此前，欧莱雅收购加拿大的公司 ModiFace，联手 Facebook，在实体店面推出化妆品虚拟试用系统。欧莱雅用智能化设备让消费者看到其本人使用不同唇膏和眼影时的效果，增强现实体验。欧莱雅让消费者本人与智能设备互动来体验产品，相比于与店员的沟通更能获得消费者的好评。同样，零售巨头沃尔玛也正在测试一款自动拣货机器人 Alphabot，消费者在网上订购干货和冷藏物品等商品后，Alphabot 机器人根据订单将商品挑选出来送到沃尔玛的联营公司，由它们完成派送。客观来看，欧莱雅和沃尔玛都减少了商家与消费者的实际沟通，但无一不是为消费者提供了更优质的购物体验。

  一些零售店在引进人工智能后，表面上看整个店面空旷了很多，甚至让消费者缺乏温馨感，没有了传统购物的"人情味儿"，但是仔细了解后会发现，人工智能已经逐渐被赋予"温度"，"懂得"了人类的很多"知识"，是一个真正具有"智慧"的设备，能在零售中带给消费者独特的购物体验。这样看来，传统零售中店员或商家与消费者之间的沟通也就不再那么重要了。

三、AR 与新零售购物体验

  近年来，随着消费模式的改变和移动互联网的普及，新零售模式开始表现出蓬勃的生命力。特别是在科技手段的赋能下，一些实体店在设备升级的过程中，将 VR 技术、AR 技术应用到门店内，将市场重心从"以产品为中心"转移到"以用户体验为中心"。

  在电子商务和实体零售商都面临高产品退货率、店内流量下降和客户忠诚度变化等问题时，相对应的是消费者的购物逐渐变得理性，同时也变得更加"挑剔"。新零售促进了社交网络的开放和移动应用的大规模普及，让消费者更加期望获得个性化零售体验，要求零售商更要善于利用智能手段为消费者提供服务。

如今，一些商家通过 AR 技术为消费者开发极致体验项目。AR 技术利用计算机技术，让虚拟的物体与真实的环境几乎没有时间差地"呈现"在同一个画面或空间。AR 技术不仅在科研、军事、医疗、工业等领域得到了广泛应用，而且作为一种相关的交互技术，越来越多地被应用于零售中。在新零售中，很多企业在发现了 AR 技术的优势后，纷纷将其加入企业发展战略中。AR 技术在新零售中的应用，可以提高消费者购物的趣味性。

例如，科技零售支付宝旗舰店，最大的特色就是融入科技元素，将黑科技与人文体验加以融合。奇客巴士西溪银泰店的科技零售支付宝旗舰店，是奇客巴士和支付宝合作的黑科技零售体验店的全国首家店铺。在奇客巴士店内，消费者可以体验到智能 VR 设备、无人机、平衡车、机器人、3C 电子数码产品等各种新奇的"黑科技"。旗舰店内单从装饰方面就体现了浓浓的科技感，为消费者带来"虚拟"和"现实"相融合的感觉。店内的场景采用了"连接虚拟和现实"的概念，构造出传统与未来、科技与人文之间奇妙碰撞的场景，店面的设计打动了无数消费者。除了具有吸引大量消费者的场景代入感，门店的体验也将科技感体现得淋漓尽致。旗舰店与支付宝合作，采用刷脸支付技术，消费者进店后无须再拿出手机，直接可以刷脸消费。

新零售利用 AR 技术，提高了实体门店的转化率。一些线下门店充分利用 AR 的可视化功能，提高消费者挑选商品的效率，从而提高商家与消费者的成交率。例如，此前 YOHO 推出穿衣魔镜、超感官沉浸场景等特色体验，用科技打造出专属于年轻人的生态圈。专注于打造"潮"牌服饰的 YOHO，在门店中呈现出科技与青春的碰撞。在 YOHO 的试衣间内，配备有智能 RFID 显示屏，智能显示屏除了可以展示每件商品的详情和评价，还能通过大数据分析为消费者推荐店内的单品。如果消费者想换其所试衣服的尺码或者颜色，只需按下镜面上的服务按钮，就会有店员将需要更换的商品送到他的手中。

YOHO 还致力于带给消费者全感官刺激，打造出沉浸式的潮流场景。YOHO 邀请了音乐人和芳香师专门设计背景乐和室内香氛。色彩上的冲击与独特的音乐和香氛交织在一起，让到店的消费者沉浸在店内的氛围中。YOHO 为了迎合年轻人的喜好，收揽了众多 IP，店内不仅有与 MADNESS、海绵宝宝×VaultbyVANS 等潮牌合作的活动，还融入了咖啡、绿植、造型、艺术展等年轻人喜欢的元素，把体验店打造成了时尚的生态圈。通过打造人性化的服务和沉浸式的体验，YOHO 不再是一个销售潮牌的服装店，也不再是一个品牌，而是在科技的赋能下，展现当代年轻人消费方式的地方，其零售的是一种潮流的生活态度。

YOHO 对服饰的诠释，让穿搭品牌突破原本的发展圈，向餐饮、艺术等领域延伸，提高了实体门店的转化率。在店内，YOHO 以连带消费的方式拓宽企业在服饰之外的零售道路，辅以热门 IP 的助力，提高消费者对商品的钟爱程度，减少消费者挑选商品的时间。在零售业的"下半场"，各行业都有了呈现叠加体验的意识。企业将不同的元素搭配到商品中，让店内商品吸收当下消费者最热衷的流行元素，加之以人性化服务，使其产生意想不到的零售效果。

此外，新零售利用 AR 技术，可以提高消费者对产品的喜爱程度，节约实体门店的成本。借助 AR 技术，商家不需要提供给消费者试用品，可以大幅减少库存成本及试用装的浪费。在一些化妆品门店中，试用品不仅会被消耗掉许多，而且店内的试用品每天被成百上千个消费者试用，也存在卫生方面的问题，所以处于世界化妆品行业领先地位的雅诗兰黛，在 App 上推出了试妆的新功能。

雅诗兰黛通过与加拿大 AR 技术公司 ModiFace 合作，推出有试妆功能的 App 与智能试妆设备，让消费者不需要真实地在脸上试用产品就可以知道哪款产品适合自己。在此次合作中，ModiFace 通过它最新研发的脸部追踪和光感渲染等技术，配合展现雅诗兰黛化妆品的质地和珠光感。在 ModiFace 技术的支撑下，消费者的在线试妆更逼真。比如，消费者在试口红时，画面会呈现出自己握着一支口红揽镜自照的效果。

AR技术已不是近两年的新兴技术，此次合作也不是雅诗兰黛第一次用AR技术来卖化妆品。在此之前，雅诗兰黛就曾和另一家AR技术公司YouCam合作，在英国塞尔福里奇百货商场雅诗兰黛专柜、伦敦卡纳比街雅诗兰黛专柜中推出了试妆产品，在这些专柜中，消费者可以试30种不同颜色的口红。

在中国市场中，雅诗兰黛的表现更加积极。早在2016年8月，雅诗兰黛上海来福士广场概念店就曾推出完美彩妆模式。雅诗兰黛概念店除了为消费者提供口红试妆，也提供粉底液和睫毛膏的试妆，但在整个试妆活动中，参与口红试妆的产品最完整。直到现在，这套设备仍然放在来福士的店里供消费者使用。

ModiFace作为为雅诗兰黛提供AR技术的企业，在为化妆品公司提供技术支持后，不仅使化妆品公司吸引了年轻消费群体的注意，而且拉动了企业的销售额。ModiFace还与雅诗兰黛集团旗下的另一个品牌SmashBox合作，利用其AR技术，使品牌完成了可观的销售业绩。

在化妆品公司和零售商越来越重视试妆App和AR试妆体验的情况下，许多企业都在探索零售实体店与AR技术的融合之路。就连中国目前最大的保健及美容产品零售连锁店屈臣氏也在店里增设了化妆品AR体验设备。一些化妆品公司除了和AR技术公司合作，在自家门店或者电商渠道增加试妆体验，也与第三方合作，在线为电商导流。目前，已经有150多个化妆品牌和ModiFace开发的美妆App合作，其中许多国际品牌和一线大牌都支持AR试妆。

在中国市场中，美图公司旗下的美妆相机也开通了口红试色购买渠道。现在，一些美妆相机上不仅提供女士试妆服务，也有男士试妆渠道，试妆产品种类涵盖粉底液、染发膏、眉笔等。消费者可以在App上试用如雅诗兰黛、资生堂、BOBBI BROWN、香奈儿、倩碧、兰蔻、纪梵希等众多品牌，并可通过丝芙兰的官方电商渠道购买产品。在AR试妆领域，除了静态试妆，ModiFace 还推出了直播试妆软件，在 Facebook Live 和 YouTube Live 等平台上可直播其不同的化妆风格。

尽管 AR 技术在零售领域尚未大规模应用，但在未来的发展中潜力巨大。随着人工智能技术的逐渐成熟，已经有很多消费者用到 AR 技术购物，AR 技术成为消费者购物的流行工具之一。借助这种时尚零售创新，商家可以增加消费者购物的趣味性，提高门店效率，降低门店成本，消费者可以获得极致的消费体验，满足了双方的需求。借助新技术，实体店和线上商店都可以为消费者提供更加智能化的购物方式。

四、低价、高品质成为现实

在机器制造逐渐发达的环境下，商品的大规模生产成为主流趋势，导致商品库存增加压力。伴随着新零售的崛起及中国从"制造"模式向"智造"模式的转变，消费者越来越倾向于追求更高品质的商品，去库存就成为当下诸多行业的必然选择。去库存的手段之一就是降低商品的价格，这与传统以价取胜的零售方式不尽相同。传统零售行业中，由于商品的成本较低，所以质量和价格都比较低，造成了残次品多于高质量商品的结果。如今新零售带领着零售行业迈向线上线下的融合发展及转型，新零售在促进商品质量提升的同时，也将商品的价格压至最低。

因此，在新零售的发展浪潮中，低价、高品质的商品逐渐走向市场，占据零售市场的大量份额。类似于 Flying Tiger 这样风靡全球的杂货店也不在少数。Flying Tiger 虽然是一家低价元商品杂货店，但是实体门店却开遍了全球 27 个国家。更有消费者评价说：当我走进一家折扣商店时，我觉得我很可怜，但当我进入这家店时，我觉得自己就像一个百万富翁。Flying Tiger 凭借低廉的价格，赢得了无数消费者的喜爱。

首先，最大的原因就是其店内商品虽然价格低廉，但品质可以和众多高价的商品相媲美。在 Flying Tiger 店铺内，每件商品都具有独特的魅力。店内的商品总是给人眼前一亮的感觉，引起消费者的探索欲望，让其能够在不知不觉间沉醉于商品的魅力之中。这也源于该公司在开发商品时对新奇独特的追求，公司不仅追求商品的实用性，而且力求商品具有独创性。不管是传统零售还是新零售，产品好就是最好的营销。Flying Tiger 不仅产品质量好，而且每件产品都极具创意，让消费者看到就会忍不住想要得到。

其次，Flying Tiger 还尤其注重消费者对门店的新鲜感。Flying Tiger 产品上新频率一般维持在 4~6 周，门店几乎每个月都会有将近 300 款产品上新，不断带给消费者惊喜。快速上新使店面保持了较高的活跃度，让消费者每次到店都会有新"发现"，在带来极致消费体验的同时，让消费者保持对门店的新鲜感，牢牢抓住了大众的消费心理。Flying Tiger 的目标消费群体年龄跨度较大，基本属于"老少通吃"。无论在哪个商圈，几乎都可以看到 Flying Tiger 店内年轻人沉浸在"低价创造无价"的魔力里、老人在为孙子挑选新奇小玩意儿的场景。

最后，也是最吸引当代消费者的一点就是，在日本，Flying Tiger 店里的商品极具创意。店内几乎有一半的商品都出自名家之手，屡次获得过日本优良设计大奖、IF 设计奖和视觉设计专业杂志 *Communication Arts* 颁发的视觉传达艺术奖等奖项。简单来说，Flying Tiger 卖的不是杂货，而是设计。

一方面，Flying Tiger 为了降低成本，几乎 90% 的商品都是在哥本哈根的总部设计的。设计师综合考量价格、外观、功能、质量这四个元素，确保以最低的价格，设计出漂亮、功能齐全的生活小玩意儿。另一方面，Flying Tiger 有着比传统实体店更"温情"的一面。店内几乎每件商品的底部，都会有 kaerlighed（意为"爱"）的标志，让消费者在购买这些日常小物件时，还能感受到一丝暖意。可以看出，Flying Tiger 也在想方设法让人们以一种有趣的方式生活。

在竞争日益激烈的新零售中，物质生活日益丰富，大量的品牌涌进人们的生活中。这个时候，零售战略就变得极为重要，单单采取低价策略就取得成功的品牌并不多，Flying Tiger 算是一个成功的例子。但是，Flying Tiger 在创造低价优势时，也在努力将商品品质提升上去，走出了一条让"低价创造无价"的新零售之路。

新零售让许多零售企业探索出了发展的新思路，特别是一些零售巨头，它们对新零售做出了不同的诠释。京东在开拓新零售时，以"多、快、好、省"的特点将极大的优惠力度和高质量表达得淋漓尽致。

其中，"多"并不是指商品的数量或者种类多，而是指需求满足度高，致力于用更少的 SKU 来满足消费者更多的需求，达到更理想的零售结果。另外就是选择多，消费者在京东可以"货比三家"，在省钱的同时，可以买到高品质的商品。

"快"是指在这个快节奏的社会，京东缩短了零售时间。新零售业态的出现，将生鲜水果店、社区折扣店带到消费者的生活中，很大程度上节省了时间成本。京东对社区零售店、夫妻小店的改造，将线下零售的渠道带入线上发展。这些小店所提供的购物服务，可以在一个小时内完成，对大多数时间紧张的年轻人而言，是个非常不错的选择。盒马鲜生线下门店生意之所以如此火爆，很大程度上是因为迎合了这类消费群体的需求。

"好"是指商品质量的提升。新零售时代，在日常购物中消费者不再以价格为首要出发点，而是在注重质量的基础上，再追求性价比。事实上，由于规模效率的影响和残酷的竞争，剩余的商品往往都是性价比最高的，很大一部分商品都在快速消逝中。其中，在生鲜市场，消费者逐渐从注重安全、便宜过渡到注重品质、营养、多样。京东在提升商品品质、降低商品价格的同时，带给消费者线下购物的休闲感，使其身心愉悦，提升了消费者的购物体验。

"省"则是京东在新零售中较好地抓住了"性价比高"这个卖点，并通过智能手段的赋能，使消费者在购物过程中尽可能地省时省钱。

新零售在满足消费者需求时尤其注重提升消费者的购物体验，京东正是以"多、快、好、省"的方式来满足消费者需求的。从消费者层面分析，商家正从经营商品逐渐转变到经营客户上来。线下零售业态的通病就是客户流动性大、留存率低，很多门店甚至根本没有会员体系。因此，商家通过开发电子会员和改进线上运营来提升会员真实率、留存率和购物活跃度。线上发展在电商时代，因距离远、物流时间长，重点突出"多"和"省"两个方面，但质量却上不去。京东通过商户和信誉体系的建设，将好商家、好商品筛选出来给消费者，先将部分"好"的问题解决了。但是筛选的成本高、无法完成现场体验等问题难以超越线下，所以京东加强了物流基础，实现了"当日达"和"次日达"，相较于线下超市和便利店，京东提供送货上门服务，获得了良好口碑。

线下超市和便利店在商品的普及度方面，不如淘宝和京东等线上渠道"多"，价格方面不如淘宝和京东"省"，消费者到店购买一定程度上也不如淘宝和京东"快"。因此，新零售在发展相对成熟之后，着力拉动线下优质零售商的发展，推动供应商尽可能地达到"好"。

新零售业态在降低商品成本、提升产品质量方面取得了不错的成绩，新业态在电商基础上进一步降低获客成本和物流成本，同时又帮助线下零售商提升人效和坪效，带动着新零售在智能时代的发展。新零售通过对"人""货""场"等核心元素重构，既具有线上零售的优势，又规避了线下零售的缺点，形成了融合线上线下零售的新型零售业态，并且商品的成本更低、质量更高、让消费者产生的体验更好。

五、线上重效率和质量，线下重体验

新零售对零售产业的重构，不仅表现在将零售线上线下打通，而且还根据渠道的不同，结合双方的优势，充分凸显线上线下渠道特点，形成两者之间的优势互补。一方面，从线上渠道的角度来说，新零售以电商为基础，利用人工智能将线上高效的优点发挥到极致，还通过完善线上渠道，提升商品销售的效率，实现零售的升级；另一方面，从线下渠道来看，在新时代的大环境下，人们的物质生活已经基本被满足，人们逐渐追求精神层面的提升，消费者在购物时，尤其注重购物体验，新零售从这一角度入手，充分将智能技术和手段用于实体店中，着力提升消费者的购物体验。

新零售的线上商家大多是由电商发展而来的。电商最初问世时，作为一种全新的零售模式，极大地节省了人们购物的时间，提升了购物的效率，一经推出就广受推崇。经过前期的高速发展，电商逐渐进入疲软期，增速明显放缓。在物流方面，电商的成本也一直居高不下。许多商家面对这种形势已经在寻求新的发展道路。线下实体店由于人工智能的赋能和消费者对购物体验的重视，其应用价值重新被人们看到并呈现出许多新的发展可能。

许多线下零售店已经实现了线上渠道的转型。线上渠道更加重视效率和质量，这让许多升级的零售商在开拓线上发展道路时更有信心。例如，百丽作为百丽国际旗下的时尚鞋履品牌，自从私有化之后，就面临着如何零售的难题，而最合适的解决方案莫过于将企业进行数字化转型和发展新零售。百丽新零售在不断探索中，从零售手段到深藏背后的零售运营逻辑等，都在发生着变化。百丽在开发线上渠道时，将一些运营手段数字化，利用更加复杂的算法和人工智能方式，优化补货逻辑及产品周转等，逐渐走向手段智能化、应用公式化、设备数字化的零售进程。百丽利用人工智能，将数据本身作为驱动公司发展的生产力，实现了全流程的数字化。

在全流程化的数据改造过程中，百丽不仅变革了经营手段，也推动了产品不断升级。在百丽的产品中，一双鞋的供应链、设计制造、门店决策、会员管理等流程，都会被纳入数据化流程。百丽利用人工智能手段，在它原有的运转引擎上，增加了一个个新的观察点。升级运营手段后，百丽与天猫合作，开发企业线上零售渠道，在官方网站同时在线销售产品，打通线上零售渠道。百丽作为女鞋中的老品牌，质量方面已经收获了一大批忠实的"粉丝"，线上渠道则提升了百丽零售的效率，在开通线上渠道的短短时间内，百丽就收获了较好的销量。

在服饰鞋业类型的营销中，产品的生产量是依靠感知市场来做出反应的，但百丽经过转型之后，更多的是用数据说话，利用数据来分析市场和顾客，在把握老顾客的基础上拓展新顾客。百丽经过数据化的创新，引进 RFID 技术为门店的鞋子配备智能芯片。RFID 技术根据顾客对一款鞋子试穿的频率、时间等数据，动态监测其偏好，作为分析顾客的基础数据。

早在 2018 年，百丽旗下的时尚鞋履品牌 STACCATO 门店，就通过数据分析一款新上线的鞋子。该款鞋子在试穿率排名第一的情况下，实际转化率只有 3%。STACCATO 工作人员调研后发现，该款鞋子鞋带过长，消费者虽然喜欢鞋子的版型，但由于实际存在一些小问题，消费者还是选择不买或者买其他替代品，因此，在有较高试穿率的情况下该款鞋子的实际销量却并不乐观。STACCATO 结合数据与实际的调研结果得知其原因后，立刻将这款鞋子调回工厂改进后重新推出，转化率上升了 17%。仅这一款鞋子，就创造了千万元的销售额。

经过此次事件之后，百丽看到了大数据在零售方面的巨大作用，之后和腾讯智慧零售合作的智慧门店解决方案"优 Mall",是百丽在更大范围的数据化尝试。这一方案主要是收集进店流量、消费者店内移动线路和属性等信息后,构成店铺热力图,作为门店货品陈列的依据。例如,根据惯有逻辑,人们普遍认为运动品牌店的男性流量大于女性,所以一些运动品牌店内的男女鞋铺货比大多为 7:3。实际上,根据大数据分析显示,一般运动品牌店的女性消费者占到总客流的一半以上,按照传统的陈列及商品比例来说,这显然是"人"与"货"的不匹配。一些运动品牌店根据这一分析结果,增加了店内的女鞋陈列,都不同程度上提高了店内的销售额。

百丽不仅在商品及零售方面进行了数字化改革,而且还为店员提供货品管理等工具包,通过大数据洞察并优化货品陈列、借助精益管理提升供应链能力等。例如,在数字化升级之前,一个商品的标签往往只有几个,经过数字化升级之后,百丽所卖出的每双鞋都有数百个标签。可以看出,在零售的过程中,百丽将数据本身作为生产资料,加以算法分析等手段,驱动业务转型。

百丽还将数字化的应用下发到每个店员手中。在百丽的实体门店中,店员可以查看消费者在店内的历史消费数据,可以查看和纠正自己的销售业绩,可以增加消费者数据维度,也可以根据数据反馈优化自己的销售行为等。例如,滔搏运动和腾讯智慧零售合作后,有数万名滔搏运动的店员利用小程序、企业微信及其他百丽自主开发的数字化工具,为消费者提供升级服务。在滔搏实体店内,店员可以添加消费者微信,为其提供一对一的服务,还可以将消费者引导至线上社群,形成多个不同主题的社群;还有一些店员会建立消费者的微信群并进行日常运营,比如组织线上线下活动、分享最新最潮的新品资讯、给予专业运动知识和建议、提供老客群内预约到店试穿抽奖等会员服务。滔搏店员以活跃线上社群的方式,让消费者与门店保持密切联系,消费者可以在第一时间了解到门店的实际更新状况,随时进行线上订购。

在推动线下实体门店优化的过程中，百丽往往先以一两个门店或者局部地区为试点，把整个流程跑通之后，才会进行大范围推广。百丽在尝试创新的过程中，会考虑各种可能存在的风险，在推出之前会进行风险评估，甚至会将所有创新尝试分为尝试、小试、中试和推广四种类型，以全面平稳的方式进行数字化升级。百丽在数据化方面通过与众多科技公司的合作探索，使门店以最小的风险进行数字化升级，与当今所提倡的新零售相呼应。

线上线下作为新零售两个不同类型的渠道，侧重点各不相同，形成了不同的发展优势。线上零售数字化更强，在零售的过程中，大都通过隐性服务完成，因此具有效率高的优势。线上零售的成本也相对较小，所以可以将重点尽可能多地放在产品的质量及新产品的研发方面。线下实体门店虽然具有时间、地点等约束，但在消费者体验方面有独特的优势。因此，两者在发展中可以以优势互补的方式，探索出融合发展的新路子。

在电商发展最初时，线上线下两种零售渠道一度走上了分裂的道路。新零售倡导两者不应该只存在竞争和分裂，融合才是正道，推崇两种渠道相结合的发展道路。线上线下一起销售，不仅可以打通零售的渠道，而且可以为消费者提供极致的服务体验，充分体现线上高效、实时、高性价比，以及线下体验性强的优势。

六、人人可以成为零售商，零售形态的回归

从电商时代起，零售就不再单单是指一个企业或一种商品种类的零售。在零售行业渠道细分的同时，零售商也被重新定义。在智能手段的赋能下，电商逐渐发展起来。随后，一系列微商的崛起将零售商与消费者的距离拉

到无限近，致使消费者身边遍布零售商。

自新零售被提及并逐渐发展后，微博、Facebook等社交平台也成了零售的一大"场地"，许多"网红"以直播的形势宣传商品，展现其强大的"带货能力"；微信平台也成为许多微商的宣传地，微商以发朋友圈、发私信等方式向好友宣传商品，以在线接单、实时销售等方式完成商品的在线营销服务。因此，线上平台的发展让最初的零售形态回归——在当今社会中，人人都可以成为零售商。

随着移动互联网的迅速发展，网络已经成为人们生活中不可或缺的存在。许多人都变成了"低头族"，随时随地都在上网。人们在翻朋友圈、刷抖音、看新闻时，随处可见商品信息，有时还会有商品链接，点开即可直接购买。消费者随时处于可购物的状态，购物模式也从过去的消费者找商品转换成现在的商品找消费者。这也造成个人转化为零售商的门槛越来越低，从而促成人人都是零售商的零售形态。人人都是零售商的表现之一就是微商。

微商主要是在微信朋友圈以代购、分享及售卖非标产品为主要形态的零售模式。尽管微信的诞生并不是为了商品的交易，但伴随着版本的迭代和支付功能的推广，精于商业的生意人寻找到商机，开始囤货并在朋友圈发布广告图片进行售卖。微商与传统电商的不同之处在于，它是一种全新的基于人与人之间"强关系链"的社交电商模式。

例如，柚子大王"李金柚"，在新零售中开辟出线上卖柚子的微商之路。李金柚的创始人是一位名叫李恩伟的"80后"创业者，在创业之初，李恩伟就投身于农业种植，严加把控产品的质量，运用产品品牌化思维经营万亩柚园，不仅形成了种植产品的规模化，也在市场上闯出了一片天地。身为地道的梅州人，李恩伟从小就随母亲管理自己的柚子园，也是这片柚子园支撑着家里大大小小的生活开支。长大后的李恩伟，在外积累了工作经验后，便回老家和一位专注柚果20年的邻居大哥李永生开始策划"李金柚"这一品牌。李金柚上线后，李恩伟以发展代理、合伙人的方式，在短短两个月内就完成了将近 2 万箱柚子的销售。

之后，李恩伟思考是否应该走电商之路，通过电子商务将家乡的柚子推到市场上去。但是当时的条件还不成熟，乡下的产品首先在物流方面就受到了很大制约。如果想入驻电商平台，开旗舰店就需要一笔高昂的费用，而且还需要运营团队，权衡之下李恩伟并没有把线上平台这一设想落地。

经过一番探索，李恩伟偶然间得知微商的运营思路，认为这是一个可行的营销方式，于是借助电子商务销售柚子，开始尝试做微商。李恩伟对微信里的朋友进行分类，准备好营销柚子的相关内容，选择关系好、有影响力的朋友帮忙宣传推广。最初单靠微信里的 800 位好友，李恩伟 15 天就销售了 1000 多箱柚子。李恩伟以朋友圈裂变的方式，接触到一些农特微商圈内的好友，借力传播，引起了很多人的关注。

随着微商圈的范围逐渐扩大，李恩伟也会受邀参加一些会议、活动进行分享，有了在更多人面前推广李金柚的机会，大大提高了品牌的知名度。李金柚在千人农友会上获得了"最具人气微商品牌奖"，更是李金柚线上零售的一个成功标志。在新零售环境下，李金柚不只在微信平台做传播销售，还通过多种销售途径，在线下、线上同步推广。

李金柚能如此高效"圈粉"的原因在于，柚子本身是一个广受喜爱的水果，同时李金柚也解决了剥柚子这件麻烦事。为了避免消费者徒手撕柚子所带来的苦恼，李金柚的每箱产品中都贴心地配送有"开柚神器"，帮助消费者解决了柚子好吃不好开的困扰。这一人性化的设计给产品及其服务都加分不少，还有不少消费者就是冲着李金柚的开柚神器下单的，李金柚从人性化服务入手，为消费者带来了极致体验。

微商让零售彻底走进消费者的生活中，造就了人人都可以成为零售商的局面，在随后的发展中，以裂变的方式衍生出了以社交为基础的购物模式，类似于从传统电商到社交电商的发展。然而传统电商与社交电商又有许多不同。对于传统电商而言，消费者一般是有了购物需求后，再到电商平台上搜索自己需要的商品，这个过程是有明确目标的、计划式的。消费者一般只会浏览自己需要的商品品类，有明确的目的性，对于自己不需要的东西并不关心。社交电商的购物模式是商家把商品分享到消费者面前，以较低的价格、有趣的内容激发消费者的购买欲望，通过信任机制快速促成购买，提高转化效率，然后以激励机制激发消费者主动分享意愿，降低获客成本。

社交电商是以当今智能、数据、交际等元素，将人们日常生活中不可或缺的东西相融合，利用网红、直播、微信、短视频、游戏等入口进行转化，从不同场景链接，以自带流量的方式打造出的零售手段。社交电商以"多对多"的服务模式来对传统电商中"1对多"的服务模式进行升级，最大的特点就是每个人（包括消费者和零售商）都是平台的主人。只要有裂变就有流量，有流量就能创造价值。

在新零售的发展中，电商作为线上零售模式似乎已经落伍了，但在2019年，云集的上市让行业为之振奋，拼多多市值的突围开发出社交零售的新模式。微商作为社交电商的前身，在打造了人人都可以成为零售商的基础后，促进了大批火爆的"草根"微商品牌在零售行业崛起。随后，微商走上了鼎盛时期，诞生了诸如云集创始人肖尚略、俏十岁创始人武斌、思埠集团创始人吴召国、蜜拓蜜创始人张爱林等一批中国早期的顶级微商。他们的目标拆解能力、目标跟踪能力是他们成功的必杀技能。

由此可见，社交电商与微商在很大程度上拓宽了人们走上零售的道路，为人们提供了零售的多样方式，造就了一批又一批的零售商。新零售作为以往零售的升级版，是以往零售去粗取精后的升华。零售行业凭借渠道的升级和多样化的发展，用全新的方式演绎了富有科技气息的智能新零售。

七、创业者的"练马场",小资本撬动大社会

新零售作为零售的最新形态,最大限度地将智能手段与零售结合。自从人类社会进入智能时代以来,越来越多的年轻人走上了创业的道路。特别是"90后"成年进入社会以后,作为有创新思想的一代年轻人,他们将创新思维贯彻到底。

当然,提到创业,大多数人的脑海中会蹦出来一个人的名字:马云。马云作为21世纪成功创业的典范,他的创业经验被很多人奉为经商圣经,所以,许多人通过研究马云的创业经历,来总结创业应注意的一些规则。

在这些规则中,最重要的一点就是必须具备马云的创业思维。第一,要明确创业是为了梦想,而不是为了生存。作为一名创业者,首先要清楚地认识自己想干什么,清楚地知道自己的梦想是什么。马云怀揣着要建立电子商务公司的梦想,创建了阿里巴巴,成为中国创业史上的传奇。第二,要找最合适的人或团队合作。一个人要想成功必须要创建一个团队或者加入一个团队,只有在团队中才能爆发出思想的火花,才能有精神的寄托。创业不一定要找最成功的人,但一定要找最合适的人。类似于《中国合伙人》中的例子在实际中也数不胜数,在创业中选择合作伙伴很重要。一些人虽然很有能力,但不一定适合合伙创业,要经过多方面的磨合才能找到最佳搭档。马云在开始创业的时候,邀请了22位朋友到家里讨论,当马云说出他创业的想法以后,有21个人反对,只有一个人说:可以试试。因此,当你的梦想跟别人的利益无关的时候,要坚持自己的选择,在创业途中寻找与自己志同道合的人,才能在创业道路上互帮互助,到达成功的彼岸。第三,创业需要有逆转思维。毕竟商场如战场,一味地依靠固有思维,是无法开辟出新道路的。

除了马云创立阿里巴巴这一人尽皆知的创业成功事例,还有北大学子陈生卖猪肉的创业事例。陈生的经历吸引了许多人的目光。提到陈生,大家会给他贴上各种标签:创客、北大才子、猪肉佬等。毕业于北京大学的陈生在最初卖猪肉时引起外界的一片诧异,但陈生的观点是:北大的学生可以卖猪肉,但是不能老在一个档口里卖猪肉,或者说不能老是自己在卖猪肉,要是让我卖猪肉,我一定会卖出点"北大水平"来。现在看来,他确实做到了。

人工智能手段的日益完善为创业者提供了较好的创业环境,许多创业者紧紧抓住时机,小到小卖店大到连锁店,创业者都凭借自己的努力和科技的帮扶闯出了自己的一片天。东北"90 后"小伙小孙开设京东便利店,打拼出自己的事业。小孙是黑龙江人,在初到北京时做了一年的销售工作,之后,小孙偶然间发现烧烤在他工作的地方是一个缺口,于是便辞职,和朋友一起开了一家烧烤店。随着烧烤店生意越来越红火,小孙有了再次创业的本钱。不久,他的京东便利店开张了。小孙本人从未有过开店的经验,但他平常买东西基本都是在京东平台上。小孙了解到,京东的商品在质量和送货速度方面有相当大的优势,于是申请了京东便利店通道,走上了与京东便利店的合作之路。在小孙的便利店中,京东不仅对店内装修、货架陈列还有开业当天的活动安排都提供了专业的配套服务,而且也妥善解决了便利店的进货问题。

京东推出了适用于店主的京东掌柜宝进货 App,货源上品类齐全,有质量担保,还能及时配送。掌柜宝进货 App 中,很多货源都是京东自营的,品质有保障。如此一来,小孙便利店里的商品无论是数量还是质量都比较有保障。小孙作为店主,也为消费者提供了优质的服务,让消费者体会到最大限度的便利,所以,在短短时间内,店内的营业额逐渐提高,店里的人气越来越旺。

小孙作为当代年轻人,看到新零售的发展趋势产生了创业的念头,依赖商业巨头京东这个"金字招牌",使小店的辐射范围比一般的便利店大很多。很多消费者看到"京东"两个字，就会有种莫名的安全感和信任感，大多会主动走进便利店。依靠掌柜宝进货 App，小孙在供货方面就没有了后顾之忧，把更多的精力用在研究消费人群上，增加店铺盈利。无论是大型卖场还是便利店，都会在无形中让消费者对每次购物体验做出评价。新零售中，消费者的购物体验逐渐被重视。

时代在不停变幻，人们的创业形式与过去大不相同。小孙依赖京东让自己的创业之路走得相对来说不那么艰辛，但有些道路仍需要创业者自己去摸索。新零售不同于以往零售的一个地方就是，新零售用智能手段和科技思维为人们提供了创业的无限可能。前有盒马鲜生、星巴克、小米之家的应用榜样，所以创业者在创业时，可借鉴巨头企业的零售模式与智能应用，在零售行业开辟出无限可能。

在优化社会环境、创建文明城市的呼声中，各地市民纷纷响应国家号召，做出自己的贡献。以往的菜市场逐渐消失在大众的生活中，取而代之的是生鲜超市。一些青年从这一方面入手，开启了自己的创业史。例如，叮咚买菜这一应用的开发就是为了解决用户买菜难的问题。在这一应用中，有近 700 种品类的产品，涉及各种蔬菜、水果、肉、蛋、禽、海鲜、日配（米面粮油、调料）等。叮咚买菜平台秉持"绝不把不好的菜卖给用户"的理念，以零起送费零配送费的优惠，打着 29 分钟送菜上门的口号，将高品质的商品、高效率的配送、人性化的服务带给每位消费者。

叮咚买菜自 2017 年 5 月正式上线起，在短短四个月内就已经实现日单 6000 以上，并且一直呈持续上升状态，良好的用户体验使其复购率超过 52%，平均客单价达到 45 元人民币以上。进入生鲜市场后，叮咚买菜并没有受到盒马鲜生这种大型零售巨头的影响，反而因为其平台较小，所覆盖的用户恰恰是大型零售店没有涉及的人群，让其在短短时间内就崭露头角。

叮咚买菜的创始人为出生于安徽农村的梁昌霖，因从小生长环境的影响，梁昌霖骨子里认为食物来之不易。军校毕业后梁昌霖进入部队，转业又创业，是一名连续创业者，叮咚买菜不是他第一次创业的成果。在一次次的尝试后，梁昌霖认为生鲜表面上看是消费互联网，实则是产业互联网。从小的农村生长环境让梁昌霖对传统农业有着基本的了解。现代农村土地经营权流转，生鲜新零售项目规模化增长及物流、大数据、人工智能等技术的进步和供应链的不断优化，体现了农业产业发生的一系列变化，于是他毅然决然地选择了生鲜创业之路。

事实证明他是对的，也是明智的。首先，农村土地经营权流转，不仅出现了大型、现代化农业企业，而且让一些大型的房地产企业也开始涉足农业，间接地提高了生产技术和产品品质；其次，生鲜新零售项目规模化增长，让消费者越来越重视农产品的品质，逐渐提高了产业链中的产品质量和服务；最后，物流、大数据、人工智能等技术的进步，降低了物流运输的成本，提高了产品的质量，从而提升了零售商家的销量，也让生鲜市场活跃了起来。

截至 2019 年 7 月底，叮咚买菜完成了 B4 和 B5 轮融资，在获得新一轮资本加持后，叮咚买菜所处的上海市场，生鲜领域的竞争将更为激烈。作为在新零售环境下的创业尝试，叮咚买菜已达到与每日优鲜、盒马 MINI 小店等较大型零售店不相上下的发展势头。

进入 2020 年后，叮咚买菜更是发展信心十足。一方面，生鲜电商的发展已经进入寒冬，一些明星创业公司先后陷入经营泥淖；另一方面，盒马鲜生、超级物种、美团小象生鲜等巨头资本加持的生鲜项目中，一边闭店一边开店成为常态，叮咚买菜已备好粮草，准备一路子弹频发地走向新零售的高地。

作为初生牛犊的叮咚买菜，为何在初创的短短两年时间内就如此成功？这无疑是时势造英雄的结果。新零售不仅带来零售的新发展阶段，而且带领广大青年将多种零售手段运用于人们的日常生活中。叮咚买菜的数据显示，2019 年叮咚买菜全年的 GMV（Gross Merchandise Volume，成交总额）超过 50 亿元。叮咚买菜已在上海、杭州、宁波、苏州、无锡、深圳六个城市开设将近 550 个前置仓，日均订单量超过 50 万单。截至 2019 年 12 月底，叮咚买菜单月营收达 7 亿元。

新零售为创业者提供了良好的创业环境，促使其纷纷试手，用小资本撬动大社会。在当今零售的形势中，网购人群在购物群体中占有较大比重，创业者对线上线下市场融合的改善，在很大程度上促进了新零售的发展，也开拓出小资本发展的无限可能。未来，零售市场将持续发展，焕发朝气与活力。

新零售的发展以"人"作为零售中的重要主体，致力于带给消费者极致体验，将人个性化的需求作为重中之重。在大数据和人工智能赋能下，商家推出低价、高品质商品的同时，也在以增强现实感提高消费者的购物体验。新零售为许多创业者提供了新的平台与思路，让创业者用新活力开拓出新零售的无限可能。

第九章

货：尽人所需的新产品

　　新零售不仅满足了消费者购物的极致体验，而且加快了产品的迭代升级。企业在产品管理方面也相继融入智能化手段，呈现出数字化、数据化的管理模式，实现了产品在存量、增量与流量上的可视化，优化了整个零售过程。

在人工智能、大数据、区块链等技术赋能下，零售行业中越来越多的新产品被开发出来，其中原创品牌凭借其独特的魅力吸引了大批消费者。在消费升级的时代背景下，消费者逐渐将重心从注重产品性能转移到产品本身所具有的独特吸引力上。随着越来越多新产品被开发出来，企业在管理模式上采取标签化管理，同时将产品的存量、增量与流量可视化，打造出具有时代标志的新产品。

一、原创品牌的魅力

在消费升级的时代背景下，零售业已经进入新的发展阶段，在以"90后"为代表的新生代消费群体的推动下，产业结构不断升级。需求侧的消费理念和认知的变化，引导着供给端更加主动地站在消费者的角度来思考产品迭代的问题。在需求引导供给的情况下，零售商更加积极主动地寻求消费者所钟爱的产品，因此一批原创品牌相继进入消费者的视线中。

原创品牌以"独一无二"为标签，既能满足消费者对产品创新的需求，又能极大地提升消费者的购物体验。新零售重新对"人""货""场"诠释后，零售市场中的"货"也与以往有了很大的不同。

"货"在新零售时代，是产品，是服务，也是体验。如今的购物群体大多为"80后""90后"这些新一代的消费群体，他们对时尚个性化的需求和自我身份认同的追求较高，因此许多零售商为达到其满意度而追求市场品牌的细分。

服饰在人们的日常生活中扮演着重要的角色。服饰领域作为新零售的一部分，在世界范围内掀起的潮流文化热浪也是层出不穷的。以中国李宁等为代表的国货服饰品牌，也紧紧抢占潮流文化浪潮的风口，实现品牌年轻化、个性化转型。现阶段原创品牌的发展离不开消费者的认可，这是一个循序渐进的过程。据阿里巴巴统计，2019年原创品牌服饰的成交量已高达4亿元。

新零售融合线上线下发展模式后，在很大程度上带动了线下实体零售店的发展，许多零售商从这一角度出发，开发出原创的服饰产品。例如，"就试试衣间"的创始人凭借着多年从事服装行业品牌零售和连锁经营的经验，打造了自主服装品牌。在新零售的发展之下，就试试衣间前瞻性地认识到服装零售业的弊端，尤其是库存压力的不可控性，将会使整个市场面临重新洗牌的局面。传统模式需要改变，零售商必须在了解原有服装零售模式后，重新安排产业链的服务和消费关系。因此，基于这种现状，就试试衣间的创始人将独家原创服装放置到就试试衣间店面中，打造了一个可以吸引当代年轻人进入的零售店。

当传统零售行业面对电商的冲击和同行业的竞争时，实体经济和电商经济也都遇到了瓶颈。与此同时，零售市场的消费群体和消费特点也发生了很大的变化。因此，就试试衣间与阿里巴巴合作，在市场需要创新的环境下，让新零售的概念落地。就试试衣间与阿里巴巴以融合线上线下的购物模式，打造了一个女生会员专属乐园。

就试试衣间的主要目标消费群体为"85后"至"95后"的女生。在就试试衣间将近2000平方米的门店中，涵盖了满足女性消费群体的服饰、鞋、包、化妆品等多样化产品和多个品牌。店铺中的每款产品都是网上的"买手"在天猫排名前100的原创设计品牌中，精心挑选出来的最具有代表性的潮流产品。店内衣服不仅性价比高，而且采用线上线下同款同价的方式，在突出新零售特点的同时，使原创品牌的产品得到了极大程度的宣传。

通过双方的合作，阿里巴巴为就试试衣间提供了系统开发服务，以解决店铺供应链的问题。同时，阿里巴巴还将就试试衣间引入天猫品牌。天猫品牌在就试试衣间的入驻，不仅能够展示天猫品牌的形象，还能为品牌提供"粉丝"活动的场所，为电商提供新的引流渠道。这种合作的关系促进了就试试衣间与阿里巴巴的双向发展，达到了双赢的效果。消费者在就试试衣间实体店，可以通过线下的体验感来弥补现代网络购物带来的试装空虚感。就试试衣间通过空间的改造与设计，给消费者营造了一种多角度的消费环境，使消费者在购物时产生心理和生理上的愉悦感。

就试试衣间结合新零售与智能时代的特点，在店铺内融合应用智能科技与数据，展现出具有时代特征的智能新零售。就试试衣间门店入口处设置有闸机，消费者要想进入门店，就需要扫码下载就试试衣间的App。这样看似是在给店铺设置门槛，实际上却是在流失一些客流量后，留下了相对精准的消费者，在做新零售的同时做到了"心零售"，给消费者更好的体验感。就像就试试衣间的创始人所说的：虽然失去了一批不爱我们的客人，但是拥抱了一批挚爱我们的客人。进入门店的大部分消费者都认同店铺的环境，赞赏店内的装修与设计。

就试试衣间不仅在产品与服务方面进行了升级，而且在以消费者为主的服务方面也逐步迭代升级。店铺设置了闸机，反而导致消费者对门店的好奇心增强，想要深入探访就试试衣间。在开业当天，门店现场气氛就很火爆，App的下载量也一路飙升。

就试试衣间的整个门店中，服饰专区一共分为五个主题区，分别是森女区、名媛区、OL区、潮女区和欧洲小镇区。这些主题并不是盲目地划分或者是为了方便而划分的，而是按照消费群体的消费习惯和消费心理来划分的。每个区都按照各自风格的属性来进行不同空间的规划，而且每个区都至少配备了12个试衣间和一个回收筐。消费者试完衣服后，不需要自己整理，直接放到回收筐里就可以了。在消费者追求独特的情况下，就试试衣间门店的衣服更新速度极快，每周二都会定时更新，并且门店没有库存，做到了将产品创新与个性一体化，满足了消费者的购物需求。

随着人们消费水平、文化水平的提高，年轻消费群体的消费习惯、消费心理发生了颠覆性的变化，商家只通过在视觉上改变产品或门店，已经无法获得他们的喜爱了。如今的线上消费群体思想前卫，在购物的过程中极为注重互动感、体验感。在这个人人都是主播的时代，"拍""秀""晒"已成为现在年轻女性的必需品。基于这种需求，就试试衣间在门店为消费者提供了场地，满足了女性们的"明星梦"。

就试试衣间门店还配备有五个超大的 LED 屏和 10 多个中屏，供消费者与"粉丝"进行互动。店铺内每周都会挑出人气最高的照片，把这些照片投放在屏幕上，轮流播放，让更多人看到。店内的每个区内几乎都会配备一个"美拍直播间——我是星探君"的设备。消费者若想使用这个设备，只需打开入门时下载的 App，扫描"扫星探君"标识上面的二维码，将照片上传至星探君，照片就会被存储在这里，并且会被循环播放。同时星探君的屏幕上面还会有弹幕，支持消费者评价、留言。为了给消费者提供一个更好的拍照、直播环境，就试试衣间门店还为消费者提供智能自拍杆、直播架、饰品、座椅、手机接口等道具和工具，衣服也让消费者随便换、随便搭，所以，门店每天都会聚集很多人做直播。

就试试衣间门店内的每件衣服都有一个二维码，消费者在逛店时遇到喜欢的商品只需扫一扫就可下单，完成支付后可选择自取，也可享受送货上门服务。App 中的"撒娇"功能、拍照视频功能等都为消费者带来了无限乐趣，让消费者的逛街之旅变得有趣、精彩。就试试衣间可以通过 App 平台，及时了解消费者反馈的情况，不断地优化消费者的购物体验。

新零售作为传统零售的升级版，更符合时代的需求。新零售区别于传统零售的一大优势就是以消费者体验为中心，线下线上相互融合。商家只是简单地将线上线下的商品打通是不行的，还要密切关注消费者体验、线上线下渠道、供应链、货品更新速度、产品性价比等多个方面，多方协调后实现最优升级。商家店内原创产品的超高销量也会为门店提升不少人气。就试试衣间与原创设计师品牌的合作，为有梦想的设计师、转型商家搭建了一个更为宽广的展示舞台，以应对原创品牌不断提升的需求。

可以看出，随着市场需求的不断增加，中国的原创设计品牌也迎来了新的增长点，逐渐得到市场认可，并拥有了自己的"粉丝"群体。中国原创设计的前景是光明的，但道路是曲折的。市场品牌的发展需要升级现有的销售渠道，当今零售市场紧缺的就是类似于就试试衣间这种类型的零售店，原创品牌的"货"是当今新零售中消费者所钟爱的产品类型。

二、新产品到底是什么模样

新零售是一种数据驱动的以消费者体验为中心的泛零售形态。在倡导零售行业向新零售转型的过程中，整个零售行业线上线下渠道发生了翻天覆地的改造与升级。伴随着消费者观念的改变及对新产品的追求，消费升级也成为一种常态。新一代消费者正经历着从消费结构、品类选择到内容选择的升级，在对产品本身要求提高的同时，他们也越来越愿意尝试新鲜的东西，追求更优质的体验。于是，市场上出现了一些发展迅速的新品牌和细分品类，特别是在茶饮方面，像喜茶、奈雪の茶、CoCo、快乐柠檬等新式茶饮越来越受到广大年轻人的追捧。这些产品无一不是产品在体验上的升级，切中消费者对于产品或情感的需求。

中式新茶饮，作为一种与奶茶、水果饮料等交汇延伸出的新产品，以健康、时尚、社交等元素为主要特色，种类多元化。新茶饮采用现泡茶汤、新鲜牛奶、新鲜水果等材料，在原材料方面严格遵循高品质原则，在包装设计方面新颖独特，在营销方式方面别出心裁，因此受到不少年轻人的追捧。新茶饮日渐成为当代年轻人生活中必不可少的产品，更是被不少年轻人奉为"续命"品，其地位可想而知。

尤其在智能环境下的社交社会，直播遍及各个角落，直播风在一定程度上会引领人们的消费风向。喝奶茶逐渐成为年轻人的一种消费时尚和习惯，新茶饮市场的激烈角逐随之拉开帷幕。面对巨大的茶饮市场，众多新老商家也企图从中分一杯羹。2019年上半年，新茶饮市场仍然如火如荼，但以喜茶、奈雪の茶等为代表的大品牌的头部效应逐渐显现，小品牌生存越发艰难。竞争对手的增多、门店的扩张所带来的市场竞争，迫使各大品牌开始细分市场，并从城市布局和产品上避免与对手的同质化竞争。

以喜茶为例，自2016年下半年开始，喜茶都被认为是一个网红品牌。而大多数人所不了解的是，喜茶早在2012年就已经出现在大众的视野里，但在开店的前几年无人问津，后来也是由于紧紧抓住了新零售的发展契机，才在新零售提出的三年内一鸣惊人。喜茶能有今天的成就，在很大程度上取决于企业对时机的把握。喜茶在新零售的发展中，从需求侧、供给侧和渠道侧三方面来紧赶新零售的步伐。

第一，在需求侧，民以食为天是亘古不变的道理，新时代的年轻人在"吃"这件事上从来都是认真的；第二，在供给侧，放眼全世界市场，中国之所以在食品供应链上游没有"扛把子"，并且在下游从未出现过垄断型渠道，就是因为中国的食品过于复杂和细碎；第三，在渠道侧，核心痛点就是好吃的东西很难大规模供应，难以形成产销联动，而大规模供应的东西目前暂时难以达到"好吃"的标准。这三方面反映出当今中国餐饮行业方面的基本状况和格局，也让许多从事餐饮业的商家从中找寻最佳发展之路。

喜茶正是为数不多的探寻到中国餐饮业需求发展方向的商家之一。在几年前，中国市场上的奶茶绝大多数都是粉末冲的，喜茶开发出了高品质的奶茶并大范围使用原叶茶，使整个行业的原材料水准大幅度提高，喜茶也因此成为受益者。如今，奶茶行业变成了新茶饮行业，消费者对奶茶的认知与以往相比有了很大的改观。

喜茶的发展令许多创业者和零售商嗅到了巨大的商机。于是，众多新茶饮如雨后春笋般冒了出来，中国的茶饮品牌已遍布各大城市。从"2019中国茶饮品牌（部分）知名度调查"（见图9-1）中可以看出，喜茶仍然是新茶饮中知名度最高的产品。但是，从另一个角度看，1點點、奈雪の茶等也以不太大的差距有着较大的知名度，对于喜茶来说仍具有竞争性。

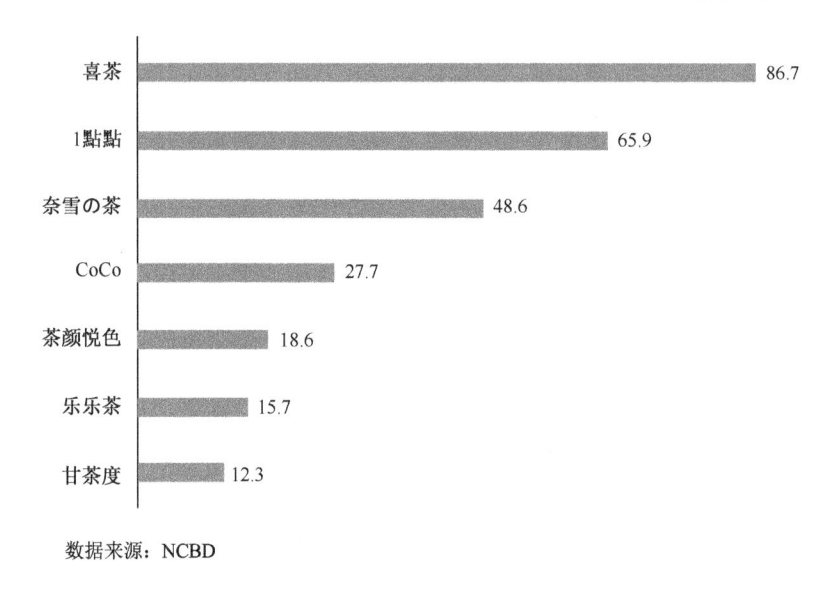

品牌	知名度
喜茶	86.7
1點點	65.9
奈雪の茶	48.6
CoCo	27.7
茶颜悦色	18.6
乐乐茶	15.7
甘茶度	12.3

数据来源：NCBD

图9-1　2019中国茶饮品牌（部分）知名度调查

随着新茶饮市场的竞争日趋激烈，各大新式茶饮品牌继续扩大已有规模，商家试图通过门店数量的增加扩大覆盖率，占领更多市场。一些商家运用各种新式营销手段推出门店的"明星品牌"，网红推广、线上营销的宣传方式屡见不鲜。这些新式茶饮的商家一般都是"90后"创业者或加盟者，他们不仅了解消费人群的喜好，还善于利用线上手段推广自己的品牌，门店的智能化应用更是不在话下。

新茶饮市场的火爆，不仅引来许多创业者跟风，也让许多零售商跨界开店。例如，2019年8月，蒙牛推出的第一家线下实体饮品店——南小贝，在南京正式营业。蒙牛身为乳制品巨头企业，看到奶茶业的经营行情后，玩起了"跨界"。

在南小贝店面里，蒙牛的许多现有系列产品都会与奶茶结合，其目标是打造属于蒙牛的自有品牌。蒙牛跨界奶茶的一大优势就是，对于饮品来说回归产品本身是尤其重要的，而蒙牛本身就在生产奶制品，可以为南小贝提供最优质的奶源，这也是南小贝的特别之处。因此，南小贝给自己定位为"胶原蛋白饮品开创者"。

南小贝门店的菜单中，主要有凝纯孔雀丸茶、慢燃乳酪鲜果、手作茶、冰激凌茶、传统奶茶五大类产品。其中，除了全线产品均使用蒙牛奶源，凝纯和慢燃系列分别采用蒙牛凝纯、蒙牛慢燃作为主要配方。凭借优质的货源，南小贝制作出了风格独特的新茶饮，打开了新市场。

除了零售商的跨界开发和跨界合作，很多名人、明星也纷纷开起了自己的奶茶店。张继科作为中国优秀的运动员之一，也看准了奶茶行业这一商机，在2019年3月推出了自己的茶饮品牌——"猴子的救兵"。作为联合创始人，张继科将奶茶店定位为与水果相关的"新式茶饮店"。"猴子的救兵"饮品分为水果茶、奶茶、纯茶、果昔、冷压果汁这几类，同时还包括舒芙蕾这样的网红甜品，定价为13~28元，属于走大众路线的中档品牌，发展目标定在二、三、四、五线城市市场。初试水成功后，"猴子的救兵"开始拓展加盟渠道。截至2019年3月底，"猴子的救兵"在半个月内开店近百家，覆盖包括乌鲁木齐、海口在内的全国21个省、56个城市，成为2019年的茶饮黑马。

明星本身自带流量，不缺资源，他们所开的奶茶店在品牌宣传上具有天然的优势，因此在新茶饮市场里的潜力也不可小觑。奶茶饮品属于餐饮行业中的一小部分，作为休闲轻餐饮，自然而然也会受到明星们的喜爱。如今的茶饮行业门槛较低，产品制作简单，标准化程度高，符合连锁化经营的品牌需求。在新茶饮的爆发中，喜茶最新一轮估值将近 90 亿元，大大刺激了奶茶市场，成为创业界的"必涉猎之范围"。

随着新茶饮逐渐成为一种消费文化，越来越多的年轻人也将"下午茶"当成一种消费习惯，茶饮行业仍将有巨大的发展空间和投资潜力。新式茶饮本质上是一种面向年轻人的快消品，商家为了留住年轻消费群体，也在不断推出新品，丰富门店的产品种类。然而，商家不断推出新产品在一定程度上反映了老品牌及整个新茶饮行业的焦虑——新玩家层出不穷，老玩家只得不断创新以稳住地位。

中式新茶饮作为新零售中的新品牌，从当前年轻人日常生活方式入手，为消费者提供高品质、高性价比、高便利性的茶饮产品。新品牌的诞生也是在消费者的需求中爆发出来的，为了满足新时代消费者的消费需求，零售商家们运用大数据手段搜集消费者所喜闻乐见的商品，融入产品元素中，进行精准营销。

三、产品的标签化管理

新零售不同于传统零售的一大特点就是，新零售利用人工智能来重构零售行业的"人""货""场"，并且充分运用大数据、人工智能、区块链等技术来对零售业进行升级改造。新零售不仅对企业的管理手段与服务手段进行优化升级，也智能化地改造产品，让智能化应用贯穿各个阶段。

零售企业对产品智能化管理的环节之一就是将产品进行标签化管理。市场中，许多零售商家将店内的标签更换为电子标签，或者使用电子货架标签。在互联网快速发展的环境下，服装行业品牌商品的传播渠道趋于多元化。在国内外服饰零售市场中，越来越多的企业加速了线上线下渠道的融合，促进了新零售所倡导的线上下单、线下提货或线下体验、线上购物的线上线下一体化等新模式的运用。

在品牌营销时代，服饰零售店已不是简单售卖产品的场合，更多的是讲故事、"卖文化"的场合，所以服装零售商在销售产品的同时，应通过自身品牌文化的设定使店铺在空间和视觉上为消费者创造新奇的美感，在同类产品中获取优势从而突出自己，具有更强的竞争力。一些服饰商在店内引进RFID电子标签系统，轻松实现大量服装个性化信息的识别，根据信息统计分析并执行一系列体验式营销活动，让服装营销更加自动化、细分化和个性化。

特别是在一些有展览空间和仓储空间的高档服装店中，每件服装都贴有RFID电子标签，其样式和做工都非常精致。标签中包括衣服的详细信息，有颜色、尺寸、织物、样式、品牌小故事等，这些衣服的信息在入库时已经录入在了衣服的RFID电子标签里。服装店中还配备有服装搭配师，搭配师会对门店内的服装进行搭配，搭配的信息也会一并录入RFID电子标签里，包括详情图、排列、货架位置等，让消费者通过查询电子标签可以尽可能多地获取到自己感兴趣的信息。

当消费者在门店的展示区查看特定的服装时，RFID电子标签还会清楚地标记衣服的存储位置，让消费者能够快速找到所选的服装，并在服装颜色和尺码等方面给消费者一些建议。

中国国产品牌安踏，也有在RFID电子标签方面的相关应用，特别是针对消费者选品环节，安踏在一些门店设置了智能互动屏设施。当消费者在安踏拿起衣服或者鞋子时，门店的RFID电子标签会记录消费者的浏览次数，然后利用数据分析技术来判断每款商品对消费者吸引力的大小。安踏在门店中引进RFID电子标签系统，在增强企业商品曝光率的同时，还可以利用技术及时地调整商品陈列。

一般来说，服饰鞋业类的商品都具有生命周期，商品的上新时间与消费者对该商品的关注度往往成反比。商品上市后的最初一段时间内会受到消费者的高度关注，随着时间的推移关注度则会慢慢降低。商家借助大数据和人工智能等相关技术进行分析，可以对商品生命周期做出相关调整。

RFID 电子标签技术不仅已经在中国成熟运用，国外的一些零售商家也使用该项技术对店铺进行修饰。例如，日本服饰巨头优衣库，在门店引入 RFID 电子标签技术后，消费者每挑中一件衣服，衣服上的 RFID 电子标签信息就会被试衣镜内嵌的 RFID 读取设备所识别，店内镜子上镶嵌的触摸屏就会立马显示出这件衣服的尺码、款式、面料等信息。屏幕上还会显示出与店面中这件衣服相关搭配的图标，大到外套、羽绒服，小到眼镜、帽子等配饰。优衣库把服装的一些信息预存在 RFID 电子标签中，帮助消费者在店面查询商品信息。优衣库运用 RFID 电子标签技术，使企业在节省人力成本、库存管理、产业链提速等方面受益颇多。

除 RFID 电子标签外，日本一些零售店还推出电子货架标签（Electronic Shelf Labels，ESL）。电子货架标签是一种可替代传统纸质价格标签、放置在货架上的电子显示设备。目前，电子货架标签多采用电子纸技术，以微胶囊电子纸技术的应用最为广泛。这种技术不仅与传统纸张的视觉表现力相差无几，而且具备超低功耗性能。企业使用电子标签最大的好处之一，就是电子标签相较于纸质标签来说无须人工更换，不仅极大地节省了人力成本，而且避免了纸张浪费，更绿色环保。

电子货架标签的作用和优势绝不止以上两点。从电子货架标签的功能来看，它更适用于食品类的零售店。因此，在提出新零售后，阿里巴巴所推出的盒马鲜生也有电子货架标签的相关运用。电子货架标签作为融合大数据、人工智能、物流、新科技、金融服务等的零售发展方向，既是新零售科技化的体现，同时也将是新零售进行大数据管理的入口。京东无人超市的大连锦辉购物商城，虽然只有 88 平方米，却涵盖了刷脸进店、价格更新、自动结算等"黑科技"，其智能化程度可以达到无感知购物状态，消费者出店及付费都采用刷脸的方式，全程仅需几秒钟即可完成。

消费者在京东X无人超市购物时,首先要在手机中下载安装京东App。在进店前,消费者须打开京东 App,进入平台页面后,依次点击"我的"—"我的钱包"—"生活服务"—"无人超市"等进行确认及认证。消费者完成注册后,会获得一个用来进店的二维码。进店时,只需要在闸机刷二维码,且正视店面前方的摄像头,就可以实现人脸信息和京东账号的绑定,顺利进入京东X无人超市。

京东X无人超市内到处都有摄像头装置。摄像头装置不仅是为了监控店内的违规行为,更重要的是用来计算客流及消费者走向,在后台收集用户行为数据,消费者在店内挑选好商品准备结算时,无须主动扫码或者其他操作,布设在超市通道里的天线将以射频识别的方式为消费者结算。穿过结算通道的消费者以刷脸的方式在手机端即可自动完成结算。如果消费者没有购物,也需要通过结算通道刷脸出门。

京东X无人超市包括前场购物区域和后场库存区域两个部分。作为京东实体门店的无人超市,京东X无人超市不仅全方位地诠释了新零售,而且充分利用智能手段,让店内充满科技感。一方面,京东X无人超市购物区域采用智能补货系统,该系统会根据商品的畅销程度、客流量规律及促销力度等自动下单补货,极大地提升了空间的利用率;另一方面,京东X无人超市后场库存区域,借助库房管理系统使货物分流更加高效。京东X无人超市的生鲜货物保存时全部采用冷藏冷冻措施,确保消费者所买到的产品是最新鲜的。这也造就了京东X无人超市在开业时店面就爆满的局面。

京东X无人超市之所以能以如此高效的方式运行,得益于RFID电子标签。消费者可以通过RFID电子标签在线即时了解店内商品的信息,而且还可以迅速地进行结算,最大限度地缩短结算过程的时间。

不只是京东的无人超市,目前市面上绝大多数无人值守货柜和超市都采用了这种技术。显然,企业在新零售中使用RFID电子标签技术,为消费者带来了极致体验。

在新零售中，RFID 电子标签技术日益受到关注，得到零售商家的普遍应用。面对零售市场竞争的加剧，零售商也在利用各种技术及手段创新产品和零售模式。RFID 电子标签冲破了工厂到零售店、代理商到零售店全链条的禁锢，将品牌文化、店铺故事等内容加入其中，从而提升了消费者的购物体验，使品牌在激烈的市场竞争中夺得先机。

四、存量、增量与"流量"的可视化

在社会零售总量缓慢增长的形势下，线上线下资源的可视化让零售市场进入新的零售状态。

根据官方统计，2019 年前 3 季度的结婚总数为 713.1 万对，而离婚总数高达 310.4 万对。如今，"90 后"乃至"00 后"逐渐成为中国社会的主力军，"90 后"与"00 后"每一轮增补的主力育龄人口数量均少于退出的数量。当代育龄女性的规模不仅下滑严重，而且大多数女性呈现出独立、自强的特征，许多一二线城市的女性将工作放在首位，家庭则次之。

在这种社会大环境下，中国人口出生率的降低，相对而言意味着母婴行业市场的缩小。从融资动向来看，母婴研究院相关数据显示，2019 年获得融资的母婴相关企业数量同比减少 54 家，融资金额超 203 亿元，与上一年持平。目前母婴行业的消费主力军是"90 后""95 后"的职场"辣妈"、年轻"奶爸"，这类人群注重产品本身，对产品的要求较高。在这种标准下，市场中的一些产品就会被自动淘汰掉。

新零售在整合渠道时，开发出线上线下融合的零售模式，零售业逐渐转化为双渠道甚至多渠道模式。从 2019 年母婴线上零售表现来看，线上规模的比重逐渐增大。其中，天猫、京东、考拉等母婴相关渠道的线上规模达 1708 亿元，增长率为 21.65%。线下门店除了开通线上渠道，在保守扩张的同时将门店的设施优化，提升消费者的购物体验。

母婴行业已经逐渐从增量时代跨越到存量时代，面对人口红利下滑，母婴市场也从注重供给侧过渡到注重需求侧。消费迭代、产业升级、渠道融合、产品创新及智能营销等智慧零售全要素在不断加持赋能母婴商业生态。母婴品牌贝因美通过市场分析，认为 2019 年母婴市场已经进入滞胀期，在出生率不断降低的社会背景下，奶粉市场也从增量时代过渡到存量时代。

面对这样的市场环境，贝因美重点分析了近年来的出生人数趋势后，重新布局和应对新型的母婴市场，在存量滞涨中求增量。在新市场的赋能增长中，贝因美将创新放在第一位。例如，贝因美通过技术创新打造乳制品行业的第一家区块链；贝因美还通过品牌创新来创新产品，以功能带动品类、品类推动品牌的方式推进贝因美产品的创新；在主推儿童奶粉时，贝因美更加关注儿童产品、营养品、奶粉等附加产品；此外，贝因美还重视人才创新，大力发展企业内部创业的合伙人。

面对新的母婴环境，贝因美以回归基础的方式，做到执行为本。自 2020 年起，贝因美就着重回归基础，扎根四线城市，下沉门店和消费者，用线上带动线下。在智能化社会中，母婴人群是精准可数的，所以贝因美也在致力于发展品牌的数字精准化、智能化，让产品的存量通过数字智能化手段实现可视化。因此，贝因美与阿里合作，以打造母婴行业的数据中台来实现数字赋能，而且让"网红经济"成为贝因美新零售体系的重要内容。

如今，零售业与人们的日常生活密切相关，全球的消费需求、消费渠道、消费方式都在发生转变。移动互联网的广泛普及和各种终端设备的涌现，使得互联网的入口越来越多元化、碎片化，零售巨头在积极寻找新的流量入口时，推出了各种各样的联合计划。但是，这些计划固然可以实现流量突破，却不能从根本上解决获客问题。所有的零售品牌和门店都在关注交易增量，但放眼整个零售业市场，局势已经由增量市场悄悄转变为了存量市场。

零售市场的线下需求基本都已被"互联网化"，所有行业也基本处于同一维度，存量时代的需求已经较为明确。在旧需求被满足后，新的需求短时间内难以被创造出来，零售业要想实现转型，更多需要考虑的是用户体验、用户价值和效率的提高。零售经营的核心就是以人为本，只有和消费者产生更多更积极的互动与连接，给予他们更具差异化的服务，才能从存量中找到增量，获得进一步发展。

一些零售企业通过开发 App，在门店零售中赋能全体员工。当消费者进入门店时，导购人员只需出示导购码，消费者用手机扫描后就能进入门店的会员群中。消费者进入门店的会员群中，不需要通过公众号，即可在第一时间收到自动推送，购物时点击小程序就可以一键购买，这些订单都会纳入对应导购员的业绩中。在购物现场，导购员在与消费者聊天的过程中，就可以通过随身携带的查询设备了解消费者的偏好信息。从这些小程序中，商家可以直接关注到消费者个人，并与之建立长久的联系，从而提升企业效率，实现品牌销售的持续增长。

传统实体门店在运作中，往往因时间、地点的局限而无法触及一些地方，这时存量市场也是一个巨大的增量市场。智能手段在今天已经较为普遍，存量与增量在转化之余也逐渐变得透明。在此基础上，使用多种方式与智能化手段来增加线上线下的流量，可以最大限度地实现营销目的。

以线下实体店为例，人们在逛商场时，仔细观察会发现，有些门店很少有消费者，但这些零售店还是在货架上展示产品。商家在店内所展示的商品，往往是新品或者商家主推的产品。因此，当消费者进店浏览时，店内导购人员就会对消费者"安利"这些产品。新零售中，品牌要做的就是吸引消费者主动进门，实际上就是增加店内的流量。企业可以通过创意广告、促销、口碑传播等策略（尤其是要灵活应用智能手段，还要建设企业的品牌力和产品力）让消费者不是偶然进店购买，而是特意来购买。产品的销售额计算公式为

产品的销售额=流量×转化率×客单价

企业要想获得较好的销售额,必须不断提高流量、转化率和客单价这三种因素。Lazada(来赞达,东南亚地区最大的在线购物网站之一)的流量除了来自产品、店铺,还有一部分来自平台。

第一,产品的"流量"主要来自类目、标题、主图、关键属性和价格。首先,Lazada 在选择产品的类目时,综合分析得出,东南亚的消费者习惯按照类目检索产品,所以无论是在 Lazada 的网站还是 App 客户端,Lazada 都将类目导引放在比较显著的地方。Lazada 在分类时,以一级类目、二级类目、三级类目的设置方式,帮助消费者迅速找到自己想要的产品。其次,Lazada 通过标题的设置及合理堆砌关键词来优化线上渠道,在网站中将核心词、属性词、卖点词、场景词及流量词小心区分并准确应用。再次,Lazada 详尽关键词属性,通过消费者搜索的关键词,平台会提供关键词的索引和关联的匹配,这其中是有属性关系的,并且关键属性的填写越精准、越完善,越能最大限度地提高产品的曝光度与搜索权。最后,在零售行业竞争日益激烈的环境下,Lazada 采用竞争定价的方法,参照市场、同行及友商平台,针对各种不同产品给出合乎市场的价格。

第二,店铺的"流量"主要来自整个店铺的任务完成率、店铺动态数据及店铺装修。店铺的"流量"主要来自店铺的装修、店铺的粉丝数量、店铺的动态绩效数据及店铺产品直播。Lazada 在店铺装修方面,推出关注店铺活动,如以将新品放置在店铺首页、展示优惠券、展示热销产品及掌柜推荐等方式吸引消费者关注;在增加店铺的粉丝数量方面,Lazada 有一个类似于天猫旺旺的名叫 Chat 的工具,以及一个可以每天给关注者推送信息的 CEM 工具,通过这些工具拉近消费者与店铺的关系;在店铺动态绩效数据的维护方面,Lazada 要求卖家在销售商品的过程中要维护好店铺的每项绩效系统,将卖家考评率、退货率、取消率等数据作为考核凭据;在店铺产品直播方面,卖家可以申请在 Lazada 直播,网红也可以申请在 Lazada 直播。在 Lazada 平台的首页和店铺的弹窗、Feed 都有不同的直播申请入口。

第三，平台的"流量"来自平台标签、日常活动、大促活动、平台工具的使用，以及 Feed 的应用。Lazada 平台工具"流量"来源分为很多部分，包括增加和维护店铺的标签、提报平台日常活动、发布店铺和产品优惠券、研习平台模块规则。

移动互联网的爆发让零售行业发生了翻天覆地的变化，变革席卷着整个零售行业。智能手段的出现，大幅缩短了零售行业的路径。我们的时代正处在零售变革的旋涡中心。在迅速变化的环境中，零售手段的存量、增量与"流量"也在可视化发展。

新零售"货"的转型开发出了人类思维的无限可能，从原创产品到原创品牌都惊艳了无数消费者，零售市场中陆续出现了前所未有的新事物。企业在产品的管理方面也相继融入智能化手段，呈现出数字化、数据化的管理模式，实现了当今产品在存量、增量与流量上的可视化，优化了整个零售过程。

第十章

场：舒适怡人的新场景

　　新零售在打造场景化的购物模式时，在重新定义消费场景的基础上，打破以往零售场景的局限，不断探寻让消费者想买就能买的零售方式。在人工智能的赋能下，无人门店、智能门店与智能导购等的推出，使零售场景变得极度舒适化。

新零售的特点之一就是重构了零售市场场景。在零售市场中，新零售以优化场景的方式全方位诠释新产品，带给了消费者极致的购物体验。新零售对"场"的升级，不仅涉及智能化布局线下门店与线上渠道，而且致力于打造舒适怡人的新场景。

一、重新定义消费场景

新零售业态的出现对传统实体零售业造成了大幅度的冲击。面对这种困境，零售商纷纷开始打造融合线上线下的全渠道购物体验。与此同时，当今消费者的购物方式也在急剧发生变化。尤其是疫情期间，零售市场出现了巨大变化，人们的购物习惯也可能发生重大改变，这更应该引起零售商家的高度重视。人工智能的应用逐渐改变了人们的消费场景，零售行业的科技创新配合崭新的渠道铺货策略，将使消费场景被重新定义。

新零售与以往零售形态最大的不同就是，新零售打造了线上线下与现代物流相融合的"战场"，线上线下"全渠道"建设是基本配置，包括将过去 O2O（Online to Offline）模式变革为 OAO（Online And Offline）模式。OAO 其实就是融合实体店与网店为一体的"双店模式"，商家为线上下单的消费者提供线下的体验和服务，同时将实体店的消费者流吸引至线上。

新零售还倡导"线上线下联动"的购物模式，引导商家为消费者就近供货。

新零售将线下实体门店的地位逐渐提高，挖掘出实体店极大的实用性，通过智能手段的赋能，逐渐开发出实体门店的潜在功能。如今虽然网上购物已经十分便捷，但是很多情况下，消费者依然离不开实体店铺。无人零售店已经屡见不鲜，但一时难以实现全覆盖。

新零售的提出强调了实体零售店的重要性，商家充分运用智能技术，改善消费者在实体店遇到的排队结账等问题。日本推出的一款"自动结账机"设备，节省了消费者排队的时间，大幅度提高了商家的工作效率。

日本松下电器（Panasonic）和罗森连锁便利店（Lawson）联合，开发了一套名为 Reji Robo 的集扫码、结算、装袋等服务于一体的机器人收银系统。消费者在使用该系统时，需要带上与其配套的特殊购物篮。店内所有的商品在上架前，会被贴上一种微型射频识别码，这串码是自动结账的关键。消费者将选购的商品放入该购物篮后，在结账时，只需把购物篮放在结账系统的面板上，购物篮的底部就会自动打开，商品会掉落进提前放在下层的购物袋中。

在消费者将购物篮放置在结账系统的面板上后，所有已购商品的射频码都会经过 Reji Robo 机器人收银系统扫描而显示出商品信息，账单结果会立刻显示在旁边的触控板上。消费者确认无误后，只需要点击"结账"按钮即可付款，这一过程仅需短短几秒钟即可完成。目前，日本的大型商超已经配备了自动收银系统，但结账完成后自动装袋的机器，罗森尚属首例。Reji Robo 机器人收银系统不但能加快消费者结账的速度，而且还能将劳动力成本压低 10%，让店员可以将更多的精力放在服务消费者等其他工作上，提升消费者的购物体验。

此前，卡西欧联合天猫，在杭州湖滨银泰 in77 开创了"全球首家全渠道智慧型门店"，营造新的消费体验和场景。在卡西欧的智慧门店中，消费者可以进行 AR 体验、体感互动、现场直接扫码将商品加入购物车、现场 H5 分享、多元支付等操作。消费者在现场体验时，阿里巴巴会利用大数据，分析其消费习惯和喜好，吸引不同的人进店。卡西欧智慧门店的"虚拟表墙"会根据消费者的特征即时展示出最适合的商品，满足消费者购物、娱乐、社交等综合体验需求。

卡西欧智慧门店融合互联网技术和思维，实现了实体门店与虚拟天猫旗舰店的无缝对接。该门店通过游戏互动增强消费者体验并实现引流，收集店内消费者行为数据来支撑商家决策，支持消费者在互动大屏幕上自助购物。卡西欧中国区代表频繁接触天猫后，认识到互联网与传统零售不是对立的，不是电商抢了线下生意，而是市场改变了，消费者习惯改变了，互联网在当今是一个基础工具。于是，卡西欧和天猫在多次思想碰撞后，推出融合线上线下的智慧门店。

在卡西欧智慧门店中，两块互动大屏将天猫专卖店和线下门店做了一个无缝的对接和关联，给消费者创造了一个全新的购物场景。消费者通过门店设计的玻璃互动大屏，可以更直观地参与互动。消费者可以在互动屏前做出相应手势，屏幕的摄像头会实时拍照，消费者只需扫描二维码就可以获得所拍摄的照片。卡西欧智慧门店为消费者提供各种优惠，促进消费者与门店的互动，在互动中发挥智慧门店的"微信吸粉"、品牌传播等作用。

消费者进入互动区域后，卡西欧智慧门店利用阿里巴巴的线上线下大数据分析，收集参与游戏的消费者相关数据，作为分析消费者特点的依据。消费者用手机扫描购物大屏上的商品二维码后，手机页面会直接跳转到卡西欧天猫专卖店上的相同单品页面。虽然很多消费者当场不会立即下单，但在之后可以追踪到通过网页和 App 下单的数据来自这家智慧门店。

卡西欧智慧门店在使线上线下渠道相互融合的同时，打造出极致的零售场景。智慧门店的业绩直接可以追溯到线上或线下渠道，不仅避免了线上线下渠道的冲突，而且提升了品牌销售的总量。卡西欧智慧门店的成功也为许多零售商提供了新的发展思路，并且获得了中国钟表行业协会的关注，成为传统钟表行业数字化转型的先驱。卡西欧智慧门店运用基于英特尔架构的标准化软硬件方案，帮助企业实现快速部署，构建了具有科技感的新零售门店，实现企业线下门店的部分升级转型。

索菲亚作为家居行业新零售模式的先行者，在提升消费者购物体验方面，利用智能手段做出许多改进措施，力求通过科技让消费者最大限度地感受到产品的优势。为了打造智能化的零售场景，索菲亚推出 DIYHome 和 VR 体验，提升消费者到店体验效果。消费者可以在短时间内根据自己的需求，观看店内商品在自己家中的装修风格、家具布置、饰品搭配的整体效果，在 VR 技术的帮助下直接身临其境地感受装修之后的家庭模样。

为了进一步满足消费者的体验和购买的便利性，索菲亚先后在大型超市、商业综合体、小区内开设门店，解决了消费者花费大量时间在远距离的专业建材市场购买家居用品的难题。索菲亚在一些商超中开设实体店，让消费者在逛街娱乐之余可以顺便去门店体验产品。索菲亚从消费者体验的角度考虑，帮助消费者节约时间，让消费者的购物过程更加便捷。

在人工智能的赋能下，北京索菲亚与天猫合作推出智慧门店。索菲亚在阿里巴巴的技术及新硬件的支持下，重新装修改版，推出索菲亚智慧门店。索菲亚智慧门店是在原有门店基础上的改造升级。索菲亚智慧门店运用了人脸识别、3D 场景漫游、AR 投射、云货架等科技，结合大数据、人工智能等创新技术和手段，实现了商品、服务、会员与交易的全面互通，打造出以满足消费者家居需求为核心的全新购物体验。

索菲亚智慧门店内摆放有导购屏。消费者根据导购屏的系统指示，完成面部信息采集后，会获得属于自己的购物账号。该购物账号可以直接绑定淘宝或天猫账户，之后在店内可以全程自主下单，畅快体验。索菲亚智慧门店的导购屏不仅让店内员工有更多时间服务有需要的消费者，而且极大程度地拓宽了消费者选择商品的空间，让消费者在店内可以随意选购，就像在超市买东西一样自由、方便。

在索菲亚智慧门店样板间区域内的云屏和导购人员手中的 iPad 屏幕上，阿里巴巴运用 3D 场景漫游技术，把消费者所处的环境进行真实还原。

在索菲亚智慧门店样板间，消费者只需用手指在云屏轻轻一划，即可随意切换古典式、北欧风、新中式、简约式等不同风格，打破了以往消费者只能看样品图片或设计师提供的效果图的处境，让消费者更真实地体验每一种风格。消费者还可以多角度、全方位地观看，就像真实处于那个场景中一样，获得沉浸式体验感。

索菲亚智慧门店的云货架为消费者提供了海量的商品，供消费者随时挑选。索菲亚智慧门店为了确保消费者能"一站式"体验家居，除了陈列有众多的产品，云屏里的"云货架"还有全风格、全品类的数千件产品，供消费者选择。对于店内有 AR 标识的产品，消费者只需要扫描二维码，就能将产品以近 1:1 的效果投射在周围，方便、即时地查看整体家装效果。

智慧门店充分运用智能设备、数字化设备，以数据为驱动，打造场景化的购物空间，用智能人机交互打造体验化场景。在新零售和智能化的驱动下，零售行业对于场景的打造逐渐智慧化，这也重新定义了消费场景。

二、从"想买就能买"到"买就即时送"

线上购物突破了传统购物时间和地点的局限性，在短时间内迅速得到发展，且广受消费者的喜爱。电商的发展已经基本满足了消费者"想买就能买"的需求，新零售则是在"想买就能买"的基础上满足了"买就即时送"的需求。这一需求的满足主要依赖物流的发展。

通过观察可以发现，京东、阿里巴巴、拼多多这些零售行业的成长都与物流基础设施建设有着紧密的关系。京东在快递行业还不成熟时就已经自建物流体系，通过提供优质的用户体验获得竞争优势；阿里巴巴通过与一些快递公司相互成就，形成了今天高效率的阿里巴巴电商生态；拼多多在 2016 年就开始享受快递网络在三四线城市的下沉红利，成为电商行业的新巨头，所以物流在实现"买就即时送"的道路中占有重要比重。

在配送服务中，京东不仅拥有前沿的科技，而且京东的物流服务在中国的覆盖也比较广。在全行业应用人工智能的环境下，京东推出智能配送机器人。智能配送机器人的上路运行，代表着京东全球全场景常态化配送的开始。

京东智能配送机器人不仅可以识别、躲避障碍物并辨别红绿灯，还能实现自动驾驶、路线规划、主动换道、车位识别、自主泊车等功能。当配送机器人快到达目的地时，京东的后台系统会将取货信息（"我是京东智能配送机器人，已顺利抵达您的楼下，请凭提货码提取商品"）发送给消费者，消费者可自由选择人脸识别、输入取货验证码、点击手机 App 链接等方式取货，十分方便。

如果说线上渠道满足了消费者"想买就能买"的需求，那么京东的物流就是向着消费者"买就即时送"的需求迈进。智能配送机器人已不是京东第一次在物流方面下功夫了。京东不仅推出地上运输的物流机器，还推出天上飞的智能送货机器——智能无人机。京东的重型无人机拥有100%自主知识产权，在正式上线后将提供 24 小时内送达中国任何城市的服务。无人机可以飞直线，且不用受地形的影响，能进一步缩短商家为消费者送货的时间。

京东智能物流不仅在国内有着重大的发展，而且已经走出国门。在 2016 年，京东印度尼西亚站就已经开始了常规化运营。2019 年 1 月，京东无人机在印度尼西亚实现首次飞行，成为中国智能物流黑科技的代表，这也是中国物流无人机在海外的首次成功飞行。随后，京东无人机与配送机器人一同出海日本，与日本乐天株式会社（Rakuten）进行无人配送业务合作，双方的进一步合作拓宽了京东智能物流技术海外赋能的路径。印度尼西亚部分地区在京东的带动下，有将近85%的订单都可以在 1 天内送到消费者手中。

未来10年,京东物流将把自身的供应链服务大量输送到全球市场中,逐步构建全球48小时通路网络,实现48小时中国通达全球及48小时各国本地交付。京东物流以低成本、高效率的物流服务将中国制造与中国创造的商品向全球输送,与全球品牌商品共同发展,带领更多中国品牌走向海外市场,推动全球商业共同进步,带给全球消费者极致的购物体验。

"想买就能买"的购物需求不仅对购物渠道有着严格要求,对于物流方面的要求也逐渐提高,而智能手段的应用是满足消费者"想买就能买"购物需求的途径之一。新零售的发展打破了消费者传统的购物模式,让消费者不仅"想买就能买",而且在买完之后以越来越快的速度收到商品,打造出极速购物模式。

三、新零售场景化怎么做

场景化是新零售与传统零售的区别之一。在人工智能的赋能下,新零售不仅优化了零售环境,而且为人们提供了精神与情感寄托。"场景"作为一种实体化的存在,将人的情感融合于实体空间中,是以人为核心、伴随着智能科技而诞生的新生活方式。

当今零售市场与以往相比已经发生了根本性的变化,这就要求零售商在看清市场需求的情况下,将消费者的商品需求转变为生活需求。以往传统零售的管理思路,已经不能适应变化了的零售店与消费者之间的关系。新零售在打造场景化的消费模式时,将传统商业要素重新进行配置。从消费者的衣、食、住、行、用、游、购、娱等多方面考虑,新零售围绕场景化零售模式,重构新的零售技术与供应链体系,结合线上场景化模式,打造便利、高效的零售平台,让消费场景变得更为丰富且人性化。

线下地位的提升与消费者对购物体验的日益重视，推动着线上平台向实体店区域拓展。一些线上平台为了优化消费者的购物体验，推出线下实体门店。前有三只松鼠的线下狂欢店，后有小红书 REDhome。许多线上零售商将发展重点下移到线下实体门店，开拓线下发展渠道。其中，小红书通过机器学习对海量信息和消费者进行精准、高效匹配，其用户群体主要是"90 后"，用户在小红书社区，可以通过分享文字、图片、视频，记录这个时代年轻人的正能量和美好生活。

随着零售模式重心的分散，小红书将线上社区融入科技手段并搬到了线下，以为消费者打造智能化、舒适化场景为目的，在售卖商品之余让消费者可以随时自由体验。小红书 REDhome 分为美妆区、明星区、服饰区、家具区、水吧台、橱窗区、收银区、游戏区等体验区，每个区域都有不一样的智能科技，带给消费者不一样的体验。实体店还可与小红书的线上平台相链接，从逛到买整个过程都包含了精彩的交互体验，让消费者在逛门店时可以和线上 1 亿名"小红薯"一起标记，共同挑选。

在美妆区，小红书 REDhome 推出 AR 试色黑科技，包括睫毛膏、眼影、唇彩等彩妆。消费者选定好自己喜欢的颜色后，AR 试色可以秒"上妆"，通过"一键换妆"立刻能看见上妆效果，轻松摆脱满手五颜六色的试色窘境。更重要的是，上色效果真实可见，消费者不用担心带妆试色会失真。消费者通过店内的 RFID 互动屏，不仅可以看到官方的商品详情，还能直观看到小红书 App 中海量的口碑笔记，即时了解一些商品的优缺点。小红书 REDhome 还有超多酷炫屏幕，专门把"小红薯"们发布的优质笔记滚动播出。消费者如果在店内发布新笔记，也有可能会马上出现在屏幕中。智慧门店更有 1 亿名"小红薯"在线参谋，让消费者可以买到最适合自己的商品。

在明星区，小红书 REDhome 有不同的主题体验，除了有乐高旋转木马、摩天轮等设施，还摆放有许多可以拍照、凹造型的设施。消费者可以在逛街之余放松心情，拍摄出有"明星感"的照片。店内明星区的设施会一直更新，让消费者每次到来都会眼前一亮，从而带给消费者不一样的体验。

在服饰区，小红书 REDhome 陈列了各种流行服装、鞋履、包包、配饰等，每件都是小红书的精心收藏，消费者如果有喜欢的衣服还可以试穿。小红书 REDhome 试衣间也有高科技装备，不仅可以为消费者提供专属建议，而且消费者只要拿上单品在黑科技交互屏前扫一扫，关于它的一切信息和笔记都能轻松获得。小红书 REDhome 的虚拟试衣镜除了可以换衣服，还可以选发型、选肤色、选妆容。消费者想改变自己时可以先虚拟换装看效果，在换装之余还可以扫码保存换装效果。

在家具区，小红书 REDhome 内，卧室、客厅、卫生间、厨房等应有尽有，展现出满满的品质生活气息。门店内的一些房间设施与宜家小样板间有着异曲同工之处，精致的家居设计让人会产生种想把自己家都重新改造一下的冲动。

在水吧台区，小红书 REDhome 有时下最流行的咖啡、下午茶和网红雪糕、甜品。水吧台沙发对面墙上是一排使用 RFID 技术的互动屏，会轮番播放小红书笔记。店内商品线上线下同价，并且线上的黑卡会员用户仍然可以享有专属优惠。

除了以上专区，小红书 REDhome 还有橱窗区、收银区和游戏区等。门店的橱窗区也是供消费者休闲游玩的地方，是一个增强消费者购物体验的区域；收银区有自助收银机，消费者可以在自助收银机上自行结算，节省排队时间；在游戏区消费者可以抓娃娃、玩电子游戏机。小红书在进行新一轮的融资后，利用互动电子屏、无人支付、试妆魔镜等多项互动黑科技，打造多场景式空间，通过链接线上推出线上与线下互通的智能化零售场景。同时，小红书通过线下实体店打造出的"游乐场"式消费场景，获得了消费者的信赖。

自共享经济之后，零售业"无人化"概念在全球升温。在 2016 年 12

月美国亚马逊首先试水 Amazon Go 后，许多国家的企业开始在智能零售店方面下功夫，包括中国的 F5 未来商店、缤果盒子、QuiXmart 等都相继诞生。阿里巴巴在第二届淘宝造物节上推出无人超市"淘咖啡"后，"无人化"作为新零售的一种展现形式迅速走红，各个行业都开始探索产品向新零售的发展之路。其中，化妆品作为快消品类产品，深受女性青睐。玛丽黛佳作为中国本土化的化妆品品牌，在品牌创立 10 周年之际，契合新零售的时代主题推出无人店。这是玛丽黛佳继快闪店和色彩贩卖机之后的又一概念店，也是国内首个彩妆无人店。

玛丽黛佳无人店 TO GO 以小火车造型展现，由八个不同的贩卖机组成，除了早前单品类的口红，还新增了卸妆和底妆产品，这也是玛丽黛佳对色彩贩卖机的再次升级。贩卖机里的东西只需 9.9 元，手机淘宝 App 扫码即购。之所以这么便宜，是因为玛丽黛佳无人店中"即购即拿"的产品属于体验装，想要正装的消费者，可以借助现场的触控点单机来购买。消费者在无人店打开淘宝 App 扫码登录触控点单机，即可进入玛丽黛佳天猫旗舰店。消费者在线选好自己心仪的物品后，点击"提交订单"，点单机上的订单信息会同步到淘宝 App 上，然后进行付款结算，就可以在家坐等收货了。

平时很多女性在一些化妆品实体店选购彩妆时，往往会因为店内导购员的"热情"推荐，在选购商品时极度尴尬而不能好好体验和选购。在无人零售店，不会有人催，消费者可以随心随欲地看，想选多久就选多久。而且，无人零售店的现场不仅有很多女性，也有很多男性来试产品。消费者在玛丽黛佳无人店现场遇到任何问题，都可以找智能机器人"小 M"解决。"小 M"会游走于无人店的各个角落，可以随时与现场消费者进行互动，帮助消费者配色，为消费者提供产品咨询服务。此外，"小 M"还可以进行在线直播。

玛丽黛佳无人店选品时，大多以热销单品和新品为主，保证消费者不用排队也能轻松买到心仪的产品。玛丽黛佳无人店产品的种类也会根据产品的受欢迎程度随时调整。

玛丽黛佳勇于创新品牌的个性早已为大众所熟知，从时装周主题快闪店到"小蘑盒"快闪店再到色彩贩卖机 3.0 版本，玛丽黛佳一直在探索新零售的道路上。玛丽黛佳在践行新零售的同时，以与消费者产生互动而非卖货为无人店的出发点，希望消费者能在一个自由、轻松的环境下与色彩发生碰撞与沟通。玛丽黛佳致力于让消费者在探索彩妆的过程中，享受这一好玩有趣并且充满惊喜的过程。可见，玛丽黛佳从对消费者需求的洞察及对消费者的重视程度出发，以最快的速度拥抱新零售。

玛丽黛佳联手阿里巴巴组成新零售战略联盟，推出国内首家彩妆无人店 TO GO，加速推进了玛丽黛佳的新零售进程。同时，玛丽黛佳也在积极探索美妆品牌在新零售时代的出路，而不是为了"赶时髦"去拥抱新零售。新零售作为新兴事物，玛丽黛佳从态度上拥抱它，从行动上去促成它，并不断突破卖货、打广告的传统形式，将新的技术在化妆品行业落地，给产业带来了新的方向。

新零售的未来是"场景+"的多业态复合的门店布局模式。商家需要从消费者日常生活的各方面去考虑，进行餐饮、运动、娱乐、休闲等"+零售""+体验"的全新布局。这就要求企业用智能化手段提升消费者购物体验、生活体验，将购物场景化、休闲化、娱乐化，让多维度卖场与消费体验相结合，从而打造新零售新一轮的场景革命。

四、无人门店与智能导购

场景化是零售业转型的特点之一，主要通过人工智能的形式表现出来。自人类进入智能时代以来，大数据、人工智能、区块链等技术就不断被应用于各个行业中。其中，零售行业作为与人类日常生活关系最密切的行业之一，通过积极引进智能技术，开发出零售业发展的新可能。

智慧门店、数字门店、无人零售与智能导购等智能型的零售形式不断被应用到零售渠道中，这在很大程度上带动了线下实体门店的发展，各零售商利用前沿技术助力人们实现美好生活的愿景。

苏宁是零售行业的巨头之一，不仅涉猎范围极广，而且在新零售的环境下，紧随时代的脚步，利用科技打造出线上线下渠道智慧化的零售路线，在打通线上线下零售渠道的同时，也将智能科技应用到线下门店中。

苏宁的线上应用有 AR 易购、智能客服"苏小语"，线下实体店的应用有人脸识别、智能导购机器人。苏宁还有以无人车、无人机为代表的物流科技及小 Biu 音箱、PPTV 电视等智能终端产品，在很大程度上推动着人们生活的智能化。无人零售技术是苏宁的硬核技术，不仅缩短了刷脸支付的时间，而且融入了一系列交互体验元素，让技术真正融入商业经营中。

5G 元年刚刚过去，2020 年成为 5G 爆发之年。随着 5G 技术的加速发展和商用落地，人工智能将在中国得到大范围应用和普及，智能经济正在成为新的经济增长点。要使智能经济真正影响到社会生活，就要加速技术成果落地和推广并与商业进行结合，鼓励各零售行业积极结合各自实际情况，用数字化手段推动行业转型升级。苏宁作为最具代表性的以技术为驱动发展的企业之一，凭借多年的智慧零售布局，已迎来全面释放全场景优势。苏宁助力智能经济时代的发展迈向新阶段，迈向"5G+智慧零售"构建全场景的发展之路。

自 2009 年起，苏宁就开始进行零售行业的场景布局。经过 10 余年的努力，苏宁已建立起覆盖各领域、各级市场的立体化业态矩阵。苏宁在大数据、物联网、人工智能等技术的应用下，大幅提升消费体验，实现消费者线上线下随时可见、随时可触的服务功能，满足了消费者在任何时间、任何地点的消费诉求。苏宁相继完成对万达百货和家乐福中国的收购后，以去中心化的全场景流量为入口，并以全新商业形态为新的出发点，为零售业的降本增效、转型升级提供了可行性思路。

苏宁通过利用无人技术降本增效，为新零售场景创新加码。在消费升级的潮流之下，零售行业注重消费者体验的趋势愈加明显。苏宁借助技术更新和数字化场景的打造，用智慧零售为消费者提供产品和服务，以智慧零售服务美好生活。苏宁通过全链路改造，运用数字化手段持续创新零售场景，推出独具特色的苏宁全数字化视觉无人店 SUNING GO，被称为中国版 Amazon Go。SUNING GO 不是像一般无人店那样通过附着 RFID 码识别商品，而是在视觉识别与重量感应系统的支撑下，精准识别消费者购买的商品信息。苏宁运用 AI 人脸识别技术实现了毫秒级支付清算，打造"即拿即走"的购物体验，消费者全程"无感知"。

在 SUNING GO 全数字化视觉无人店中，苏宁不仅解决了消费者高峰排队的难题，还实现了全天购物，充分展现了未来生活的科技性和便利性。SUNING GO 的推出，极大地缩短了消费者在苏宁全数字化视觉无人店内的平均购物时间，消费者购买一瓶矿泉水最快仅需一秒。SUNING GO 不仅有 AI 视觉识别、精准称重货架、毫秒级支付等黑科技，而且还在大数据选品、精准营销、预测补货等方面全面升级，满足目标人群个性化、品质化的需求，从总体上提升门店的运营效率和管理效率。

苏宁智慧零售将无人技术作为企业的探索方向之一。苏宁运用数字化技术改造线下门店，让智能技术与实体店场景相结合，促进企业商业模式的转型。苏宁在智慧零售全场景布局完成之际，围绕智能经济和自身产业优势，驱动场景零售的升级。苏宁通过零售科技的研发与应用，打造出智能化线下零售场景。在智能经济领域中，苏宁紧紧把握消费升级、新旧动能转换带来的发展机遇，推动企业不断发展前行。

新零售调动一切资源，推动企业为用户提供了良好的环境和服务，让产品的销售过程成为一个良性的服务过程，在此过程中建立起消费者的信任。新零售作为一个综合立体化的体系，不仅包括线上服务，还包括线下服务，而场景化的应用更多的是需要技术和智能化来提升和完善。

华为作为中国的国产品牌，凭借着良好的口碑和质量过硬的产品让国民为之骄傲。近年来，华为在全国建立起新零售体系，除了线上渠道，还有线下旗舰店、授权体验店。华为凭借技术支撑，逐渐优化消费者的线下产品体验，在全国建立起一个可以让更多消费者认识华为企业、了解华为品牌、体验华为产品、享受华为优质服务体系的线下智能体验站。

2020年年初，华为授权的智能无人售货店正式在武汉落地，成为华为新零售体系的一个新物种，展现了华为新零售立体布局的又一方面。华为智能无人售货店仅在选址方面就非常慎重，通过精心选址让无人售货店发挥最大价值。在华为授权的智能无人售货店项目落地点半径2千米内，覆盖有15万名办公人群、11万名居住人群和8万名高校人群。在这样一个人流密集、高素质人才集中且对新技术、新理念普遍接受的地区设立华为授权的智能无人售货店，有利于使华为极具科技化的服务与智能化的体验发挥出最大价值。

在今天，无人零售已经不是一个新鲜事物，但是无人零售技术的发展还不完全成熟，仍需继续探索。企业在提供全天不间断服务时，也要在一定程度上封闭产品，避免造成对产品的损坏。价值相对较高的智能设备类产品，如果造成损坏，损失的成本较大。华为授权的智能无人售货店与华为线下门店、线上平台的销售形成互补。按照线上线下的零售渠道，华为将购物人群进一步细分，为消费者带来全新的智能购物体验，在实现无人售货的同时，有效解决了商品损坏的问题。

华为授权的智能无人售货店协同线上平台同步售货，提供24小时不间断的服务。华为授权的智能无人售货店通过24小时智能仓储、机器人自动盘点、智能调度管理，实现门店的智能化与无人化。华为授权的智能无人售货店虽然在销售方面采用的是无人化，但在店面维护、商品补货、售后服务等管理方面配备有后台专业人员，为消费者解决产品的问询和售后等问题。

以往在无人零售店内，消费者进店选购商品后，工作人员往往需要重新整理商品。华为授权的智能无人售货店创造性地用机械臂代替了人力工作，店内采用大机械臂和小机械臂配合工作。在工作中，大机械臂把商品从陈列箱抓取出运至操作台，再由小机械臂将商品取出投放至出货口，整个过程精准迅速，科技感十足。

华为在门店中引进机械臂工作，是企业科技化的体现。华为授权的智能无人售货店中一切拿取商品的动作，都由机械臂来完成，这可以减少消费者自己拿动商品的不便，也能有效避免商品在传递过程中不必要的损坏。更具价值的是，华为授权的智能无人售货店的机械臂在工作过程中，会精确地记录商品信息，已经销售的商品和需要补货的商品可以直接通过记录的商品信息得出。机械臂在无人售货的体系中，极大地提高了效率，不仅提升了用户体验，而且保证了商品的安全和稳定，达到了无人零售场景化的新高度。

在新零售漫漫发展的长路中，不断有新技术、新模式出现，帮助新零售更完善、更强大。华为授权的智能无人售货店是一个全新的开创，也是无人售货体系的一次重大探索。在科技和智能的赋能下，新零售的场景化发展会展现出更多新的发展模式。

新零售在对零售行业"人""货""场"进行重塑的过程中，将消费场景重新定义，运用智能化设备为消费者构建出"想买就能买"的场景，并在此基础上向着"买就即时送"的方向迈进。面对零售市场中无人零售已经不足为奇的情况，企业需要不断开发出新技术、新应用来优化线下无人门店，打造出极致的新零售场景。

第十一章

结语：新零售的未来

随着大数据、人工智能、区块链、5G、物联网等智能技术的飞速发展，新零售的未来发展空间将会更加广阔，零售企业及零售商只要紧跟智能时代的步伐，认清中国消费群体的变化，进行精准营销，就能在新零售的市场中获得竞争优势。

新零售作为新型的零售模式，具备以往任何一种零售形态所不具备的优势，所面对的技术和社会环境也与以前有很大的区别。在中国，"00后"作为新一轮的消费群体已经崛起，而人口老龄化的程度却在不断加深。这就要求零售企业及零售商根据自身的发展节奏和品牌特点，认清中国消费群体的变化，打造具有特点和针对性的产品，进行精准营销。国家持续优化的政策环境和快速发展的智能技术为新零售发展提供了有力的支撑。可以预见，未来新零售的前景会更加广阔。

一、零售分层：瞄准"00后"消费群体

在中国消费群体中，如果说最具地域普遍性和商业价值，并且长期具有潜在开发力的人群，就是大学校园里的莘莘学子了。在中国，最早一批的"00后"，已经在读大学了。并且，往后会有越来越多的"00后"涌入大学校园。

"00后"消费群体虽然是学生，但从消费能力上看，这些新生代大学生和准大学生的支付意愿和支付能力可能远超传统认知的预期。据统计，当今在校群体中，"00后"每月的平均可支配收入已经达到3500元左右。其中，有65%的学生依靠家人提供生活费，35%的学生除了依靠家人提供

生活费，还通过校外兼职、奖学金、售卖二手物品等其他收入来维持日常开销（见图11-1）。

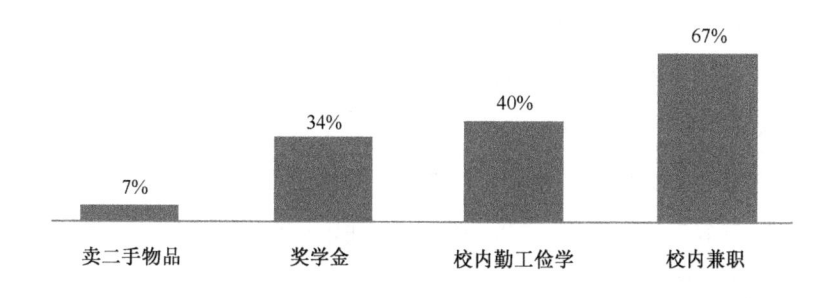

卖二手物品	奖学金	校内勤工俭学	校内兼职
7%	34%	40%	67%

图 11-1　"00 后"在校大学生其他收入来源

可以看出，"00 后"已经是独立自主的新时代青年，有很强的消费能力，因此在零售分层中，将"00 后"作为一种单独的消费群体，不无道理。一些企业在针对大学生市场进行分析后，将线上渠道整体布局，为当代大学生服务。"00 后"作为新兴消费群体，其网购能力很强。就线下渠道而言，一方面，大学生的生活范围基本限定于校园及周边，线下布局场景比较明确；另一方面，"00 后"的整体消费偏好特征比较清晰和统一，非常有利于线下营销策略的确定。

年轻的"00 后"作为校园消费市场的主力军，是天猫关注的核心用户群体之一。为了更好地服务消费者，天猫与校园零售商合作，将线下实体店搬到了校园中。例如，天猫在以往天猫超市、天猫校园店的基础上，与快消领军品牌伊利合作，在上海同济大学打造出人气爆棚的校园快闪店。

上海同济大学的校园快闪店，除了有刷脸机、地动仪等"暗藏玄机"的"黑科技"，还引进"00 后"较为崇拜的偶像 IP——超人气偶像组合 NINE PERCENT 作为商品活动的外包装。快闪店一开业，同学们就蜂拥而至，有的是被快闪店的新奇形式吸引，有的是冲着和自己偶像合影而来，有的则是为了体验店内的"黑科技"玩法。天猫这一营销手段显然成为新零售校园生态中的落地标杆，让上海同济大学的这家快闪店一时间成了热点。

快闪店内的伊利味可滋还专门配备了新奇好玩的"黑科技"，充分满足"00后"这类年轻消费者的好奇心。店内的互动派样刷脸机，利用人脸识别系统推出分数评比。只要消费者前来"刷脸"，就可以免费获得一盒"元气奶"。伊利味可滋与天猫合作的快闪店，运用"IP+黑科技"创造性地开发出了新零售的营销新路径。伊利味可滋在技术端的突破，也让消费者和其他企业感知到新技术下新零售的力量。

天猫经过此次与伊利的合作，看到了"00后"在校大学生作为未来消费群体主力军的发展潜力，同时也让伊利通过这样一次小小的快闪店活动俘获了校园的消费群体"芳心"。天猫新零售将技术引进大学校园，不仅提高了"00后"消费群体的参与热情，也优化了用户体验，将品牌和"00后"年轻受众群体紧密相连，开创出天猫新零售的新征程。

在此之前，天猫就曾宣布，切入新零售校园生态的天猫校园店已完成100家高校的签约。四川师范大学成龙校区的佳禾超市是全国首个天猫校园店。佳禾超市经过天猫一个月的改造，从店面装修到货品的陈列都发生了翻天覆地的变化。天猫综合应用智能科技于佳禾超市，大幅提升了超市的服务质量，让佳禾超市一度成为"网红"校园超市。四川师范大学成龙校区的佳禾超市还推出校园配送活动。

天猫校园店的服务包括自助结算、天猫魔镜、天猫互动吧等。智能化的新零售场景和即时性配送正在切入全国高校生态，渗透到大学生生活的方方面面。四川师范大学成龙校区的佳禾超市改造后仅一周，到店消费者就比改造前增加了20%。

通过智能化改造，天猫校园店真正意义上重构了新零售革新品牌运营思维和消费者购买习惯。改造后的四川师范大学的"网红"超市中，每天都有大批学生涌入店内选购商品。天猫从四川师范大学男女比例为3:7的特点分析，认为女大学生为这所高校绝对的消费主力军。因此，天猫在佳禾超市中推出互动吧派样机、天猫魔镜等设备，吸引大量女大学生进店试妆。店内的天猫魔镜、天猫互动吧与欧莱雅、美康粉黛、桂格等美妆、零食品牌合作，每个月都有一个主题品牌。

作为大学生群体的"00后",本身就具有年轻、时尚、潮流等特点,在购物时更加注重个性化和品质的体验。传统的校园超市往往只符合最初级的选择和购买环节,体验式、互动式的购物体验恰恰是校园购物过程中最缺失的部分,商家也因此无法完全收集消费者的行为数据。天猫校园店的应运而生,正好解决了这一零售痛点。

在商品升级方面,据统计,几乎每个大学生在零食、日用品等快消类的商品方面都有不少支出。中国有2600多万名大学生,所以大学生消费市场有广阔的发展空间。天猫校园店引入阿里巴巴的供应链体系,从天猫超市、大润发、天猫国际等渠道引进商品,满足年轻消费群体的需求,增加符合学生人群定位的"年轻"品牌。天猫校园店还利用天猫前置仓,根据学校的各个场景布置自动终端,实现校园店自助补货。

四川师范大学成龙校区的佳禾超市改造后,不仅提升了消费者的进店率,而且也提高了消费者进店的频率。一些学生被天猫校园店的"颜值""智能化""互动性"所吸引,在买东西之余,还能在店内体验更多的乐趣,延长了在店内的停留时间。

企业在看到大学校园的消费潜力后,也会根据消费人群的特点提供针对性的服务。天猫校园店致力于打造校园新零售生态圈,为在校大学生提供集购物、学习、生活实践为一体的天猫校园店,实现智慧校园、低碳校园、信用校园。天猫校园店在各个高校布局,构建了包括天猫校园店、天猫校园店无人超市、30分钟校园极速配送、无人自动贩卖机等全渠道布局的新零售校园综合体,为每位天猫校园店的在校大学生会员提供服务。

天猫校园店除了提升大学生的消费体验,还对大学生进行商业启蒙。四川师范大学的天猫校园店增加兼职导购、兼职配送员为在校学生提供兼职和创业的机会,为在校大学生提供了业余时间的社会实践机会。天猫校园店根据天猫提供的客流消费分析,可以更精准地了解大学生群体的消费习惯,将货品陈列及时进行调整。天猫校园店借助大数据实现店铺个性化,同时用数据和技术赋能品牌商家,帮助商家开发和创新更多适应大学生市场的商品。天猫对新零售进行分层后，更精确地为"00后"在校大学生提供精准服务，实现"人""货""场"三者之间的最优化匹配。

在四川师范大学的天猫校园店和同济大学的校园快闪店取得成功后，天猫表示要在大学校园内进行"新零售+高校生态"的新布局，覆盖中国1000所高校。新零售不只是线上线下的结合，更是从新技术的应用、数据的分析到供应链的整合。天猫在看准"00后"消费群体后，给大学校园的消费者带来了更好的新零售消费体验。

二、老龄化社会的新零售转型

从零售的角度来看，虽然年轻人是一大消费群体，但是许多老年人退休后，有了更多的时间和精力关注生活方面的事情。很多老年人虽然退休了，但是他们还依然身强体壮，这一群体成为新零售的服务对象之一。

当今，老龄市场的潜力已不容小觑。一些零售企业将注意力聚焦于年轻群体的同时，也在逐渐增加对老龄化群体的认识。老年消费群体自身的需求更值得社会去关注，这样才能提升全社会的幸福感。

虽然中国还未达到"老龄化社会"的地步，但目前中国60岁以上的人口占比已接近20%，并且这一占比还在持续增加。在中国社会稳定的环境中，许多老年人退休后过着幸福的生活，智能化的设备和环境也成为老年人生活中的一部分。在人口红利逐步到顶的今天，老龄化群体已是互联网经济增长的新动力，许多老年人不仅使用智能手机，而且非常喜欢上网，对于网购类平台也比较熟悉。一些零售商在向新零售转型升级的过程中，也从中国老龄化社会的环境出发，探索新零售的发展之路。

新零售的特点之一就是对智能手段的广泛应用。例如，智能支付已经普遍应用于零售门店中，从支付宝、微信的扫码支付到刷脸支付已经屡见不鲜。对于老年人而言，他们对刷脸支付会不会感到困难呢？答案是完全不会。虽然新事物的产生最考验的是每个人的学习能力，而人类往往对新鲜事物的接受能力和速度是与年龄成反比的，但即使是这样也不能妨碍老年人追赶智能支付的脚步。

以支付宝的"蜻蜓"为例，其充分考虑到了老年人这一消费群体。消费者第一次使用支付宝"蜻蜓"刷脸支付时，在"蜻蜓"上输入手机号码后，通过刷脸来核验自己的身份，就能启用刷脸支付设备的程序。消费者以后再用支付宝"蜻蜓"的时候，只需在人脸扫描框中对准人脸，就可以自动完成支付。这一应用对老年人具有很强的针对性，避免以往老年人在使用智能支付方式时，遇到忘记密码或不知怎么操作等问题。

在许多零售店中，商家在收款时要么采用被动扫码的方式，要求消费者出示付款码，在扫描框前进行扫描；要么采用主动扫码的方式，要求消费者用扫码功能直接扫描商家的收款码来付钱。而经过实名认证后的"蜻蜓"，消费者在使用时即使忘记密码也可以无障碍支付。

目前，支付宝的"蜻蜓"已经广泛应用于大中型商超、餐厅、小型便利店等场所中。老年人直接通过刷脸支付就可以购买所需物品，不用携带现金。在便利性方面，刷脸支付为老年人提供了最友好的支付方式。支付宝以大型商超为切入点，让许多地方的商超进行了设备升级。技术手段推动零售行业应用人脸识别技术实现购物快捷支付，加速人类社会步入全民刷脸支付的新时代。

令人感到意外的是，据支付宝统计，使用人脸识别的 60 岁以上支付宝用户已达数百万人，而且这一数据还在持续增长。可以看出，最新的刷脸支付方式在未来可能是老年人最容易接受和采用的支付方式。刷脸支付的过程简单方便，不需要消费者拿出手机，不用做任何多余的操作就可以完成支付，对于老年人来说适用性较强。刷脸支付的普及，将庞大的老年消费群体带入新零售中，让老年人体会到了科技发展带来的便利，帮助他们更好地融入现代生活中。

随着医疗水平的提高，人类的平均寿命也在慢慢延长，当今中国人口的平均寿命已达76岁左右,中国很多退休后的老年人常常感到无所适从。新零售在人口老龄化的转型中,用智能手段帮助老年人管理健康问题。针对老年人的风湿、关节炎等造成的下肢活动能力下降及腿脚不便等问题,一些企业为老年人定制了新型的G2智能手杖。

  G2智能手杖不但是老年人走路的辅助工具,更是他们管理健康的好助手。G2智能手杖内部所搭载的生物感应芯片,不仅能够同时采集心电图和血压发出的生物信号,而且还可以在采集过程中,自动过滤外界所带来的干扰,更精准地检测心率、血压数据。G2智能手杖作为一款专为老年人设计的智能型手杖,相比于传统的心电仪和血压仪,具备传统检测仪器所没有的便携性、高性价比等优势。G2智能手杖具备医疗级心率、血压测量功能,还能实时显示测量数据。G2智能手杖的数据查找功能,可以更好地预警高血压,随时随地关注用户的健康,给老年人及其家人带来安全感。

  子女无法长期在身边的老人往往会感到孤独。虽然一些老人会用微信聊天,但由于子女常常要忙于工作,很难每次都回复或者及时回复,况且有许多老人对于微信的使用还是比较生疏的。G2智能手杖通过微聊,可以在App中实时向手杖发送文字、语音内容,老年人在使用时不仅方便快捷,而且可以很好地消除孤独感。G2智能手杖还有手杖端互加为好友功能,是老年人找朋友、聊天乃至发朋友圈的一个新平台。

  老年人的骨质疏松问题,很容易造成老人摔倒,这也是子女所烦恼和担心的。G2智能手杖具有跌倒报警和紧急求救功能,在老人跌倒时手杖会自动启动循环拨号机制,第一时间让使用者得到救助。G2智能手杖中还有健康播报功能,如菜单播报、喝水提醒、吃药提醒、时间播报等,成为使用者贴心的健康关爱小管家,同时也是子女随身掌握父母身体健康状况的记事本和定心丸。

  G2智能手杖的功能随着消费者的需求也在逐渐升级,越来越具有市场竞争力。使用者还可以根据自己的身高对G2智能手杖调节挡位,获得贴心、温暖的舒适感。

老年人的人生阅历改变了他们的生理特征和行为方式，这也是俗语"家有一老，如有一宝"的含义之一。中国是一个有着尊老爱幼传统美德的国家，上到国家，下到家庭，无不体现出全社会对老年人生活的重视。G2智能手杖的出现更多的是体现了一种社会责任，不仅将老年人进一步与子女联系起来，让他们更好地感受亲情的温暖，而且拓宽了老年人的交友圈，让他们可以更舒适地享受老年生活的乐趣。

社会的智能化并不意味着抛弃老一代群体，而是要求社会从整体上共同发展。新零售的应用也不只是年轻人的助推器，更是老年人翱翔数字社会的翅膀。当下很多年轻人喜欢的消费模式，都可以为老年人所用，来解决老年人衣、食、住、行等问题。在老年人行为能力逐渐弱化的情况下，智能化产品就成了他们生活的好帮手。利用智能科技提高老年人的晚年生理健康水平，成为零售商努力的目标。要想真正满足老年人的需求，还需要企业下足功夫研究老年人的心理，打造出匹配老年人的产品及服务。

三、持续优化的新零售链条

新零售在市场中已经走过几年，零售商都在利用智能技术积极探索零售行业的发展之路。新零售在实现了对零售市场"人""货""场"的重构后，还将持续优化链条，让零售之路与智能科技的结合日益紧密。

自手机接入互联网之后，移动技术和社交技术发生了极大的进步。线上零售的发展极大程度地改变了传统零售。新零售以融合线上线下渠道的发展模式，让线下零售店回归，也在改变着线下零售渠道，开发出线下零售的新场景。自此，线下实体店不单单是销售商品的场所，更重要的是让消费者充分体验店内商品，给消费者提供人性化的服务，为消费者打造一个极致的购物空间，从整体布局上改变零售业的形态。

作为传统眼镜行业挑战者的 LOHO，在新零售提出之际，打破传统眼镜行业"舒适区"，坚持以新零售模式主打年轻消费品市场。近年来，眼镜行业也走到了一个历史关口。一方面，近视人口每年依然在增加，尤其是年轻消费群体成为消费主力军后，眼镜的需求在不断上升；另一方面，眼镜行业看似一个暴利的行业，但传统眼镜供应链的上下游呈分散状态，运转效率低，中间环节层层加价。眼镜行业急需能够提供整体解决方案的产业路由器型企业，以实现整个行业从供给端到营销端的转型升级。

从本质上来分析，一方面，眼镜行业不是一个新兴行业，一直以来供应端到消费端的环节过多，造成商品到达消费者手中时就会变得很贵，所以在外界看来它一直是暴利行业；另一方面，眼镜行业缺乏 IP 品牌的输出，导致用户忠诚度较低，要想在数量方面达到营销效果也十分困难。眼镜行业被一些外资企业垄断，利益难以撼动，而低端市场由于过于分散，基本没有供应链能力。如果能在供应链上和一线厂家深度合作，并且做供应链的整合，就能砍掉中间商赚差价的环节，在行业占得一席之地。

基于这种思路，LOHO 在探索眼镜行业新零售的发展模式时，首先创造出 M2C（从工厂到个人）模式，压缩眼镜行业的中间环节并提供优质供给，实现高性价比并提升用户体验。LOHO 以全链条互联网化的布局，高品质、高性价比的商品与线上线下体验店闭环结合，挑战国际巨头的垄断地位。

LOHO 在探索市场时，尝试从后端入手，将整个眼镜链条拆解成了近 10 个环节，逐步解决，然后布局前端零售。在此过程中，LOHO 开发出了自己的 BI 系统，让零售端数据直接对接工厂，在整体上实时控制产品数量与上架时间，及时调整产品的产能。升级后的 LOHO 在经营第一家门店时，从研发、生产、销售到售后服务，全部实现了自主化的经营。LOHO 上新的速度也有了明显提升，从开始设计到推出市场只需 20 天左右，每年可以上新 800 余款眼镜。不仅如此，从产品品牌塑造、供应链的优化到前端概念店的落地，这一整套贯穿产业链上下游、完整细致的新布局才是LOHO的发展之路。在新的零售条件下，LOHO将逐步升级整个新零售链条。

第一，在产品品牌塑造方面，LOHO针对眼镜配饰化的特点，倡导眼镜即形象，塑造"让地球上每个人拥有四副LOHO眼镜"的品牌理念。年轻一代的消费群体对眼镜的认知已经从传统的"实用性"转向"时尚性"，消费者更加注重眼镜的"颜值"，而且换眼镜的频率大大提升，许多年轻人将眼镜看作自己"凹造型"的工具之一，眼镜消费的频次在不断提高。LOHO不断创新眼镜设计，推陈出新，来表现LOHO的设计理念和时尚趋势。LOHO优化企业自身之后在多年供应链设计制造体系的基础上，与东京、米兰、巴黎等时尚产业发达地区合作，打造出全球时尚眼镜和配饰设计中心。同时，LOHO还扶持本地设计团队，探索本土自主品牌，推动眼镜配饰化理念在中国普及与发展。LOHO为年轻消费者带来款式丰富、性价比高、适用性强、紧跟潮流、上新速度快的眼镜时尚新体验。LOHO直接与时尚产业发达地区合作，相对于与厂商合作，向产业的上游迈进了一大步。在打通源头的生产供应时，LOHO和更前沿的时尚品牌合作，推动了本土化品牌的发展。这样一来，LOHO更大范围、更深层次地把控当下流行元素，将产品尽可能多地覆盖到目标消费群体，打造品牌在市场中的影响力。

第二，在优化供应链方面，LOHO推出柔性供应链体系建设。一方面，在产品的设计中，即使设计师敏锐地感知到产品的流行风向，最后到消费者手中的产品，还要经受整个供应链流程的一系列考验，所以LOHO采用进口、顶配的全自动加工生产线与自动化设备，加大投入力度和整合力度优化企业的供应链。LOHO以自动化、标准化的配置和链条拆解，实现整个流程的精细化管理。另一方面，在数据方面，LOHO在自动化生产线添加数字化柔性供应链，实现数据化管理。通过在整个生产链中添加智慧管理，LOHO能准确地预测市场趋势，并且快速做出反应来压缩中间环节，提升工作效率也提升上新效率，持续性地为消费者提供高性价比的新产品。

第三，在前端概念店方面，LOHO 在新零售的呼声中，极大地带动了线下实体零售店的发展。LOHO 具备产品打造和供应链整合的势能后，着重挖掘线下实体零售店的发展潜力，用前端门店的服务和体验吸引消费者。一般来说，人们都是有需求才去眼镜店的，并且一旦有过配眼镜的经历后，就会对店内的工作人员或者产品的款式比较有依赖性。LOHO 概念店打破了人们对传统眼镜行业的刻板印象。LOHO 眼镜概念店打造出沉浸式的时尚体验，激发消费者追求时尚的购物欲。LOHO 用智能手段为全渠道赋能，推出扫码看模特试戴的效果和 AI 试戴眼镜。在 LOHO 概念店中，消费者可以随意挑选商品的颜色和款式，只需将这些数据输入电脑或小程序即可一键下单，消费者在 15～20 天内就可以拿到个性定制的眼镜。

在当今新零售市场中，消费者的基本物质需求已经得到满足，开始逐渐追求独特性的商品，尤其是年轻人，他们的个性化需求特征更加明显。LOHO 门店着重从三个方向升级，以层层相接的方式实现线下流量的最大转化。LOHO 以门店的独特性装饰吸引有相似需求的消费者，精准营销，提升消费者的购买率；当消费者进店后，消费者可借助 AR、AI 等线上线下一体化的新零售智能设备，对产品进行实景化体验。

LOHO 在整个业务链条中，将此前积累的创新成果和经验着力应用于品牌供应中，打造坚实的底层和高维承载系统。LOHO 打造的新零售智慧赋能平台中，投入和开发许多资源探索线上线下互动的解决方案，开发的每一个版本都是 LOHO 基于技术发展和对消费群体演变的理解。企业从门店经营的数字化、互联网化，以及线上线下流量互通、放大，驱动上游供应链体系协同三个方向实现 LOHO 新零售智慧赋能平台的核心价值和对不同板块业务的赋能。

第一，在门店经营的数字化、互联网化方面，LOHO 通过之前探索的线上线下商业闭环，将以 BI 大数据中心为基石的智慧赋能平台升级。线上线下变化流动的数据，可以直接在 LOHO 的业务闭环中产生价值。在 LOHO 新零售实践中，智慧门店是实现其技术生态的重要场景，整个门店通过 AI、AR、大数据等技术的支撑，将营销互动化、客流量统计数字化、导购智能化、收银智慧化，实现店面的数字化和互联网化。各个端口收集来的数据，可以将 LOHO 打造得高度网络化和数字化，实现对消费者的精准营销，为后端产品供应链提供正向反馈。

第二，在线上线下流量互通、放大方面，LOHO 建立会员验光数据系统，保存消费者的验光记录，当消费者短期内下次再到线上线下渠道消费，就可以免除烦琐的再次验光流程。LOHO 还通过小程序打通线上和线下，让消费者在小程序上就可以试戴眼镜。以社交零售为灵感，LOHO 建立社交电商部门，以内容裂变和利益点裂变实现品牌的社交零售。例如，在情人节时，LOHO 推出买一送一的裂变活动，只要消费者邀请另一半参加活动，就可以各得一副眼镜；在圣诞节时，消费者可以在平台中搭配不同的眼镜，如果想获取商品必须转发到一些群中。LOHO 有效地利用社交裂变，通过微信小程序、公众号、抖音等线上平台及线下实体门店等渠道，开发了许多新用户。LOHO 还定期与明星及时尚 KOL（Key Opinion Leader）合作，将明星与品牌、产品联系起来，向消费者展现品牌风格及设计理念，让更多的消费者能感受到 LOHO 的时尚魅力。

第三，在驱动上游供应链体系协同方面，LOHO 的智慧门店和会员系统充分推动商品向上游发展，进一步强化 LOHO 数字化柔性供应链系统建设。

LOHO 通过多样化的布局，实现了眼镜行业的发展创新之路。新零售在发展的过程中，对智能技术的应用和品牌的升级刷新，不仅是支撑线下零售活力的重要原因，也是在整个市场中保持活力的重要原因。

四、"朝思暮想"新零售的新技术

新零售的特点之一就是利用智能时代的新兴技术为零售行业赋能，打造具有科技特点的智能零售。新零售概念出现的时间虽短，但支撑新零售的人工智能、大数据、云计算、物联网等基础技术，却在无形中应用于生产、物流、供应链、门店等诸多环节，新零售的新场景和新模式也正发生着深刻的变革。

服务于新零售的新技术，在将新零售的各个环节重塑的同时，使零售行业实现了转型升级。传统零售行业与电商虽然保障了最基础的零售，却没有给消费者提供极致的购物体验，甚至电商的发展让部分消费者开始远离线下门店。新零售结合当今融合发展的新趋势，利用科技手段将线上线下渠道结合，打造贯穿于商品的研发、生产、销售、配送到售后服务的一站式营销，提升消费者的购物体验。

新零售使人工智能得到了充分的应用，企业以智能化、自动化、协同化的方式满足消费者需求。企业对人工智能的应用，将最前沿的科技引入零售行业中，实现了零售的自动化，升级了消费体验。天猫和OPPO携手打造的OPPO天猫新零售体验店，利用数字化实现线上线下融合，对传统手机门店零售模式进行了颠覆性创新，智能优化零售场景布局，重视智能化互动和消费者体验。

在OPPO天猫新零售体验店中，店面的体感互动大屏清晰地将OPPO手机最新产品的信息展示出来。在体验店内部，天猫与OPPO共同研发的体感云货架，会直接打通OPPO线上天猫旗舰店，消费者只需打开手机淘宝扫一扫，就能完成购物。店内"24小时不打烊"云货架，将线上线下用户相互转化，实现了用户资源的互通。除此之外，体验店还配备 AR 说明书、声纹邮局、专属定制漫画等设施。消费者使用手机淘宝 AR "BUY+" 扫一扫功能，即可扫描得到 OPPO 最新款手机详细信息，还可以通过屏幕互动来了解产品功能特征。在体验店的 LED 巨屏前，消费者可以一起玩游戏，体验产品的趣味性。

声纹邮局是一个带有浪漫色彩的设计，消费者在一个密闭的小房间里，可以录下自己想对某个人说的话，以二维码的形式储存，然后将二维码打印在明信片上寄给对方，接收者通过手机淘宝扫描二维码就可以听到录音。OPPO 天猫新零售体验店将传统的明信片邮寄与现代二维码技术相结合，探索出人们对邮局和二维码应用的新世界，让人眼前一亮。这种独特的情感表达方式获得了许多消费者的好评。

在 OPPO 天猫新零售体验店中，消费者可以制作自己的专属漫画。消费者在店内的拍摄区域，根据电脑的提示做出相应的动作，就可以自动形成自己专属的漫画册。消费者就是漫画册里的主角，许多消费者制作漫画册后，在很长的一段时间内会保持对 OPPO 品牌的好感，每当看到漫画册时也会产生对 OPPO 天猫新零售体验店的回忆。更重要的是，独特的漫画册经过消费者线上线下的传阅，会以裂变的方式迅速传播。OPPO 天猫新零售体验店用一系列智能科技设备给消费者带来视觉、听觉、触觉等多维度体验。

还有许多消费者被 OPPO 天猫新零售体验店门口的 LED 超炫大屏所吸引，该屏使用冰屏技术打造，是亚洲最大的体感云货架。体验店的大屏可以直通 OPPO 天猫旗舰店，消费者在货架里看到产品详情和买家评价等信息时，可以隔空操作货架。OPPO 天猫新零售体验店分为三个体验区，分别是天猫精灵智能客厅、线下手游区和拍照打卡区。OPPO 天猫新零售体验店场景化的体验区方便消费者了解产品，加强了品牌与消费者之间的联系。

OPPO 天猫新零售体验店从整体上分析目标消费群体，在细节方面打动消费者，设置女生都喜欢的奖品来吸引主要目标消费群体。OPPO产品所面对的目标消费群体是年轻女性，所以在体验环节以口红作为奖励，吸引女性消费者积极参加活动。同时，有趣的游戏体验，激发了喜欢玩游戏的男性消费群体。在这种沉浸式体验的环境下，消费者的整个体验过程都十分愉悦，会不由自主地延长到店停留时间，让品牌商在与消费者接触的过程中获取到更多的信息，从而进行精准营销，提高消费者的满意度，达到传播良好口碑的目的。

除了线上线下的智能零售，企业供应链系统的优化也是新零售中重要的技术支撑。新零售对消费者最好的服务方式就是"即买、即送、速达"，零售商需要实现对消费者真正的定位和提前预判。一些零售商通过分仓方案，将产品的库存周转率缩短，拉近仓库与消费者的距离，提高服务能力。企业根据销售数据和市场预测，制订更加智能的生产计划并选择合适的地区进行区域分仓。物流方面，企业在智能软件的帮助下，指导物流公司把货物运送到指定仓库，运用智能分仓工具把货物放在最合理的位置，智能化布局店内商品，在线上线下融合发展的形势下，实现门店的线上下单、线下取货。

阿里巴巴新零售融合数据算法、智能供应链和人工智能等技术，在消费者完成购物后，从各前置仓、商场门店、便利店发出商品，在半小时到两小时内送达消费者手中，为消费者构建了一个3千米范围内的理想生活圈。阿里巴巴的新零售布局中，天猫超市已经拥有数百个前置仓，产生了上万个"天猫小区"，天猫旗舰店的数千家门店也将陆续接入新零售物流网络，实现天猫2小时送达。阿里巴巴公布的新零售物流提速规划中，不仅将盒马鲜生的30分钟达、天猫超市的1小时达包含在计划之内，还提供天猫2小时达服务和预约特定时段送货上门服务。天猫的线上下单系统自动就近发货的运送模式，将新零售的整个模式实现了优化发展。

建造前置仓是阿里巴巴探索新零售发展模式的重要成果，前置仓可以缩短商品的运输路程，圆心式布局覆盖商家周围的消费者，满足消费者迅速送达的需求。零售商若想在新零售战场中脱颖而出，就需要实现对供应链系统的精准把握，优化物流体系和供应链资源，而前置仓正好满足这一需求。最重要的是，前置仓从仓储成本、产品损耗、产品配送等各方面，都降低了企业成本，让产品从商家城市中心仓直接到达消费者手中。

新零售在云计算数据智能赋能下，帮助商家打通前端用户界面和后端企业内部管理，搭建"零售云平台"，构建全局共享的库存中心、用户中心、交易中心、订单中心，还开发自动补货系统，将所有的信息汇聚起来。无论是无人零售、智慧零售还是机械臂的应用，都是企业应用云平台实现门店功能转化的手段。在未来，云平台还可以帮助零售商解决全局优化的问题，通过数据在线产生智能零售。在实现零售全局优化的道路中，数据计算能力是企业的核心能力。只有让智能成为制造的核心决策部分，才能提升新零售产品的效率和品质。

新零售在多项新科技的赋能下，已经被科技渗透于各个消费场景中。消费者作为新零售的重要参与者，消费者客群数据价值化已成为新零售的关键，这是重构新零售"人"时，提升消费体验的重要方面；新环境下，数字化供应链日益成为品牌重要的竞争力之一，只有新技术才能将产品不断升级，打造出具有竞争力、个性化的产品，实现品牌的突围，这是重构新零售"货"时，打造高效能、定制化产品的重要方面；线下门店的科技感、未来感越来越为年轻客群的追求，将产品融入消费者的生活方式和品牌文化中，通过数字化技术提供强互动性的场景体验，以技术赋能场景体验革新，这是重构新零售"场"时，提升消费者购物体验的重要方面。

从"零售"到"新零售"，多的不仅仅是一个字，更多的是将新兴技术融入新场景、新产品和新消费者中，并将三者紧密地联系在一起。未来的线下零售店，不仅是一个门店，而是如同艺术馆、体验室、娱乐室一般的存在，让消费者进入店面中就像走入多元立体世界一样。消费者在购物时，不仅能体会到购买商品的乐趣，而且能感受到集购物、休闲娱乐于一体的物质与精神的双重享受。

五、未来政策导向的新零售

新零售作为市场经济的一部分,与政治、文化密切相关。新零售被提出后,零售巨头和零售商积极探索,相继推出以智能手段赋能的、融合线上线下发展的新零售模式,推动整个零售行业飞速发展。在这种环境中,自然少不了政府政策的支持。

在经济、技术、政策的三重发力下,新零售时代正式来临。随着国民经济的发展与国人收入水平的不断提高,电商的出现开发出人们购物的新渠道,消费者对购物的要求也逐步提高。在传统零售中,线下零售一直较为稳定,却因电商的出现而受到巨大冲击,而线上渠道经过几年的发展,似乎也没有太多新花样,在这样的情况下,新零售应运而生也是必然。新零售的出现打破了线上线下零售渠道的尴尬境地,在充分发挥两者优势的基础上,创造了零售行业的新局面。

以冷链物流为例,对于线上零售来说,盒马鲜生带动了生鲜市场的发展,而生鲜市场的竞争力在于食材的新鲜程度。因此,冷链物流就成为生鲜发展中的重要支撑。冷链过程中的低温环境能有效抑制食材中有害微生物的生长,防止食物变质腐坏,在一定程度上有着防腐剂的作用。冷链物流中的品控环节需要配合食品在流通环节前的质量检测。目前,中国冷链物流在政策的支持下正持续向好发展。

近年来,中国政府频繁出台冷链物流产业规划、扶持政策和行业标准,给冷链物流行业发展带来重要支撑。政府从政策、法规层面高度重视冷链物流的发展,不断推动物流行业及冷链物流的转型升级。在政府政策的大力支持下,零售行业不断健全农产品冷链物流体系,加强冷链物流基础设施建设，督导冷链物流行业的快速完善。

从社会大环境来说，中国城镇化存在着较大的发展空间，城镇化呈快速发展趋势。此前联合国开发计划署发布的报告强调，预计到2030年，中国的城市居民将新增3.1亿人，也就是说大约10年后，中国的城市人口总数将超过10亿人，相应的城镇化率将高达70%。在农产品市场中，城市居民无法自产自销，将会进一步带动肉、禽、蛋、水产品、乳制品等易腐食品和反季节蔬菜水果的消费总量。城镇化的不断扩大推动了农产品规模化、集中化、区域化生产，食品消费需要大量地由产地向城市输送，这就需要通过冷链物流方式实现。

从发达国家的经验来看，国家人均可支配收入的提升会进一步释放冷冻、冷藏食品的需求，间接推动冷冻、冷藏食品消费和冷链产业的建设发展。中国城镇化水平不断提升、人们收入逐渐提高、生活节奏不断加快，人们对标准化冷链供应产品的需求将不断增加，推动冷链行业持续稳定发展。国家政策的支持也为冷链物流行业发展提供了有利的环境。

目前，中国在降低农产品冷链物流成本的情况下，正在建设覆盖农产品收集、加工、运输、销售各环节的冷链物流体系。

近年来，盒马鲜生、苏宁小店、京东超市等生鲜零售备受消费者青睐，市场上不断涌现新的零售商，线上零售额也呈迅速增长之势。生鲜零售店的产品冷链运输比例与初级农产品整体平均水平相差悬殊，这也是总体冷链率上升的关键因素。市场上的零售巨头一般都有自己的冷藏供应链系统，涵盖冷藏、物流、销售等环节。对于小的零售商来说，自建物流成本较高，投入比较大。所以，这类生鲜零售商比较适合成本低、社会化程度高的第三方物流服务。

近年来，中国对食品安全严加监控，食品成为严查的对象。食品腐烂变质在食品安全方面占很大比例。现代冷链物流是从食品的生产到流通整个过程的特殊供应链系统，强有力地保证了食品的安全。政府对《食品安全法》不断修改与完善，让食品安全贯穿生产、运输、贮存、销售、餐饮服务等各环节，从制度方面强化了生产经营者主体责任，加大了监管处罚力度。

随着人工智能在各个领域的推广应用，无人超市、无人便利店等智能新零售模式在各地兴起。新的无人零售方式以其个性化、便捷性、智慧化的特点带给消费者全新的零售体验。随着无人零售店的迅速普及和成本的降低，无人零售店将逐步替代传统便利店，其规模可能远超传统便利店的数量。无人零售店的普及，意味着商用冷链终端设施的需求也会不断增加。

人工智能作为新零售提高盈利水平的重要手段，可以帮助商家实时分析冷库库存情况，为企业精细化管理做铺垫。冷链物流在政府政策的鼓励和智能化手段的支撑下，不仅能够获得快速发展，而且还能向提供信息、管理甚至咨询服务延伸，优化整体服务。

国家在实体零售方面也在推进改革升级进程。国务院公开发文支持实体零售，线下实体店成为未来新零售发展的重要目标之一。实体零售是商品流通的重要基础，是直接面对消费者的重要载体，也是保障就业的重要渠道。随着人们物质生活水平的提高和精神世界的丰富，市场上的实体零售规模持续扩大，业态不断创新，成为国民经济的重要贡献之一。而互联网经济的增长让实体零售店受到成本提高、需求变少、购物不便等诸多因素的影响，实体零售发展面临前所未有的挑战。

为适应经济发展新常态，推动实体零售创新转型，国务院以全新的发展理念加强供给侧结构性改革，推动实体零售的转型与发展。中国作为发展中国家，虽然整体发展水平在提高，但地区发展差距较大，所以在零售方面，政府鼓励商业设施富余地区的企业利用资本、品牌和技术优势，由东部地区向中西部地区转移，由一二线城市向三四线城市延伸和下沉，培育新的增长点。阿里巴巴通过改造三四线城市及偏远地区的夫妻小店、社区便利商店，在推动其发展的同时，将融合线上线下新零售的模式推广到这些地方，让新零售全面发展，响应了政府缩小发展差距的号召。

政府还积极鼓励企业加快商业模式创新，强化市场需求研究，创新经营机制。一些零售店以改进门店为出发点，将智能技术引进门店中，打造智慧门店，吸引消费者到店体验。同时，政府也引导零售商家改变传统的经营模式，注重商品的创新与开发，发展自有品牌，增强品牌的核心竞争力。由于政府鼓励连锁经营创新发展，一些企业改变以门店数量增长为主的粗放发展模式，逐步利用大数据等技术手段科学选址，整体布局，利用科技提高发展质量。

政府鼓励促进线上线下融合、多领域协同、内外贸一体化，并从整体上全面布局对新零售的发展规划，以全新的发展方式建立新型的零售市场，提高中国的整体竞争力。政府对新零售的大力支持，有力地促进了新零售的发展。

六、重大疫情与新零售

2020年年初暴发的新冠肺炎疫情，改变了人们以往的生活状态。此次疫情更像是"黑天鹅事件"。"黑天鹅"是某种不可预测的重大稀有事件，它完全在意料之外，而一只"黑天鹅"的出现就足以颠覆一切！可怕的是，在"黑天鹅事件"之后，紧接着的往往是"蝴蝶效应"，这两种事件联系在一起往往会发生奇妙的"化学反应"。

新冠肺炎疫情的出现，对产业的发展产生了一定的影响，仅仅是电影行业就损失惨重。在2020年电影的春节档中，由于疫情的影响，多地影院宣布春节期间停业。大年初一全国所有票房收入只有约181万元，约是2019年大年初一票房14.58亿元的千分之一。这种完全不可预测的事件，给院线及整个中国电影行业带来了沉重的打击。

变则通，通则久，人类化解风险和危机的能力总是不容小觑的，况且方法总比困难多。在疫情蔓延的情况下，许多春节档的电影纷纷宣布撤档，但是电影《囧妈》在宣布撤档后，以线上播放的形式进行首映，让电影在大年初一与观众见面。这又是一件意料之外的事，电影的线上首映给传统电影行业当头一棒。《囧妈》虽然只是以线上首映代替了传统电影院首映，但是给整个电影行业带来了巨大的冲击，2020年中国电影行业的发展充满了未知。

电影行业线上首映对于传统线下电影的零售将是一个巨大的冲击，《囧妈》线上首映就已突破6亿次播放量。很多观众表示，线上看电影节省了大量时间和精力。电影院虽然会营业到很晚，但消费者不免有时会因事情耽误或者因堵车而不能准时到达，因此去电影院看电影还是有很多局限性。随着智能化设备的不断更新升级，消费者在家中也可以营造出电影院的氛围，还可以避免在电影院这种公共场合中受到一些观看者的吵闹声、打电话声等杂音的干扰，反而可以提升观影效果。

可以说新冠肺炎疫情给整个社会带来了全方位的冲击，特别是对零售行业。以往每年过年，许多商家都会大量囤积货物，以应对春节期间的消费热潮。然而受疫情影响，2020年的春节人们不再走亲访友，不再购买礼物，对囤货的商家来说不免损失惨重。很多行业都遭受了不同程度的打击。由于受疫情的影响，许多线下实体店几乎空无一人，许多实体店宣布暂停营业，其中包括海底捞、外婆家这种大型餐饮连锁店。万达也宣布从1月25日至2月29日，免去所有商户的租金和物业费。这对本来就有时间、地点局限的实体店来说无疑是一种冲击。

危险与机遇总是相伴而生的。新冠肺炎疫情这只2020年的"黑天鹅"，让许多企业陷入困境，也意味着让很多企业悄然崛起。每次大事件背后，都孕育着商机。2003年的非典过后，刘强东把中关村的实体店铺搬到了线上，马云顺势创立了淘宝。这次疫情事件，将让人们变得越来越"宅"。如果这种情况持续几个月，人们完全可以养成一种生活习惯，习惯一旦养成后就几乎不可逆转，往往会延续下去。在这种"宅"生活的基础上，一些本身突破时间、地点局限的零售就会迎来大发展期。在病毒蔓延时，许多地区的学校开始线上上课，公司开始线上办公。未来，线上教育、知识付费等线上项目也将遇到空前的发展机遇。

由于新型冠状病毒传染途径的多面性，专家呼吁人们尽量不要外出走动。因此，一些零售商推出极速无接触送货上门服务，让消费者在"想买就能买"的同时，实现"买就及时送"。市场中各种配送平台开始大量崛起，其中，蔬菜配送、日用品配送居多。

此次疫情发生后，类似于定制化餐饮配送、清洁、搬家等各种上门服务已成为人们生活中重要的一部分。疫情从某种角度上促进了同城物流、跑腿服务等行业的发展。

未来，人们有可能会变得越来越"懒"、越来越独立、越来越"宅"、越来越不喜欢跟人面对面接触，对服务类行业的需求将会大量增加。

心理学家通过研究指出，一项看似简单的行动，如果你能坚持重复21天以上，就会形成习惯；如果坚持重复90天以上，就会形成稳定习惯；如果能坚持重复365天以上，你想改变都很困难。此次疫情使人们长时间"宅"家购物，可能会对今后的购物习惯产生重大影响，并由此导致零售业的变革。

可以预见，"后疫情时代"对新零售的需求会更加旺盛，而更加新的购物形式和零售方式也会不断涌现，新的商业机遇和零售模式正孕育其中——新零售永远在路上。